国家社会科学基金项目（06BZX021）
南阳师范学院学术著作出版基金
资助

文化核心竞争力

The Core Competence of Culture

赵秀玲　等◎著

科学出版社
北京

内 容 简 介

本书在深度解析文化与文化核心竞争力内涵的基础上，站在区域发展的战略层面，深入挖掘中国文化的精髓，阐述了文化、经济、创意和产业之间的互动关系，从精神、物态、制度和生态四个维度，多层面的探讨了培育和增强我国文化核心竞争力的路径。本书还将创意手段融入文化核心竞争力的强化过程中，主张通过发展创意产业，将创意技术融入城镇、乡村的文化建设和文化传播领域，助推文化核心竞争力建设。

本书可供从事文化管理的政府官员阅读，也可供从事文化研究的科研人员参考，还可供对文化竞争力感兴趣的其他人士使用。

图书在版编目（CIP）数据

文化核心竞争力 / 赵秀玲等著. —北京：科学出版社，2014.3

ISBN 978-7-03-040170-0

Ⅰ.①文… Ⅱ.①赵… Ⅲ.①文化-核心竞争力-研究-中国 Ⅳ.①G12

中国版本图书馆CIP数据核字（2014）第047433号

责任编辑：杨婵娟　闵敬淞 / 责任校对：张凤琴

责任印制：赵　博 / 封面设计：铭轩堂

Email:houjunlin@mail.sciencep.com

电话：010-64032683

科学出版社 出版

北京东黄城根北街 16 号

邮政编码：100717

http://www.sciencep.com

北京厚诚则铭印刷科技有限公司印刷

科学出版社发行　各地新华书店经销

*

2014 年 5 月第　一　版　开本：720×1000　1/16

2025 年 2 月第五次印刷　印张：16

字数：238 000

定价：78.00元

（如有印刷质量问题，我社负责调换）

序

在20世纪的我国学界，曾经有一种很特殊的现象就是把经济与文化彻底割裂开来，研究文化的不涉经济，讲经济的不重文化。甚至在申报研究项目时，也会因为题目中既有经济亦有文化的字眼而找不到归属栏目。彼时，在我国很多地方的经济建设中，文化也曾经被完全忽略，人们甚至为了经济而不断地破坏文化。直到20世纪末才出现了认识上的些微进步，即经济建设中有了“文化搭台，经济唱戏”的口号。那时在很多管理者的理念中，文化还只是一个舞台，经济才是主角。之后的实践中，人们才越来越看到文化在经济可持续发展中所担当的重任。进入21世纪，文化已成为国与国之间、城镇与城镇之间竞争的主角，于是很多地方的发展口号也发生了重大变化，即“经济搭台，文化唱戏”。尽管口号和实践之间还有相当距离，但仍是一个质的进步。遗憾的是，相关的理论研究仍未跟上。

事实上，正如本书前言中所说，早在20世纪20~30年代，国际社会就有学者研究文化在大国竞争中的作用和影响力。当今世界上，国与国之间、区域与区域之间的竞争越来越显示出文化的力量。未来的竞争是文化的竞争，不同文化之间的竞争决定民族、种族乃至国家的生存状态。一个国家或区域，要在文化竞争中获取永久的主动权，就需要打造自身的核心竞争力，形成独特的、不可复制的可持续的核心竞争优势。但目前关于文化核心竞争力的探讨，更多集中在组织或企业等微观层面，很少涉及区域和国家或者民族层面。以赵秀玲为主持人的研究团队，继完成了国家社会科学基金项目“关于增强我国文化核心竞争力问题研究”并获优秀等级后，没有松懈，进一步深入探讨并形成了《文化核心竞争力》一书，可谓是对相关理论研究的一个重要贡献。该书站在区域发展的战略层面，深入挖掘中华民族传统文化的精髓，阐述了文化与经济、文化与创意、文化与产业之间的关系，通过文化、经济、创意和产业之间的互动，从精神、物态、制度和生态四个维度，多层面地探讨了如何增强我国文化核心竞争力。该书还将创意手段融入到文化核心力的强化过程中，主张通过发展创意产业，将创意技术融入城、乡、传媒等多层面多领域，以助推文化核心竞争力建设。其中，有许多观点很有新意。

（1）关于文化竞争力与文化核心竞争力之间的关系：该书认为二者是共性与个性的关系。文化竞争力是一种文化与对手竞争过程中所表现出的相对优势，它是一种文化的物态文化力和意态文化力在外部化过程中所体现出的整体相对竞争优势。这种整体的相对竞争优势若想经久不衰，就必须加以凝练和巩固，以升华为文化核心竞争力。换言之，有文化竞争力者不一定有文化核心竞争力，有文化核心竞争力者必然有文化竞争力。

（2）关于文化核心竞争力的概念界定：该书认为文化核心竞争力是一种文化以其特有的、难以复制的、能形成持续竞争力的个性特色为依托，通过整合其他方面能力而形成的影响文化发展全局的系统竞争能力。

（3）关于文化核心竞争力评价指标体系及其设计原则：该书认为文化核心竞争力评价指标体系设计应当遵循四项原则，即系统性原则，结果类指标、影响因素类指标与个性特色探索指标相结合的原则，可操作性原则，动态性原则。基于这些原则，又设计了相应的指标体系，旨在通过因素类指标评价影响一种文化实践创造和扩散能力的因素；通过结果类指标评价一种具有核心竞争力的文化的影响结果；通过个性特色探索指标探索一种文化是否具有个性特色。

（4）该书分析了“贵和尚中”与中国文化核心竞争力的关系。认为“贵和尚中”是极具中华民族个性特色的、其他民族极难复制的价值观，千年中华精神就是以“贵和尚中”为核心的和谐文化精神。它内涵了天人合一、修齐治平、以和为贵、治平为本等重要思想，是中国传统文化核心价值体系的核心要素。社会主义文化核心价值体系由于深深扎根于中国传统文化的沃土，因而具有深厚的成长基础和顽强的生命力；更由于它是对传统“贵和尚中”价值观在传承中的发展和发展中的创新，从而成为当代中国最具民族个性的最先进的文化核心价值体系。据此，得出以下结论，即：中国文化核心竞争力是以“贵和尚中”为核心要素，以社会主义文化核心价值体系为个性依托的通过整合其他方面能力而形成的统领文化发展全局的系统竞争能力。加强社会主义文化核心体系建设，是增强我国文化核心竞争力的必须。

（5）该书对生态文化和非生态文化的概念及其相互关系作了新的界定。认为在和谐社会建设背景下，广义视角的文化应该首先划分为（自然）生态文化和非生态文化（物质文化、制度和行为文化以及观念文化）两个方面。旨在突出现代社会人类渴望与自然和谐相处的心境。同时，也体现了人类对自然界的敬畏感。生态文化与非生态文化之间存在着交互作用的关系。生态文化体现在非生态文化之中，最显在的体现是物质文化，但对生态文化起决定作用的是制度和行为文化，对后者具有重要影响的是观念文化。非生态文化折射着一个国家、一个地方、一个民族生态文化的优劣。

（6）该书就文化创意对文化核心竞争力的支撑作用进行了探讨：从基于文化创意的城镇文化核心竞争力打造和乡村文化建设，到基于创意的文化传播与交流等多个层面展开了探讨。认为文化创意在文化核心竞争力不同维度上充当一种重要而又关键的手段和工具，通过自身的特殊加工，形成区域文化核心竞争力的差异性和多样性，进而形成了文化核心竞争力展现的产业平台。而文化核心竞争力的增强又为文化创意提供了素材和创意迸发的源泉，促使其更迅速地向现实的生产力转化。

上述观点不但很有新意，而且呼应了党的十八大关于经济、政治、文化、社会、生态文明五个方面相互协调，共同发展的五位一体总布局要求，是《文化核心竞争力》一书的作者为实现中华民族伟大梦想而付出的理论努力，同时，对实践中的经济工作者亦有指导意义。我们鼓励该书作者在培育我国文化核心竞争力问题上的不懈的求索精神，并希望更多的理论工作者和实践人士加入这一研究行列，为文化中国引领经济中国作出贡献。

厉无畏

2013年10月31日

前 言

早在20世纪20~30年代，国际社会就有人研究文化在大国竞争中的作用和影响力。其中，美国后现代主义理论学者S.拉什认为，后现代社会是一个消除文化与社会分化的过程，文化经济就是对这一分化的消除[①]。到了20世纪50年代，法兰克福学派学者杰姆逊更敏锐地发现，文化一旦与科学技术结合一起，形成工业化体系，就会产生影响社会的巨大力量[②]。1984年，美国著名未来学家阿尔温·托夫勒又指出，我们正进入一个文化比任何时候更重要的时期[③]。1998年，联合国教科文组织召开“文化政策促进发展”的政府间会议及同年6、9、10月在渥太华等地进行的核心主题为“文化与发展”的多边文化活动更加明确地判断：发展最终可以以文化概念来定义，文化的繁荣是发展的最高目标。

国内方面，1997年以来尤其在党的十六大前后，相关研究有突破性进展：十六届四中全会提出“解放和发展文化生产力”重要论断，并把建设社会主义先进文化的能力作为党迫切需要提高的五大方面执政能力之一，反映了党对社会稳定和发展与各种社会要素的关系把握上有了更深刻的理解；2005年2月17日，《人民日报》指出：“精神文化生产日益走上社会经济生活的前台，在思想文化和经济生活两个方面都构成国家和社会的核心竞争力。”之后，相关研究不断深化，特别是对文化竞争力的研究有不少观点很有新意。归纳起来主要有：①文化竞争力的核心是文化产业竞争力。文化竞争力包括文化产业竞争力和精神控制力两部分，并开创性地设计了中国文化产业竞争力评价指标体系[④]；②商品的市场价值可分为市场价值和

---

① 拉什·S. 2000. 现代主义：一种社会学的阐释. 高飞乐译，张启航校译.国外社会科学文摘，(1)：32.
② 杰姆逊. 2005. 后现代主义与文化理论. 北京：北京大学出版社.
③ 阿尔温·托夫勒. 1984. 预测与前提——托夫勒未来对话录.国际文化出版公司.
④ 祁述裕.2001.国际文化竞争力与中国文化产业发展.国家行政学院学报,(5).

观念价值。文化是一种能够带来巨大增值的资本[①]；③文化力区分为“意态文化力”和“物态文化力”[②]；④提出了“城市文化资本”运作和“城市新行为主义”的概念[③]；⑤提出了文化竞争力的多元视角和评价指标等[④]。

关于文化核心竞争力的系统研究至今仍是一个较新的领域，也是国际上“竞争力”研究的一个前沿，基于此，2006年，笔者申请并获准立项了国家社会科学基金项目“关于增强我国文化核心竞争力问题研究”。该项目研究成果于2010年顺利通过专家鉴定并获优秀等级。之后的这几年，项目组在这一领域的调研没有止步，在不断的思考和探索中，愈发感到培育文化核心竞争力对于提升一个国家综合实力的重要意义。尤其是在党的十八大后，加强社会主义核心价值体系建设，全面提高公民道德素质，丰富人民精神文化生活，增强文化整体实力和竞争力已经成为我国文化建设的重点，更激发了我们尽快将研究成果整理成书的决心，《文化核心竞争力》一书便是这一决心的产物，也是国家社会科学基金项目“关于增强我国文化核心竞争力问题研究”的后续成果。

本书从以下三部分对文化核心竞争力展开研究：

第一部分（1~2章），关于文化与文化核心竞争力的理论探索，重点对文化的内涵、文化核心竞争力的概念及其评价指标体系构建、对中国文化核心竞争力所依托的文化核心价值体系等进行了较为详尽的理论探讨。旨在为最终提出增强我国文化核心竞争力的对策建议作理论准备。

第二部分（3~7章），关于增强我国文化核心竞争力的实践探索。该部分又分为两个层面：一是（3~4章）分析了我国文化核心竞争力的培育路径和文化创意对文化核心竞争力支撑作用两方面的内容；一方面分别从主体因子、实施对象、实施原则、实施方法等层面分析培育我国文化核心竞争力的路径。另一方面，分析文化创意与文化核心竞争力两者之间的逻辑关系，梳理相关的概念。二是（5~7章）从文化创意的视角，对我国的中观层面即城镇和乡村的文化核心竞争力问题进行探讨，分析了文化创意与

① 厉无畏.2004-05-24.文化资本与文化竞争力.文汇报.
② 祁述裕.2004.中国文化产业国际竞争力报告.北京:社会科学文献出版社.
③ 张鸿雁.2002.城市形象与城市文化论.南京:东南大学出版社.
④ 花建.2005-07-26.文化竞争力的多元视角和评估指标.中国文化报,第4版.

乡村和城镇文化核心竞争力的关系；在此基础上，提出了发掘城镇文化个性，打造城镇文化核心竞争力和加强乡村文化建设，保护乡村文化特色的若干建议；鉴于影响文化核心竞争力的因素主要集中在实践创造能力和文化扩散能力上，因此，项目成果就培育文化自信、积极探索新的文化传播和交流思路等问题展开论证，提出了可操作性的对策和建议。

第三部分（第8章）发展文化创意产业增强我国文化核心竞争力。该部分分析了文化创意产业与文化核心竞争力的关系，认为发展文化创意产业是增强我国文化核心竞争力的关键手段。在21世纪国际竞争的主战场上，文化创意产业是各国竞相发展的重要产业，正是文化创意使得各国的动漫产业、影视文化产业、电视节目甚至楼宇设计、机器制造等各个行业无论从技术还是从内涵上都得到了质的提升，这一现象对我国的重要启示是：应该根据我国的文化个性和民族特色，采用国外先进的表达技术，深入挖掘文化素材的核心内涵，探索一条与我国民族文化相适应的文化创意产业发展路径，通过文化创意产业的发展提升我国文化核心竞争力。

本书提出的对策建议主要有以下五个方面。

（1）培育国民的文化自觉，让社会主义核心价值体系内化为国人心灵深处的价值认同。为此，要重温国学，以唤起中华民族的精神记忆；外圆内方，以保持中华民族的独有性格；上善若水，以张开中华文化的宽广胸怀；榜样带动，以维护社会主义核心价值体系；鼓励向善，以坚守做人的道德底线。

（2）城镇文化是中华文化的重要单元，必须发掘城镇文化个性，打造城镇文化核心竞争力，以夯实增强我国文化核心竞争力的城镇基础。为此，应该根据城镇的自然禀赋打造城镇生态文化个性；根据城镇的历史文脉打造城镇的物态文化个性；根据城镇人文传统打造城镇意态文化个性；根据城镇发展定位打造城镇制度文化个性。

（3）乡村文化建设在构建社会主义和谐社会中具有极其重要的作用，因而是增强我国文化核心竞争力不可或缺的内容。为此，建设美丽乡村必须注重文化保护；要挖掘乡村文化的商品属性以提高农民实际收入；要提高农民素质以增强农民的文化自觉；要实现美丽乡村建设与城镇化的联动以统筹城乡发展。

（4）文化传播能力是助推文化核心竞争力的重要因素。中华文化需要在传承中凝练民族特色，以构建我国文化的核心竞争力；需要在对外文化交流与碰撞中，丰富和创新自我，以强化我国文化的核心竞争力。

（5）文化创意产业是21世纪国际竞争的主战场。为此，要通过校企合作，提升文化创意人才的培养质量和数量；要深入研究文化创意产业特有的组织形式和产权形式，在法律的框架内提供更大的生存空间；要建设一批文化创意产业基地，使产业集群效应得到最大发挥；要在税收、投融资等方面给予创意产业一定倾斜；要保护知识产权，营造创意环境；要扩大市场需求，促进内外贸易；要变“文化搭台，经济唱戏”，为“经济搭台，文化唱戏”，推动文化创意产业发展等。

值得一提的是，项目研究过程中的一些阶段性成果已获得了重要的社会反响，以《论文化核心竞争力》为代表的系列文章在核心期刊上发表后，被多家刊物摘录。2008年发表于《城市发展研究》的关于《打造“养在南阳”城市品牌的时代价值与对策》，其中的主要观点由项目主持人在2009年南阳市政府工作报告征求各届人士座谈会上系统陈述，受到了南阳市人民政府的重视并被采纳写入当年的政府工作报告。该报告提出“围绕‘游在伏牛，养在南阳’目标，积极创建旅游强市和生态宜居名市”的战略思路。目前，南阳的这一发展思路越来越清晰：2012年豫政65号文件《河南省人民政府关于印发南阳市建设中原经济区高效生态经济示范市总体方案的通知》和2013年6月南阳市委全会通过的《南阳高效生态经济示范市发展规划》就是印证。

本书的共同完成人有南阳师范学院经济与管理学院的邓俊淼、张保林，孙晓涛、鲍春生老师，他们都是原国家社会科学基金项目“关于增强我国文化核心竞争力问题研究”课题组主要成员，是项目研究过程中凝练出的研究团队。为此，特别感谢国家社会科学规划办公室的支持！有“中国创意产业之父”之称的厉无畏先生亲自为本书作序，是对我们研究团队的最大鼓励。南阳师范学院宋争辉院长、刘明阁院长高度重视本书的撰写和出版，是项目组成员继续深化研究的精神支柱。南阳师范学院学术著作出版基金给予本书的出版提供了资助，同时，科学出版社的编辑们也为本书的正式出版付出了辛勤劳动，在此一并表示感谢！

在本书付梓之际，我们已欣喜看到，关于文化与经济的关系问题越来越受到文化人和经济理论研究者的重视，在各地政府部门的实践中也普遍得到认同。就如何增强我国文化核心竞争力这项研究而言，今后仍有很大的深化和细化的空间，比如对一定区域增强文化核心竞争力的实证分析，对不同区域如何打造其个性文化以及如何发掘其个性文化中的商品价值等，还需具体问题具体研究。本书的出版旨在抛砖引玉，我们希望有更多、更好的研究成果问世，以便在与理论界同仁的交流与碰撞中获得研究水平的提升；同时，我们也会不断地将最新研究成果推向社会，在与实践的结合中接受检验，获得提升，以便更有效地服务和指导实践。

作 者

2014年2月

目 录

第一章

文化与文化核心竞争力的内涵及指标解析

第一节　文化的内涵

一、文化的定义

最早把文化作为专业术语使用的是英国人类学之父——泰勒，他认为“所谓文化教育或文明，就其广义人类学意义来看，是由知识、信念、艺术、伦理、法律、习俗以及作为社会成员的人所需要的其他能力和习惯所构成的综合体[①]”。尽管这一文化教育定义仅是把文化与总的人类社会遗传等同起来，并未揭示文化的内在本质，但却影响和启迪了不少思想家，以至于许多不同学派的学者对文化的更深挖掘蔚然成风，并沿着各自的研究视野以不同的方法对文化进行了颇有见地的阐说。克鲁伯和克拉克洪曾把1871～1951年出现的160多种文化的定义归纳为五类[②]：①把文化看作一个复杂的、包罗万象的整体，逐一列举各种文化现象，以此说明什么是文化；②把文化解释为在社会中一代一代流传下来的社会遗产。这里不仅要考虑物质性的文化作品，而且要考虑这些作品产生和流传的过程。其注重的问题是说明文化的生成、来源及文化存在和

① 泰勒. 1992. 原始文化. 连树声译. 上海: 上海文艺出版社.

② Kroeber A L, Kluckhohn C . 1952. Culture: A Critical Review of Concepts and Definitions. Cambridge Mass The Museum.

流传的因素；③把文化具有的准则性、调整行为的特征作为研究重点来定义文化，注重反映每个人行为方式的社会价值观念和行为准则；④把文化理解成为解决问题而进行的特殊调节的一种模式，强调学习某些文化习惯的观点；⑤把文化现象进行高度的抽象，从而可以具有广泛的内涵。克鲁伯对文化的定义："文化是概括各种外显或内隐行为模式的概念。文化通过符号学习和传授，文化的基本内核来自传统，其中以价值观念最为重要。文化既是人类创作的产物，但又是制约、限制人类活动的重要因素。"

我们认为，文化既体现在人们的精神活动和行为活动中，也体现在人们创造的各种精神产品和物质产品中。广义的文化，泛指人类创造活动的总和，它包括显露在外的、人们可以直接感知的所谓"显在文化"和不表现在外的由知识、态度、价值观等构成的所谓"隐在文化"；狭义的文化，是指在一定物质资料生产方式的基础上发生和发展的社会精神生活形式的总和，相当于广义文化的精神层面，特别是指意识形态。更狭义的"文化"有时用来表示人们掌握和运用文字能力或接受教育的程度，有时也用来概指形象思维领域。[①] 不过，这一类通俗意义或实用性的"文化"概念很少为学术研究所涉及。本书所研究的文化是指广义的文化。

二、生态文化与非生态文化

1. 生态文化的含义

随着近年来雾霾对人类健康影响的常态化，生态文化建设也提到了议事日程。与以往研究的不同之处在于：我们认为广义视角的文化应该首先划分为生态文化和非生态文化两个方面。生态文化是经过人类改造后的环境，由于这种环境已经不是自然界的原生态环境，而是被人文化了，因此，我们称它为生态文化。这一定义是从对"文化"一词的理解出发给出的解释，而文化本身是一个中性词，某种文化对于社会发展可能有积极意义，也可能有消极意义，因此，不能仅凭"文化"一词就给一种事物定性。生态文化亦然，纯粹的自然界是原生态的，不是文化。但是，当人的意志加入进去后，它便具有了文化的内

① 赵秀玲，付廷臣，姜长宝. 2005. 城镇化进程中的文化支持研究. 北京：人民日报出版社.

涵。例如，原始的山川河流是纯粹的自然生态，但人类让山川变样，让河流改道，就有了生态文化。经过人类改造后的生态环境不一定都是好的，所以，生态文化亦是一个中性的概念。

虽然“生态文化”一词作为概念是崭新的，但作为一种文化现象则是与人类社会共存的。在人类社会早期，人类对自然界的影响远小于自然对人类的影响，因而，在农业文明时代人类对自然的索取低于自然的更新速度，此时的人类收获了改造自然的成果。然而，随着人类进入工业文明时代，科技发展带来了生产力的高速提升，人类向自然索取的速度也日益加快，这是基于人类满足物质欲望的制度安排，结果是加深了人类与自然的矛盾，引发了自然对人类的无情报复。正如恩格斯在《自然辩证法》中所指出的：“我们不要过分陶醉于我们人类对自然界的胜利。对于每一次这样的胜利，自然界都报复了我们。每一次胜利，在第一步确实都取得了我们预期的结果，但在第二步和第三步却有了完全不同的、出乎意料的影响，常常把第一个结果又取消了。”人类要想不危及自身的生存和发展必须与自然保持和谐相处，基于此，我们对生产力的认识就不能仅限于人类对自然的改造和控制，而应该在人与自然和谐共处的系统中分析人类生存和发展的能力。这里，需要特别强调“人与自然的和谐相处”，要达到这一境界，必须进行生态文化建设，即按照科学发展观的要求，合理、有序地保护性开发自然生态环境，使其既能服务于人类的需要，又能优化生态环境。生态文化建设的意义在于，它有利于资源的开发，有利于保护生态环境良性循环，促进经济发展，造福子孙，这是目前人类面临的最艰巨的任务和使命。

2. 非生态文化的含义

与生态文化对应的是非生态文化，后者是指非自然界本身所固有的，是人类智慧的创造性成果，包括满足人类生存的最基本条件——物质文化（生产工具、生活用具及其他各种物质产品），人类内部产生的制度和行为文化（包括行为规范、风俗习惯、生活制度等），以及人的内心所形成的观念文化（包括思维方式、思想观点、价值观念、审美情趣、道德情操、宗教情绪、民族性格等），亦即传统广义文化的三个层面（物质文化、制度和行为文化及观念文化）。其实，在广义文化的三分法中，生态文化已经分散地包含在其中了。我们之所以把广义文化划分为生态文化和非生态文化，是为了更突出现代社会人类渴望与自然和谐相处的心境，同时，也体现了人类对自然界的敬畏感。

非生态文化的三个层面之间有着互融互动的关系。价值观是观念文化的核心，“人为万物之灵”，人最独特的灵性是能作价值选择，即能对客观事物作出判断和评估。价值观是一种相对稳定的价值选择趋向结构。价值观是在社会实践的基础上形成的，它一旦形成，就在人的意识与无意识中起着或隐或显的支配作用，指导着人与人、人与自然关系中的行为方式。人们对活动选择与参与的积极性直接取决于这些活动在人们的意识中是否具有最优的价值。我们可以从西方社会认同个人主义、鼓励创新的价值观念来理解比尔·盖茨和戴尔的成功。而一名在中国成长的大学生，若想退出大学自主创业，首先表示反对的肯定是他的家人和朋友，因为他们没有美国人那样的文化认同。制度层面的文化是精神文化(以价值观为核心)在人们行为活动中的体现，制度文化一旦形成又会影响精神层面的文化。例如，美国的税法规定，凡是捐赠给学校、社会基金等机构的支出均可以减税，这一制度与美国富人捐赠的比例高有直接关系，并逐渐形成了美国人内心深处已经深深认同的捐赠文化和行为模式。物质文化是精神文化通过人们的实践活动在物质产品上的体现。物质文化的极大发展，又为精神文化的创新提供了基础条件。春秋初期的管仲说：“仓廪实而知礼节，衣食足而知荣辱”，意思是：一个人首先要解决了温饱问题，才能懂礼貌、知道德。300多年后，孟子在《梁惠王章句上·第七章》中也说道，民“无恒产，因无恒心。苟无恒心，放辟邪侈”。他更是告诉我们一个道理，即个人的修养需要建立在物质财富的基础上。这些观点在西方也得到了认同，从马克思的“物质决定意识”论和马斯洛的“人的五个层次需求”论出发都能推出与之吻合的结论。

3. 生态文化与非生态文化的关系

生态文化和非生态文化，涵盖了人类经济和社会发展的方方面面，既有物质的，又有精神的。无数事实证明，那些生态宜人、环境优美、行为规范、民风淳朴的地方最有吸引力。有吸引力就有生命力，有生命力就有竞争力，提倡可持续发展就是为了获得可持续的竞争力。因此，需要确立科学发展观。科学发展观是一种先进的与时俱进的发展理念，这一理念所产生的力量就是文化生产力。由文化生产力而造就的社会财富就是物质文化生产力。如果说物质生产力是单指那些看得见、摸得着的生产力要素的话，那么，物质文化生产力则既包括了看得见、摸得着的生产力要素，又包括了蕴涵其中的智力因素、创造因素、审美因素等精神层面的要素。在现代社会，后者的作用不断上升，特别是观念文化和制度文化（软环境）越来越成为一个国家或城市吸引人才和资本的关键因素和软实力，这说明人类经过长期的实践和总结，已经有了高度的文化自觉。

生态文化与非生态文化是交互作用的。生态文化体现在非生态文化之中，最显在的体现是物质文化，但对生态文化起决定作用的是制度文化，对制度文化具有重要影响的是观念文化。宜人的杭州给人的第一印象是美丽的西湖、郁郁葱葱的林木、整洁的街道、高品位的建筑等物质形态的体现，在其物质文化的背后是杭州全力整治和保护西湖水质，对周边建筑的风格、色彩、高度等的制度要求，在杭州市的大气背后是过人的精明，越来越多的游客愿意逗留杭州，杭州经营城市的目的也就达到了。这是观念文化、制度文化及在其影响下的物质文化的力量，这些非生态文化共同折射着一个地方、一个民族、一个国家生态文化的优劣。

4. 文化与经济

众所周知，文化与经济是一种互融互动的关系。例如，制度文化对经济发展能够起到推动或阻碍作用，改革开放初期我国所推行的农村联产承包责任制就是最好例证。同理，党的第十八届三中全会的各项改革深得民心，对于调动一切积极因素，解放和发展生产力的作用也将会与时俱增。总之，如果没有优越的制度，物质生产就会受到一定的约束；如果没有物质生产的高度发展就没有对于新制度的需求。可见，作为人类智慧结晶的文化，它产生于人类的需要，为满足人类的需求而存在和发展。文化的物质层面是作为人类存在的前提和物质基础而出现的，它首先具有实用价值。生产工具的改进、技术的进步、新的物质文化要素的增加，都能改善人们的生活水平，满足人们对物质生活的追求。随着社会的进步，物质文化在满足人们某种实用需求的同时，又越来越具有供人们欣赏的审美价值，集实用与艺术于一体，即所谓的“生活品艺术化，艺术品生活化”。

人类越发展，对精神方面的需求就越高、越强烈。精神生活以物质资料为基础，但又超越了物质形态，它包括了除物质生活以外的一切活动，如学习、娱乐、创造、交往、研究、信仰等。文化为人们提供了这些活动的方式与方法，满足了人们精神方面的需要。经济的迅速发展和经久不衰，均由人类对精神生活的需求日益增长所致。

美国人本主义心理学家马斯洛(Abraham Harold Maslow)把人的需求分成由低到高的五个层次: 生理的需求，安全的需求，爱与隶属的需求，尊重、自尊的需求和自我实现的需求。在第四、第五层次中还有求知、审美的需求。在马斯洛看来，人的需求有五个层次，不同时期对不同层次需求的迫切程度不同，人最迫切的需求才是人行动的原因和动力。试验证明，温饱解决后，人们更加关注衣食的天然成分、保健功能，以及隐含于其中的自尊和尊重的需要，因此，能够体现个人品位和身份的东西（如色彩、款式、品牌等）倍受青睐。市场经济环境下，竞争越激烈，人们越需要精神调节，于是所谓的“大片”“韩流”等文化现象也应运而生；在喧嚣的都市和复杂的人际环境中拼搏的人们，渴望通过田园牧歌般的生活体验来找回自己，于是生态旅游、农家饭店成为他们假日的首选。同理，在依山傍水、环境清新的房间生活和工作的人比在简陋的房间里显得更富有生气、更活泼、更健康，于是一些房地产开发便因引入这样的文化概念而将价位炒高。由此可见，人的需求是从外部得来的满足逐渐向内在得到的满足转化。当人们在外界发现了更高价值时，就可能同时在自己的内心产生或加强这种价值。

在现代社会，随着消费观念的变化，商品的文化含量越来越高。与之相对应，由文化价值所形成的价格比重也日益增加。我们越来越多地看到人们从吃到穿到用等生活的各个方面都要为商品所蕴涵的文化价值付费。而且在许多现代商品中，其文化价值在价格中所占的比重比使用价值要高。例如，一款手包的成本最多不过百元，但在精品店售价却高达几千元甚至上万元。价格多倍于成本的奥妙在于：手包销售商出售的不是手包本身，而是某种文化，是期待和所联想甚至某种荣誉。那么这种文化从何而来，当然不是从生产手包的流水线上制造出来的，它是由商品“演”出来的。西方广告大师卓波·丹尼尔曾说过：做广告的过程，其实就是给商品塑造性格的过程。通过广告、公关、包装等塑造出来的商品形象，正是商品所展现的文化。以自行车商品销售为例，中国自行车曾一度在一定程度上占领欧美市场，是由于中国厂商抓住了欧美国家大批国民担心因长期坐汽车引起体质下降、精神萎靡的心理，在广告中着重宣传自行车的健康功能所致。假如把广告宣传的重点仅放在商品质量上，其效果一定很差。在当代社会，任何一种商品要跻身于国际市场，不仅仅与商品的质量和价格有关，而且还与文化有关，甚至文化成了商品在激烈的竞争中立于不败之地的重要法宝。市场经济的实践告诉我们，越是具有独特文化的商品、营销与服务，越有市场，越能走向世界。

5. 文化与生产力

进一步讲，生产力的发展过程就是不断发掘文化的经济属性和提升经济的文化内涵的过程。改革开放以来，随着经济结构的调整，商品中的文化的含量（包括知识、教育、技术和信息）日趋增大，市场经济的深化进一步推动了文化的商品化和产业化，文化与经济的互动效应越来越凸显。一方面，文化的前瞻性为经济的可持续发展提供了强有力的支持；另一方面，具有文化内涵的经济又为文化的保护和发展提供了物质的支撑。二者的关系非常密切，以至于离开文化来研究经济，就难以理解真正的经济；离开经济来研究文化，也很难说清真正的文化。

正是由于文化在生产力中的作用越来越无法取代。与之相伴的文化生产力、文化力、文化竞争力、文化创意、文化核心竞争力等词汇也都扑面而来。如前所述，文化竞争已经成为各个大国竞相较力的主战场，世界大国之间综合国力竞争的着力点纷纷从硬件向软件转移，从有形的资源向无形的资源转移，从可以复制的技术向不可以复制的文化转移。文化竞争力就是与对手竞争过程中所表现出的一种文化方面的相对优势，它是物态文化力和意态文化力在外部化过程中所体现出的一种整体相对竞争优势。这种整体相对竞争优势若想经久不衰，就必须加以凝练和巩固，以升华为文化核心竞争力。

第二节 文化核心竞争力的内涵和特征

1990年，美国著名管理学者普拉哈德和哈默尔提出了核心竞争力的概念，他们认为，随着世界的发展变化，竞争加剧，产品生命周期的缩短及经济全球化的加强，企业的成功不再归功于短暂的或偶然的产品开发或灵机一动的市场战略，而是企业核心竞争力的外在表现。按照他们给出的定义，核心竞争力是能使公司为客户带来特殊利益的一种独有技能或技术。目前，核心竞争力的概念在我国企业中已普遍使用，如品牌核心竞争力、银行核心竞争力等。但迄今为止，关于文化核心竞争力的描述尚属少见。

一、文化核心竞争力的内涵

我们认为，文化核心竞争力是文化以其特有的、难以复制的、能形成持续竞争优势的个性特色为依托，通过整合其他方面的能力而形成的影响文化发展全局的系统竞争能力。以美国为例，其历史不长，但文化竞争力却很强，其原因不在于其国土面积、人口、矿产和生物资源等有形的、可以复制的优势，而在于其作为一个移民国家所特有的、无形的国民素质，以及民众深深认同的价值观，是后者造就了美国强势的文化竞争力。[①] 这种强势的文化竞争力是其他民族和国家学不会又拿不走的，是有个性的、难以复制的，从而在可持续竞争中具有特殊的竞争优势，这就是我们所说的文化核心竞争力。

文化核心竞争力与文化竞争力是个性与共性的关系。如前所述，文化竞争力是物态文化力和意态文化力在外部化过程中所体现出的一种整体相对竞争优势。若想保持这种整体的相对竞争优势，就必须凝练出自身的个性特色，后者是能够帮助一个组织持续成功的核心要素，以此核心要素为依托，通过整合其他方面的能力而形成的影响文化发展全局的系统竞争能力就是文化核心竞争力。可见，文化核心竞争力是个性，文化竞争力是共性。有文化竞争力不一定有文化核心竞争力，但有文化核心竞争力者必定有文化竞争力。进一步讲，具

① 赵秀玲．孙晓涛．张保林．2008．论文化核心竞争力．中州学刊，(3)：102．

有核心竞争力的文化一般都具有现实的或潜在的较强的竞争力，而具有竞争力的文化不一定就有核心竞争力。

二、文化核心竞争力的特征

（一）文化核心竞争力是自身特有的“绝招”

文化核心竞争力是其自身特有的“绝招”，是别人学不会也拿不走的。它能够被别人观察、研究、模仿的只是冰山露出水面的那部分，别人看不到的甚至自己也不完全清楚的是在水下的那部分，它比露在上面的要大得多。例如，中国人在汶川地震中所迸发出的大爱精神，连中国人自己都震惊。这是一个民族的特殊能力，是由特殊经历所造就的。它可能是不经意的，甚至是被逼出来的，别人可以学到方法，但学不到这种能力。一个国家、一个民族、一个城市、一个企业有了自己独特的能力就意味着它拥有了“绝招”，可以称之为“个性特色”，具有较强的难以复制性。正如联想和戴尔虽然都是品牌，但各有自己的特殊能力，就是把柳传志和迈克尔·戴尔换个位置，联想一定变不成戴尔，戴尔也成不了联想，因为企业所拥有的特殊能力是不会因为领导者的更强而消失或者被取代的。例如，以西方个人主义文化为主，集中全世界最聪明的头脑的美国汽车界，既没有学会东方集体主义文化的日本丰田管理方法，也没有学会同是西方文化的德国汽车管理方法。第二次世界大战后的半个世纪，美国汽车制造业从世界第一流沦落到第三流，这个痛苦的事实让美国汽车界明白，“别人的管理方法我们学不会”。就城市特色而言，亦是如此。古罗马的斗兽场、巴黎的埃菲尔铁塔、比萨的斜塔、佛罗伦萨的群雕、悉尼的歌剧院、北京的天安门等，可以再造一个同样的建筑，但无法再造一个同样的历史。这些建筑存在的意义已远远超出了其本身，它们已经是各自所在城市甚至国家的象征，吸引世界各国的人不断前往参观、追忆、探寻、欣赏。正是由于它们的存在，才成就了它们各自所在城市的辉煌和超越时空的魅力，激发出后人的奋斗精神和对未来的不懈追求。这些独有的文化个性是其在长期发展过程中形成的文化特质，其优势在于即使别人认识到它是成就一个组织辉煌的核心要素，也无法通过复制来拥有和掌握，正因如此，它才成为一个组织获得持续竞争优势的重要根基。

（二）文化核心竞争力是文化个性特色与其他能力整合而成的系统竞争能力

竞争是和市场相联系的，市场是讲究效益的。现代社会的市场效益必须是经济、社会、环境三者效益的有机统一，要使一种文化具有对手难以超越的竞争优势，仅凭其个性特色是远远不够的。例如，德国人追求“精准”的个性特色，如果不与管理者的管理能力、制造业的制造能力、营销者的产品销售能力相结合，就难以转化为竞争优势。再如，我国很多少数民族地区的民族歌曲，其婉转悦耳、悠扬动听的发音方式和特有的民族风情、民族语言，一般来说是难以被本民族以外的人所掌握或模仿的。因此，消费者在欣赏这种文化产品时只能获得一时的精神满足，而不能像流行歌曲一样被消费者传唱，从而使这种文化的扩散能力明显低于流行歌曲，最终的结果很可能是逐渐被人所淡忘。这说明，一种文化仅凭其特有的、极难复制的个性特色也不一定就有生命力。文化核心竞争力应该是一种文化以其特有的、难以复制的、能形成持续竞争力的个性特色为依托，通过整合其他方面能力而形成的影响文化发展全局的系统竞争能力。目前我国正在进行的文化遗产抢救保护工作就是在抢救和保护文化的个性特色，一个民族的文化遗产相当于其民族文化的基因，是一种文化在成长过程中所形成的特有的生存能力。对其抢救和保护的目的不仅仅是把它们请进博物馆，更重要的是要考虑如何盘活这些文化遗产，让这些民族文化的基因植入现代文化的土壤，使其成活并亮丽起来，最终扩散开来，为提升本民族的文化核心竞争力提供支撑。

（三）文化核心竞争力是推动社会可持续和谐发展的核心动力

伴随着当今世界的文化竞争，在未来社会，文化的可持续和谐发展也将越来越成为社会可持续和谐发展的核心。一种文化要能够在与对手的竞争中获得可持续的难以超越的优势，就必须与社会发展的主流方向保持一致，任何反社会、反人类的文化都是难以持久的。文化核心竞争力之所以具有持续的竞争优势，就在于它是推动社会可持续和谐发展的核心动力。它对社会可持续和谐发展的贡献从微观上讲在于陶冶人的情操，满足人们的精神需要，激励个人不断取得进步；从宏观上讲在于能够产生强大的社会精神动力，成为民族生命力、凝聚力和创造力的重要来源。例如，被汶川地震灾难激活的中华精神就是中华民族的优秀意态文化力，这种精神能量一旦渗透到每一个中国人的血液里，融化进中国的制度文化中，就会成为中国实现持续和谐发展的不竭源泉。再如，德国人的“爱管闲事”，也是有利于其社会可持续和谐发展的文化个性特色。曾有几名在德国办公司的中国人在德国餐馆就餐，餐后付账走人，却被一名德国顾客拦住，指责他们的餐桌上还剩有饭菜并通过电话举报，中国客人颇为不解，德国人的回答是：“餐费是你付的，但资源是全社会的。”就这样，中国顾客因浪费社会资源而被罚款。中国人感慨万千，把罚单复印下来贴在公司墙上，以示警戒。这一案例说明，发达国家之所以发达，是与其珍惜资源的文化个性分不开的，虽然我们也经常呼吁珍惜资源，但像德国这样从餐馆里的普通顾客对资源保护的品质和行为，到相关管理机构的管理规则，能形成如此配合默契的联动机制，却是我们很难复制的。德国人由于追求“精准”，因而做事就非常认真，不但自己严格遵守规则，而且看到不合规则的行为就必然会“管”。正是这一文化传统使德国社会得以可持续和谐发展，并为其他国家、民族所称羡。①

（四）文化核心竞争力必须能够在遗传中求变异，在变异中求发展

文化核心竞争力作为一种系统能力，必须具有在遗传和变异中求发展的特性。首先，它必须具有遗传性，因为文化的遗传性使文化具有一定的稳定性，为文化绵延不绝地向前发展提供了可能，同时遗传性也是一种文化获得核心竞争力的前提。如果一种文化遗传能力很差，那么其核心竞争力就无从谈起。文化核心竞争力的遗传性在于它所依托的文化个性特色能够随着时空的推进而获得不断的延续和强化。同时，又由于任何事物都要经历产生、成长、成熟、衰亡等几个阶段，文化核心竞争力也必然会面对上述阶段的考验，要么与时俱进，要么淘汰出局。因此，文化核心竞争力还必须具有随着时间和空间的变化而在遗传中求变异、在变异中求发展的能力。换句话说，如果一种竞争优势由于环境的变化不再能够持续帮助一个组织获得成功，那么这种竞争优势就不再

① 赵秀玲，张保林．2008．文化核心竞争力及其评价指标体系构建思路．南都学坛，(2)：115．

是核心竞争力。中国在漫长的历史长河中，曾经创造了无数辉煌，但在近代却落后了，这说明中国以前的竞争优势缺乏持续性，因此，需要与时俱进，需要从我国的传统文化和当代文化中，凝练属于中华民族自己的文化核心竞争力。

文化变异性是指一种文化在与对手的竞争发展过程中不断调整自己，或部分调整，或根本性变革，以更加适应社会的可持续和谐发展，并推动自身的不断进步。文化核心竞争力作为系统能力，其变异有两种途径。纵向方面，一种文化在遗传原有个性特色的同时，通过自身的不断创新而获得延续和强化，进而产生放大效应。例如，对一些老歌采用新唱法，既能满足上一代人的怀旧心理，又宜于年青一代接受，这些老歌也因此得以流传。横向方面，一种文化在与其他文化接触、交流中产生相互碰撞和相互渗透，使得文化结构和风格出现变异中的融合，进而推动了自身跳跃性变迁。例如，宋祖英和席琳·迪翁在北京奥运会开幕式上演唱的《茉莉花》，其中国文化的个性特色没有改变，还融进了西方文化的风格，可谓典型的“中学为魂，西学为用”。

文化核心竞争力作为系统能力，其变异有以下两方面内容。

（1）保持核心思想不变，而形式发生较大变化。例如，滑冰运动由滑真实的冰到滑旱冰。再如，随着人们生活节奏的加快，戏曲渐有被人淡忘的趋势，但河南电视台的《梨园春》节目却一改以往戏曲节目整场表演的形式，而采用了名段加竞赛的形式，促使该节目异常火爆，虽然戏剧的核心内容没变，但表现形式却更加适应时代发展的需要。由此可见，即便再优秀的文化，也不能一成不变，只有变才能发展。

（2）核心思想发生了一定变化。例如，虽然儒学受到法家、道家、佛教及现代文明的挑战，但儒家思想依然不倒，除了其内涵的合理成分以外，儒学发展过程中的变异能力也是其源远流长的重要原因之一。唐朝佛教盛行，儒家思想的地位受到严峻挑战，但是儒学在此时吸收了佛学的优点，形成了理学，并在宋代得到极大发展。时至今日虽然儒学受到了现代文明的莫大挑战，但其也在不断吸收工业文明的优点，从而形成现代新儒学，结果是儒学思想不但没有衰落，反而成为当下世界各国争相研究、借鉴的经典。

以上研究说明，一种文化的鲜明个性和特色作为文化核心竞争力这一系统能力的基础要素，遗传性是其可持续发展的前提，变异性则是其可持续发展的必然，文化核心竞争力作为系统能力必须具备这种特性才能永远保持竞争优势。

（五）文化核心竞争力能够为大众提供易于识别和接受的精神享受

一种文化无论有怎样的个性特色，如果不为大众所识别和接受，那就只能是“阳春白雪”，既然“和者盖寡”，就难有可持续竞争优势了。例如，被联合国教科文组织认定为世界地质公园的中国南阳伏牛山地质公园有极高的科考价值，其中有恐龙遗迹，有南北交界之处的老界岭，有世界生物圈保护区宝天曼，有扬子板块和华北板块的缝合处及各种各样的地质地貌。然而要使这些宝贵的科考资料产生巨大的经济和社会效益，就必须使其成为公众能够识别和乐于接受的科普知识，否则，它充其量只是一个地质学者的科考基地，而不是雅俗共赏的“地质公园”，它能够带来的仅是科研和历史价值，而不是巨大的经济效益。因此，一种文化的核心竞争力应该能够在为消费者提供超越其竞争对手的独具一格且易于识别的精神满足的同时，也为自身的可持续发展提供足够的物质动力。

鉴于上述对文化核心竞争力的内涵和外延的界定，我们在评价一种文化的核心竞争力时，可以从以下几个着眼点出发：其一，文化核心竞争力是一种系统能力，因此必须评价影响其发展的系统因素；其二，文化核心竞争力是其竞争力中的个性特色与其他方面能力整合而成的一种系统能力，因此必须评价个性特色与其他能力相互整合的结果；其三，文化核心竞争力形成的基础是个性特色，因此在进行文化核心竞争力的评价时，必须探讨一种文化是否具有“个性特色”，一种文化没有个性特色就等于没有生命，从而就不具有核心竞争力。

我们将从这几个方面出发，探讨文化核心竞争力评价指标体系构建的基本思路。

第三节 文化核心竞争力评价指标体系

一、文化核心竞争力评价指标体系设计的原则

（一）系统性原则

文化核心竞争力表面上只表现为一种文化的个性特色，但通过前文的分析可知，一种文化要想形成持续的竞争优势，必须以其个性特色为依托，通过整合其他方面能力，从而形成一种系统的竞争优势。因此我们在评价文化核心竞争力时就必须采用系统性原则，综合考虑形成文化核心竞争力的各个要素，而不是仅仅考虑其个性特色。但在评价指标的综合评估时应突出个性特色存在性的评价。

（二）结果类指标、因素类指标与个性特色探索指标相结合

由于核心竞争力表现为一种系统能力，因此目前很多领域的核心竞争力评价指标体系都是从系统论的角度出发，综合评价研究对象核心竞争力的强弱，其结果是这种核心竞争力评价指标体系与竞争力评价指标体系没有本质的区别。核心竞争力是以个性特色为依托通过整合其他方面的能力而形成的一种具有持续竞争优势的系统能力，因此对于核心竞争力的评价必须判断研究对象有无个性特色，本节在设计文化核心竞争力评价指标体系时增加了个性特色探索指标，以判断研究对象是否存在或潜在具有个性特色。因素类指标是从系统论的角度出发对影响核心竞争力的因素进行评价，这一类指标与一般的竞争力评价指标并无二致。对于结果类指标，目前核心竞争力评价领域有一种观点认为：结果类数据是研究对象显在竞争力的体现，但它不能表现研究对象未来的发展趋势和竞争优势。但我们认为结果数据恰好是个性特色与其他方面能力整合结果的表现，由于核心竞争力表现为一种持续的竞争优势，因此结果类数据的发展速度及发展的稳定性就可以表征已存在的核心竞争力的强弱。为此我们在设计文化核心竞争力评价指标体系时依据结果类指标、因素类指标和个性特色探索指标相结合的原则。

（三）可操作性原则

由于文化系统具有复杂和难以度量的特点，在设定文化核心竞争力评价指标体系时，必须把评价指标的准确性和数据的可获得性进行综合考虑，尽可能地采用数据容易获得的指标。

（四）动态性原则

文化核心竞争力的构成要素都会经过一个产生、成长、成熟、衰亡的过程，因此文化的核心竞争力也是一个不断发展变化的过程，这就决定了文化核心竞争力的评价指标不是一成不变的，需要根据人们的认识不断调整。

二、文化核心竞争力评价指标体系的构建思路

文化的产生和形成要经过实践和创造、学习和仿效、概括和抽象、传授和教育等过程，人类认识和改造自然的过程中，也是产生新的思想和认识的过程，这些思想和认识经过人类的分析、总结、概括和完善，逐渐形成一种概念沉积于人的头脑中，这些抽象化了的概念，又会通过各种方式进行传播，被更多的人所接受，一种文化现象便由此而生。[①] 因此，一种文化的发展壮大要经过实践创造和扩散两个阶段，最终表现为被人们所接受。文化的核心竞争力就是一种文化在实践创造和扩散阶段所特有的、难以复制的、能形成持续竞争优势的系统能力，而其结果表现为这种文化现象能够持续不断地被越来越多的人所接受。本节在构建文化核心竞争力评价指标体系时，通过因素类指标来评价影响一种文化实践创造和扩散能力的因素，通过结果类指标来评价一种具有核心竞争力的文化的影响结果，通过个性特色探索指标来探索一种文化是否具有个性特色（表1-1）。

（一）因素类指标

由上文分析可知，影响文化核心竞争力的因素主要集中在实践创造能力和扩散能力上。影响实践创造能力的因素很多，如机制、教育、物力、财力等，这些因素最终都表现为对人力资本的影响，因此通过人力资本指标对这些因素

---

① 赵秀玲，付廷臣，姜长宝．2005．城镇化进程中的文化支持研究．北京：人民日报出版社．

表1-1　文化核心竞争力评价指标体系

一级指标	二级指标	三级指标	含义
因素类指标	人力资本指标	人力资本存量指数	科技活动人员数，科学家和工程师人数
		人力资本流动性指数	外来人口增长率，外出人口增长率
		人才环境指数（研发支持指数）	科技经费筹集额增长率、企业挖潜改造资金和科技三项费用占GDP比重
		人才环境指数（激励指数）	科技经费内部支出中劳务费的比重、知识产权保护年限、重大科技进步奖励总金额增长率、创新成果对职称评定的影响力
		人才环境指数（包容性指数）	人大代表中女代表的比重；人大代表中少数民族代表的比重；离婚率；社会保险发展的广度；赡养纠纷，抚养、扶养关系纠纷，抚育费纠纷案件增长率
	文化扩散能力指标	文化产业发展能力	文化产业技术进步贡献率、获得奖励的优秀文化成果数量增长率、全员劳动生产率、百元固定资产利税率
		文化事业单位发展能力	财政支出中文化事业支出比重的增长率
		文化产业关联度	文化产业的影响力系数和感应度系数
	资源影响指标		文化遗产的数量、原生态自然资源的规模
结果类指标	贡献力	物态文化力对经济发展贡献	文化产业增加值对GDP贡献率的增长速度、文化产业增加值的平均增长速度、文化产业增加值的样本方差、文化产业增加值对GDP贡献率的样本方差
		意态文化力对经济发展贡献	经济增长中（不包含文化产业）文化资本的贡献率
	发展力		文化单位机构数的增长率、艺术表演团总数增长率、接受人数增长率
个性特色探索指标	独有度		
	变异力		
	遗传力		

进行评价；影响文化扩散能力的因素也很多，如观念的、制度的、方式的等，在社会主义市场经济条件下，文化扩散的途径主要有文化产业和文化事业部门，在此我们通过对文化产业和文化事业部门发展影响因素的评价，来分析文化扩散能力的影响因素。

1. 人力资本指标

文化是人类认识和改造自然的结晶，一种文化现象从实践创造到扩散的整个过程都离不开人的参与，因此文化从业人员的素质是形成文化核心竞争力的决定因素。在此我们设计人力资本存量指数、人力资本流动性指数和人才环境三个指标来描述智力资本对文化核心竞争力的影响。对于人力资本指标我们主要描述人力资本的存量、流动性和人才环境。

1）人力资本存量指数

人力资本存量指数主要用来衡量一个区域文化创新的智力基础。人力资本存量的测度本身就是一个复杂的系统问题，在此我们不作精确测度，根据指标体系设计的可操作性原则，用科技活动人员数和科学家和工程师人数来近似衡量一个地区的人力资本存量。其中，科学家与工程师指科技活动人员中具有高、中级技术职称(职务)的人员和不具有高、中级技术职称（职务）的大学本科及以上学历人员，该指标用来反映投入科技活动人力的素质；科技活动人员指直接从事科技活动，以及专门从事科技活动管理和为科技活动提供直接服务，累计的实际工作时间占全年制度工作时间10%及以上的人员，该指标用来反映投入科技活动人力的规模。①

2）人力资本流动性指数

文化竞争除了需要强大的创造和实践能力外，还需要不停地与其他文化进行交流，以汲取其有益成分为我所用，人力资本流动指数主要就是用来评价区域文化与其他文化的交流情况。在此我们用外来人口增长率、外出人口增长率来描述人力资本的流动性。外来人口既包括在本地区居住但无本地户口的人口，也包括短期入境人口，精确统计难度较大，我们用“本地暂住的外来人口+年度接待入境旅游人数+入境访问、学习人员总数”来近似描述；同样，外出人口用“外出务工人员总数+外出旅游人员总数+外出访问、学习人员总数”来近似描述。

3）人才环境指数

良好创新环境的重要性体现在于它能够激励科技人员充分发挥聪明才智，本指标体系主要应用于区域文化核心竞争力评价，因此对于人才环境的评估也主要从宏观角度出发。

（1）研发支持指数。研发支持指数主要用来评价社会各界对文化创新的支持力度，对文化创新的支持是进行文化创新的基础，在此我们通过科技经费筹集额增长率、企业挖潜改造资金和科技三项费用占GDP比重来近似描述社会各界对文化创新的支持力度。

① 国家统计局．2006．2006中国统计年鉴．北京：中国统计出版社．

（2）激励指数。激励指数主要用来描述对创新劳动的认可和保护，本节利用科技经费内部支出中劳务费的比重、知识产权保护年限、重大科技进步奖励总金额增长率、创新成果对职称评定的影响力描述创新环境的激励性。其中，劳务费、知识产权保护年限、重大科技进步奖励总金额可以直接通过相关部门的统计资料查找到数据；创新成果对职称评定的影响力可以用创新成果在职称评定条件中的系数来描述。

（3）包容性指数。创新就意味着要改变现实，一个能够包容变化、互相信任、互相支持的社会环境是进行创新的必要条件。对于包容性指数，查理·佛罗里达在2004年完成的《创意时代的欧洲》中从很多方面对这一指数进行衡量。鉴于数据的可得性，我们在此采用人大代表中女代表的比重、人大代表中少数民族代表的比重、离婚率、社会保险发展的广度、赡养纠纷，抚养、扶养关系纠纷，抚育费纠纷案件增长率来描述社会的包容性。其中，人大代表中女代表的比重、人大代表中少数民族代表的比重主要用来描述文化发展的公平性；离婚率、社会保险发展的广度主要用来描述人与人之间的相互信任程度；赡养纠纷，抚养、扶养关系纠纷，抚育费纠纷案件增长率主要用来描述人与人之间是否能够相互扶持、共同发展。

2. 文化扩散能力指标

一种文化要想获得持久发展的能力，就必须能够将自身不断地进行时间和空间上的扩散传播。一种文化即使在目前可能会有较强的竞争力，但是如果扩散能力差，最终也会面临着被淘汰的危险。例如，我国很多少数民族优秀文化及一些民间绝活，之所以面临着即将失传的危险，其中一个重要原因就是它们的扩散能力太差。同理，即便一种文化在与对手竞争的过程中可能暂时处于劣势，但是如果它具有很强的扩散能力，那么就有可能在扩散过程中通过与外界不断进行能量交换而强化自己并超越对手。因此，扩散能力是一种文化获得持续竞争优势和发挥潜在竞争优势的重要条件。在此我们将扩散能力也设计为评价文化核心竞争力强弱的重要因素。

随着居民收入水平的提高，消费层次也逐渐由对物质消费的追求转向对精神享受的满足，精神享受的一个主要表现就是对文化的拥有感。有需求必然有供给，从而推动了文化的经济化和经济的文化化。在物质商品的价值中观念价值的比重越来越大，品牌文化的竞争愈演愈烈。这种状况从文化传播的角度考虑，说明文化传播的载体已渗透到物质消费品领域，凡是有文化内涵的物质消费品，其不但自身价格猛增，而且也提升了使用者的身份和品位，因此，也备受消费者青睐。我们甚至可以预见这种情势发展的结果是：人们好像不是在消费物质产品，而是在消费其中的文化。以中国玉文化中心——南阳的玉雕重镇石佛寺镇为例，其特色就是上溯几代人至今，仍然家家户户都生产和销售玉制品。对此现象，如果是以前的理解，当然说它是一种经济现象，而在今天就很难说清它到底是经济现象还是文化现象。实际上玉文化已经成为石佛寺镇的文化核心竞争力，石佛寺镇已经和正在进行着由经济文化化向文化经济化的转变，更直接地说，它已经由玉经济产业转变成玉文化产业即文化经济化。文化经济化主要表现为文化消费的市场化，目前逐渐崛起的文化产业正是文化经济化的表现。《国家“十一五”时期文化发展规划纲要》颁布之后，大力发展文化产业已成为国人共识，很多地区把发展文化产业作为新的经济增长点，然而大力发展文化产业的目的何在？笔者认为发展文化产业的目的不仅仅在于获取经济利益，更在于把更多、更好的优秀文化产品通过文化产业传递给消费者，以满足居民不断增长的文化消费需求。

在市场经济条件下文化产业是文化扩散的一条重要途径。以教育产业为例，从孔子率三千弟子周游列国起，教育就成了传播文化的一种工具，时至今日，教育虽然有了获取经济利益的功能，但是其主要目的仍然是传播科学文化知识。因此文化产业的发展是文化扩散的一条重要途径。

另外对于文化扩散能力的评价，文化事业单位也是一支不容忽视的力量，文化事业单位不以营利为目的，其发展的目的主要是满足人民群众日益增长的文化消费需要。市场经济条件下文化产业除满足居民文化需求外，营利是其另一个重要目的，因此对文化产业和文化事业单位发展的评价应该有所区别。在对文化扩散能力的评价中，将文化产业和文化事业单位的发展结果作为文化传播的结果，通过对文化产业和文化事业单位发展影响因素的评估来描述文化扩散能力的影响因素。

（1）文化产业发展能力。文化产业发展能力是对文化产业科技创新能力、产品研发能力、资源汇聚能力的一个综合评价，它反映了一种文化扩散能力的发展前景。在此，我们采用文化产业技术进步贡献率、获得奖励的优秀文化成果数量增长率、全员劳动生产率、百元固定资产利税率来衡量产业的发展能力。

（2）文化事业单位发展能力。目前我国部分文化事业单位进行市场化改制，对于这一部分单位，营利已成为其发展的一个重要目标，对其发展能力的评价与文化产业发展能力的评价是一致的。对于纯粹以文化传播为目的的文化事业单位，它们主要受政府扶植的影响，在此通过财政支出中文化事业支出比重的增长率来衡量文化事业单位的发展能力。

（3）文化产业关联度。产业关联分析主要描述国民经济各部门之间的相互影响，文化产业的感应度系数描述了文化产业受其他行业影响的程度，文化产业作为国民经济体系的一个行业不是独立的，而是与其他行业发展息息相关的，其发展必会受到其他行业的影响。文化产业的影响力系数描述了文化对其他行业部门的影响，非文化产业对文化产业产品的消耗主要是把文化产品作为文化资本投入生产，在此意态文化力发挥主要作用。文化产业在与其他部门相互影响的同时已经进行了文化传播。以蓝猫为例，卡通片中蓝猫的可爱形象深入人心，而今以蓝猫为标志的产品已经包括玩具、服装、医药等，居民在消费这些产品的同时也又一次地消费蓝猫形象所带来的精神享受。因此，文化产业与其他产业的关联度也是影响文化扩散的重要因素，我们通过文化产业的影响力系数和感应度系数来描述文化产业与其他产业的产业关联。

3. 资源影响指标

在影响文化核心竞争力的因素当中还应该包含自然环境及文化遗产等因素，很多文化产业都是因为拥有具有垄断优势的资源而获得蓬勃发展的。例如，河南南阳的恐龙化石公园，因为其拥有规模巨大的恐龙蛋化石，所以前来参观学习的游客络绎不绝。因此，在这里我们通过文化遗产的数量、原生态自然资源的规模来评价一个地区所拥有的资源优势。

（二）结果类指标

文化核心竞争力的特征其实主要表现在两个方面，一方面是文化的核心竞争力能够使其对社会发展作出持久的贡献；另一方面就是文化的核心竞争力能够使区域文化具有持续的竞争优势。我们将从这两个方面入手评价区域文化核心竞争力的强弱。

1．贡献力

文化虽然来源于社会实践，但今天文化本身不再仅仅是一种象征符号抑或人类创造之成果，而是一种推动社会进步的力量，甚至可以说是一种生产力。① 文化能为经济社会发展作出有益的贡献是其获得生存和发展空间的前提，因此评价文化核心竞争力的强弱，必须判断其为社会贡献的大小。文化对社会发展的贡献表现为物态文化力和意态文化力两个方面，因此评价文化对社会发展的贡献可以从这两个方面着手。物态文化力主要表现为文化产业对社会发展的贡献，可以通过文化产业对经济发展的贡献的评价进行描述；意态文化力对经济社会发展所作出的贡献，可以通过非文化产业增长中文化资本的贡献率进行评价。

（1）物态文化力对经济发展贡献的评价。虽然文化核心竞争力具有一定的周期性，但是具有核心竞争力的文化不但能够为经济社会发展作出贡献，同时能够不断适应社会发展的现状，不断更新自身的核心能力，以取得新的核心竞争力，进而保持自身持续稳定的发展，因此文化核心竞争力对经济发展所作出的贡献，不同于文化竞争力对经济发展所作出的贡献。文化核心竞争力主要表现为一种持续的竞争优势，具有核心竞争力的区域文化能够为经济发展作出稳定的贡献，因此我们在评价一种文化的核心竞争力对经济发展的贡献时，不能仅采用文化产业的增加值或其对经济发展的贡献率进行评价，而应该着重考虑相应文化产业增加值的发展速度及其增长的稳定性，以及其对经济发展贡献率的发展速度及其贡献率增长的稳定性。我们采用文化产业增加值对GDP贡献率的增长速度、文化产业增加值的平均增长速度、文化产业增加值的样本方差、文化产业增加值对GDP贡献率的样本方差等来描述区域文化物态文化力的核心竞争力的强弱。

（2）意态文化力对经济发展贡献的评价。意态文化力对经济社会发展的主要贡献表现为精神控制力，最终通过对接受这种文化的人的影响，作用于经济和社会发展。例如，在我国分配制度文化中，长期以来“不患寡而患不均”的平均主义思想占据重要地位，在自给自足的自然经济形态下，这种平均主义

① 赵秀玲，付廷臣，姜长宝．2005．城镇化进程中的文化支持研究．北京：人民日报出版社．

分配思想是有助于当时的社会发展的，在物质资源极其有限的情况下，如果一部分人占有过多的社会资源，必然造成另一部分人生活无法得到保障。而在当前物质生活资料相对丰富的情况下，为了充分调动劳动者劳动的积极性，平均主义的分配方式必然会阻碍经济社会的发展。因此，意态文化力对经济社会发展的作用主要体现在凝聚人心、提高劳动生产率上，在此我们采用经济增长中（不包含文化产业）文化资本的贡献率作为衡量意态文化力的指标。

2. 发展力

文化核心竞争力的作用除了其能为社会和谐可持续发展作出贡献外，还表现为它能够促进自身的持续稳定发展，因此我们在评价文化核心竞争力所表现出的结果时，除了要评价文化核心竞争力对经济社会发展的贡献，还要评价文化核心竞争力对自身发展的贡献。

具有竞争优势的区域文化表现在接受这种文化的人数不断增长，在此我们通过文化单位机构数的增长率、艺术表演团总数增长率、接受人数增长率来近似描述区域文化的自身的发展能力。

（三）个性特色探索指标

结果类指标主要描述的是文化发展的结果，而因素类指标主要描述的是文化核心竞争力的构成要素。文化核心竞争力是一种文化以其特有的、难以复制的、能形成持续竞争力的个性特色为依托，通过整合其他方面的能力而形成的一种系统竞争优势，如果我们在评价文化核心竞争力时，不去探索个性特色而把核心竞争力仅作为一种系统能力进行评价，那么这种核心竞争力评价指标体系与竞争力评价指标体系将不会有本质的区别。因此，在对文化核心竞争力进行评估时就必须设计个性特色探索类指标，以从文化竞争力中探索到已具有的或潜在的个性特色。

文化核心竞争力所依托的个性特色本身就来自于文化竞争力的构成因素，这种个性特色既可能存在于区域文化的文化思想中，也可能存在于区域文化的创造、扩散过程中，也可能存在于区域文化所拥有的文化资源中，因此个性特色探索类指标主要的任务就是依据个性特色的特征，在竞争力的构成因素类中探索个性特色。根据第一部分对文化核心竞争力及其特征的分析，我们认为文化核心竞争力所依托的文化个性应该从以下三个方面进行探索。

1. 独有度

文化核心竞争力是围绕个性特色而建设的一种持续的竞争优势，这种竞争优势之所以能够保持持续稳定，其中一个重要原因就是文化个性特色是对手难以模仿的一种能力，尤其表现在这种系统的竞争优势是对手难以复制的。因此，文化核心竞争力构成因素要想成为个性特色，就必须是对手难以复制的，它是区域文化能形成持续竞争优势的前提。

2. 变异力

如前文所述，文化当前的个性特色也会经过产生、成长、成熟、衰亡的周期，因此文化的个性特色必须要有与时俱进的变异能力。一方面，一种文化可能在目前具有很强的竞争优势，但是如果固步自封，那么这种优势早晚会被对手所超越，因此一种文化应该具有随时间变异的能力；另一方面，随着文化交流越来越频繁，一种文化也必须具有走出发源地的能力，文化来自于实践，因此具有很强的地域性，一种文化要想离开自己产生的沃土，并在异地扎根发芽就必须具有本土化的能力，亦即需要具有空间变异的能力。一种文化个性特色的变异性是其形成持续竞争优势的保证。

3. 遗传力

一种文化的个性特色的遗传性表现在两个方面，其一，随着时间发展，文化的个性特色在一定时期内保持不变，保证文化发展的平稳性；其二，一种文化的个性特色复制到它的分支中，进而为其空间扩散能力提供保证。一种文化个性特色的遗传性是其形成持续竞争优势的基础。

这三个方面是一定区域文化的个性特色所必备的特征，因此我们在个性特色的探索过程中，可以以此为依据来分析区域文化的个性特色或挖掘其潜在的个性特色。对于个性特色的探索很难采用定量指标进行描述，可以采用德尔菲法等定性分析的方法，依据上述三个必备条件来探索区域文化的个性特色或潜在的个性特色。

第二章

中国文化核心竞争力

我国著名学者邓正来先生曾经讲过："中国不只是一个地理的中国、经济的中国，中国更应该是一个文化的中国。我们要建立文化的中国，首要的任务是要努力构建中国的文化身份和认同标准，这一问题关系到我们有没有未来的问题。"[①]那么，中国的文化身份和认同标准是什么?笔者认为，中国的文化身份和认同标准就是中国文化核心竞争力的核心要素。下面将对这一问题进行探讨。

第一节　以"贵和尚中"为核心的和谐文化精神

一、中国古代以"和合"为最高的价值

早在西周末年，史伯就已经认识到"和合"的价值，不同元素的配合，才能使矛盾均衡统一，得到和谐的效果；五味相和，才能调制成美味可口的食物；六律相和，才能演奏悦耳的音乐；善于倾听正反之言的君王，才能早日成就"和乐如一"的局面。不同事物之间配合、融合、平衡，达到一种圆满的程度，如身体的阴阳之气平衡饱满，也称为和；又如德行，处事不刚不柔为和，为古代五德之一。可见，不同的事物相互配合而达到平衡，就叫做"和"，"和"才能产生新事物。

春秋时期，"和合"二字联用并举，构成和合范畴。《国语·郑语》称："商契能和合五教，以保于百姓者也。"韦昭注："五教，父义、母慈、兄友、弟恭、

① 来源于邓正来2008年2月19日在凤凰卫视"世纪大讲堂"栏目的演讲。

子孝。”意思是说商契能把五教加以和合，使百姓安身立命。《国语·郑语》记述了史伯关于和同的论述：“夫和实生物，同则不继。……若以同裨同，尽乃弃矣。”认为阴阳和而万物生，完全相同的东西则无所生。可见，和合中包含了不同事物的差异，矛盾多样性的统一①。

二、儒家学派创始人以“和”作为人文精神的核心

“礼之用，和为贵。”（《论语·学而》）这代表了孔子的思想，认为治国处事、礼仪制度，以和为价值标准。在处理人与人之间的关系时，孔子强调：“君子和而不同，小人同而不和。”（《论语·子路》）既承认差异，又和合不同的事物，通过互济互补，达到统一、和谐。这与“同而不和”，取消不同事物的差异的专一观念形成对照。和而不同是和合思想的一个特征，此种和的境界有三个特点：第一，它是一种至善的状态；第二，它是不同事物之间构成的一种完美的关系；第三，这多种事物在和合的关系中保持着原有的个性，而不必舍弃个性。和而不同，“和”异于“同”之处，就在于它保留了其中每一种事物的个别属性。

儒家的“以和为贵”的思想在历史上起到了促进民族团结，加强民族凝聚力的积极作用，孟子说“天时不如地利，地利不如人和”，“人和”就是指人民之间团结一致，以及统治者与人民之间的协调关系。《易传》说“圣人感人心而天下和平”，也表述了儒家的和平理想及其实现途径。所谓的“得民心者得天下，失民心者失天下”，已经成为我国历史上统治阶级治理国家的客观规律。

三、道家创始人老子提出“万物负阴而抱阳，冲气以为和”②的思想

老子认为道蕴涵着万物，万物都包含阴阳，阴阳相互作用而构成和，和是宇宙万物的本质，是天地万物生存的基础。对于阴阳描述最生动的要算“太极

厚
诚

① 蔡方鹿. 1997.中华和合文化研究及其时代意义[J].社会科学研究，（6）：67.
② 参见《御注道德经》第四十二章，香港银河出版社，2004年。

图”，其中阴阳鱼合抱、互相包含，两条鱼的内边天衣无缝，外边构成一个正圆，太极图蕴涵的内容极为丰富：①任何一个事物都包含着两个对立的方面；②两个对立面相互包含，并在一定条件下相互转换；③两个对立面相互协调，构成一个和谐整体。在一个统一体中，凡是有利于对方的就有利于整体，必然有利于自身；反之，有损于对方的必然有损于整体的和谐统一，必然反过来有损于自身，这构成一个“太极和谐原理”，因此，第三点最为重要。和谐对于国家、家庭、个人之间、人与自然之间都广泛适用。

四、秦汉以来，和合概念被普遍运用

秦汉以来，和合概念被人们普遍运用，中华文化的发展也呈现出一种融合的趋势，在融合的基础上保留各家的鲜明特色和个性，不仅世俗文化各派各家讲融合，而且宗教文化也讲合，宗教文化和儒家文化之间也讲合，在保持各自文化特色的同时，相互融合、相互影响，由此促进了中华文化的可持续发展。其中，“以和为贵”、“亲仁善邻”、“协和万邦”成了中华民族与世界各国人民友好相处的传统道德基础。和睦相处，消弭战祸，“化干戈为玉帛”始终是中华民族的美好愿望和实践目标。在这种和合的文化下，中国数千年的历史中极少对外用兵。

五、中庸思想是中国“和合”文化行为要求的集中体现

中庸之道是“和合文化”在处理问题的具体的准则，是儒家乃至整个中国传统文化中被视为人生和道德的至高境界和所追求的目标，“中庸”最早出于《论语》。孔子说，“中庸之为德也，甚至矣乎！民鲜久矣”（《论语·雍也》)。中庸思想的主要含义是：在事物的发展过程中，对于实现一定的目的来说，有一个一定的标准，达到这个标准就可以实现这个目的，否则就不可能实现这个目的。没有达到这个标准就是“不及”，超过了这个标准就是“过”。“过犹不及”，也就是说，如果超过了这个标准，就不可能实现原来的目的，而会转变到原来的反面，这和“不及”没有区别。中庸之道的真谛在于：坚守中正，寻求适度，不偏不倚，无过无不及。所谓“中庸之为德”就是经常遵守一定的标准，既不

能“过”，亦不能“不及”，这是中庸的品德。这一品德在现实生活中屡被证明。例如，我国政治生活中经常强调既不能右，亦不能过左，右或过左都会给社会带来灾难；为人处世中所谓“水至清则无鱼，人至察则无徒”也是讲的这个道理；就连日常饮食卫生之类的事情，也有一个适度的问题，这个度在过与不及之间，不讲卫生是有害的，过于讲究卫生就变成了洁癖，后者是一种病态。所以，辩证法中有“质量互变规律”及“物极必反”、“真理向前迈出半步就会变成谬误”之说。中庸思想可谓博大精深，中庸与政治的关系最集中地体现了中国古代政治文化的思维方式。它要求执政者“执其二端，用其中于民”，妥善协调各方面的矛盾，实现和谐的价值目标。

儒家文化的中庸之道塑造了中国人的中庸之德，使中国人形成了中庸的思维与行为方式，处事作风和人格境界。面对现实人生很多具体的两极选择，人们试图有效地在对立的两极之间找到一个均衡的支点，并使对立双方归于统一。在生活实践中，守中、不走极端，成为古代中国人固守的人生信条。[①]在今日的语境下，“中庸”就是要正确把握度并协调好各种关系，以益于社会的和谐稳定和持续进步。[②]因此，中庸思想不是折中主义，而是讲究信义，注重人与自然、人与社会、人与国家、人与群体的和谐，对于调适、化解、规范社会各方面的利益矛盾与冲突，避免社会在无谓的利益冲突中频繁动乱甚至消亡，有着不可低估的作用。尤其是在和谐中国的建设中，中庸思想对于民族文化发展的稳定性，对于构建中国现代文明秩序，保持社会稳定与和谐的发展有着重要的意义。

第二节 “贵和尚中”的核心价值体系

以“贵和尚中”为核心的传统核心价值体系是中华民族极具持续竞争潜质的内在精神和生命之魂。

① 汪艳．2009.浅谈我国传统伦理文化的传承．苏州科技学院学报（社会科学版），(3)∶7

② 杜吉甫．2008.开放经济条件下的企业文化建设与战略转型研究．上海：上海大学硕士学位论文．

一、价值观与价值观体系

（一）价值观

价值观是社会成员用来评价行为、事物及从各种可能的目标中选择自己合意的目标的准则。大难面前是选择逃离还是选择救援，体现的就是一个价值观问题。见利忘义、无利不起早，也是价值观的体现。价值观处于文化的内核即精神层面，是精神文化的灵魂。价值观因人而异，由于每个人的先天条件和后天经历不同，因而其价值观亦会不同。在同样的客观条件下，具有不同价值观和价值观体系的人，其动机模式不同，产生的行为也不同；遍阅古今中外的历史，有多少仁人志士、英雄豪杰为了解除人类的苦难而奋力抗争，即使献出生命也在所不惜，为什么？是因为他们心中有一杆秤，这杆秤告诉他们什么最有价值，值得为之付出自己的全部，这就是他们的价值观。他们的价值观决定了他们的行为取向，决定了他们以什么样的心态和意图去开创自己的生活。

个人的价值观一旦确立，便具有相对的稳定性，正所谓“江山易改，本性难移”。但就社会和群体而言，由于人员的更替和环境的变化，社会或群体的价值观念又是不断变化着的，这为社会主义核心价值体系建设提供了客观依据。

（二）价值观体系

在笔者看来，价值观体系是社会成员在社会生活中基于其价值观的做人做事时一贯性心态的组合。由于价值观是一种内心尺度，它凌驾于整个人性当中，不但支配着人的行为、态度、信念等，还支配着人认识世界、明白事物对自己的意义及人的自我了解、自我定向、自我设计等，同时也为人自认为正当的行为提供充足的理由。例如，理性价值观是以知识和真理为核心的价值观，只有这样的价值观才能指导人们在做事时把追求真理看得高于一切；政治性的价值观是以权力和地位为核心的价值观，在这种价值观指导下人们在做事时会把权力和地位看得高于一切；美的价值观是以外形协调和匀称为核心的价值观，把美和协调看作重点；社会性的价值观将为群体和他人服务看成核心的价值观；经济性价值观是以经济价值和实惠为中心的价值观；宗教性的价值观是以信仰为核心的价值观，把信仰看得高于一切。

二、核心价值观与核心价值体系

（一）核心价值观

对整个社会而言，核心价值观指什么，目前尚无确切的定义。针对企业核心价值的表述是：核心价值观是企业在经营过程中，全体员工都必须信奉的信条，是企业本质和永恒的原则。企业核心价值观作为企业永恒的指导原则，并不需要得到外部认证，对企业内部员工具有重要的指导价值。该表述认为核心价值观包含四个方面的内容：第一，它是判断善恶的标准；第二，它是这个群体对事业和目标的认同，尤其是认同企业的追求和愿景；第三，在这种认同的基础上形成对目标的追求；第四，形成一种共同的境界。

在上述关于企业核心价值观的表述中，我们认为，关于核心价值观的四个方面的内容具有普适性。就社会核心价值观而言，我们认为，由于社会是由人组成的，人的价值观又各有不同，而社会发展的思路是需要其成员的广泛认同的。倘若社会中的人一人一条心，则该社会必然是一盘散沙，毫无凝聚力可言，一个没有凝聚力的社会是很容易垮掉的。而凝聚需要文化的力量，有生命力的文化必然是有个性、有特色的。核心价值观就是这样一种能够代表一个社会特色文化的整体价值取向，即一种以民族精神和气质为核心的价值形态，这种价值形态深深扎根于特定社会群体的内心，并明显地区别于其他社会群体，处于该社会群体心理的深层结构中，主要表现为具有独特的信念与世界观。中国公民在大灾大难、大敌当前的情况下所表现出的万众一心、同仇敌忾的气概，正是儒的仁爱之心，佛的慈悲为怀，道的太极和谐，而这都是中华民族精神和气质的价值体现。

（二）核心价值体系

我们认为核心价值体系是基于核心价值观的在整个价值观体系中居核心地位，起主导和统领作用的价值观体系。党的十七大报告指出："社会主义核心价值体系是社会主义意识形态的本质体现"[①]，是社会主义制度的内在精神和

① 参见胡锦涛在中国共产党第十七次全国代表大会上的报告"高举中国特色社会主义伟大旗帜 为夺取全面建设小康社会新胜利而奋斗"，http://www.xinhuanet.com，2007年10月15日。

生命之魂，是建设和谐文化的根本。足见核心价值体系对于一个国家、一个民族生存和发展的至关重要性。

一个国家、一个民族、一个社会在长期共同的认识和实践活动中，必然要形成的一定的价值观念体系。如前所述，中国是一个文明古国，历史上诸子百家，主张各异，但有一点是共同的，那就是“和合”，中国传统文化是以和谐为最高原则来处理人与人之间的关系的，包括君臣、父子等伦常关系，也包括国家、民族之间的关系。正是这些以“和”为核心价值观的价值观体系，使中华文化得以延续，使中国社会几千年的历史演进中虽屡遭侵犯却越挫越勇、生生不息。遗憾的是鸦片战争后这100多年来，中华民族的传统价值观体系曾屡遭否定，当前很多人反而没有了信仰，从而出现了很多反传统伦理的行为，如违反孝道、破坏自然环境、不讲信用、贪污、浪费、追求奢靡，甚至杀人放火、偷盗抢劫等，更有法轮功等邪教组织乘虚而入，蛊惑人心。加之市场经济环境中，受利益驱使而诱发的拜金主义、过度消费观念等，所有这些都是对中国社会和谐传统的背叛。这种状况曾经令人沮丧，不少人感叹世风日下，人心不古。然而，2008年5月，我国发生藏独问题和汶川地震后，中华民族迸发出的那种高度一致的爱国情操和一方有难八方支援的精神，让人不禁开始重新审视中国人的价值观。有网民发帖感叹：“看似一盘散沙的中国现在是钢板一块。”为什么在通常的环境下，得到好处和实惠的人，并不感谢实惠的供给者，在中华民族最危难的时刻，全国13亿人口、56个民族竟能有如此惊人一致的爱国表现？只有一种解释，那就是大家的血脉相连，骨子里渗透的还是中国传统文化的教化。这种源于中华民族悠久历史的价值取向，正是中华民族的希望所在！更有国家领导人在第一时间赶赴现场指挥，共产党人的率先垂范，对国民心态产生了前所未有的影响。中华民族历来就有携手同进，共渡难关的“和”的精神。这不禁令人慨叹：在大是大非面前，中国人并不丑陋，原来中国社会还是这么友善，虽然曾经被物欲诱惑，曾经看似不再信仰什么，但在泪眼之间，良知复苏，人性挺立。所有的冷漠、轻狂，这时都不复存在，大家彼此珍惜，携手同心，从灾难中崛起，犹如浴血的太阳，就连国际社会也开始重新认识中国。这昭示世人，在关键时刻中国人的价值选择还是“和合”，“和合”文化已经渗透在中华民族的血液中，它不会因时间久远而消逝，也不会因时代的变迁而更换，因而成为中国传统文化核心体系中的核心要素。基于这一核心要素的中国传统文化核心价值体系蕴涵了中华天人合一、修齐治平、以和为贵、治平为本等重要思想，是社会主义核心价值体系的思想渊源和国学之根，社会主义核心价值由于深深扎根于中国传统文化的沃土，因而，是中华民族极具持续竞争潜质的内在精神和生命之魂。

1. 天人合一是科学发展观的历史支点

中国传统文化强调人与自然的和谐统一，是天人合一论，在《易经》中最早论及天与人的关系，既承认天与人有联系，又承认天与人有区别，以天与人相互协调为理想。宋代大儒张载认为："乾为父，坤为母"，把人与自然的关系比作生身父母，这种"天人合一"的和谐思维方式，为化解人与自然的冲突提供了文化动力和宝贵的思想资源，并且在一定的时代被付诸实践。例如，在中国历史上，有许多针对环境保护的明确的法规与禁令：4000年前的夏朝，春天不准砍伐树木，夏天不准捕鱼，捕杀幼兽和获取鸟蛋；周朝根据气候节令，严格规定打猎、捕鸟、捕鱼、砍伐树木、烧荒的时间；秦朝禁止春天采集刚刚发芽的植物，禁止捕捉幼小的野兽，禁止捕杀鱼鳖等。这些法规禁令，都是中国传统"天人合一"思想的外化，这些思想对现代社会实践依然具有重要的现实意义，也是当今中国科学发展观的历史支点。

科学发展观强调建立人与自然、人与人、人与社会、人与自我内心之间的和谐关系，强调人们的各项活动都必须尊重规律、顺应规律，按规律办事，这是对中国古代天人合一观念的传承。天人合一作为科学发展观的历史支点，它包含以下几层意思：第一，天人合一是指人与自然的和谐统一，因此，要以和谐的眼光看待人与自然的关系；第二，天人合一可以引申为人与人之间、人与社会、人与自然之间的和谐统一关系；第三，概括地表达了中国人普遍的思维、心理及行为方式；第四，天人合一的思想涉及中国传统文化的各个领域，并且在不同领域的学术范畴内体现天人合一的精神。它是中华民族传统价值观体系的重要内容，是中华民族的思维特征和心理表现。在今天看来，这一思想在社会主义核心价值体系中得到了传承，是与科学发展观相吻合的价值观念，不仅对于中国而且对于世界都具有牢固的凝聚力。

2. 修齐治平是社会主义荣辱观的道德基础

修身、齐家、治国、平天下是儒家文化的精华。要达到社会的治平和谐，首先要修身。孔子说："德之不修，学之不讲，闻义不能徙，不善不能改，是吾忧也。"（《论语·述而》）他忧患的是德、学、义、不善的不修、不讲、不徙、不改。因此，必须重视伦理关系和道德修养。孟子辨析"人之所以异于禽兽者"，在于"良贵"，即人有道德自觉心。朱熹说"德修于己而人自感化"，"如必自尽其孝，而后可以教民孝"（《朱子语类》卷二十三）。中国古代思想家对不耻行为是深恶痛绝的，他们所提出的"行已有耻，使于四方"、"仁则荣，不仁则辱"、"无羞恶之心，非人也"、"礼义廉耻，国之四维"、"先义而后利者荣，先利而后义者辱"、"人有耻，则能有所不为"等荣辱思想，都给中国社会的发展带来深刻影响。中华民族历来崇尚礼义道德，敬老尊贤，抚幼长善，忠恕、诚信、恭敬、智勇，这些都是社会主义荣辱观的道德基础。

以"八荣八耻"为主要内容的社会主义荣辱观吸收了儒家文化的精华，并继承了中国"知耻"的文化传统，为我国的道德重建提供了重要的道德原则和价值尺度。因此，是中华民族传统美德、优秀革命道德与时代精神的完美结合，反映了社会主义市场经济的基本要求，为在社会主义市场经济条件下判断行为得失、分清是非荣辱、明辨善恶美丑，确定价值取向提供了基本准则。

3. 社会和谐是对中国古代以和为贵价值观的继承和发展

社会和谐是社会主义文化核心体系的重要内容，在党的十六届六中全会上提出了"建设富强民主文明和谐的社会主义现代化国家"[①]，把社会和谐作为党和国家不懈奋斗的目标，并对构建社会主义和谐社会作出全面部署。党的十七大又明确提出"构建和谐社会，确立安定团结的新局面"[②]。并强调构建社会主义和谐社会，同建设社会主义物质文明、政治文明、精神文明是有机统一的，从而将中国传统文化价值观提升为社会主义核心价值体系的重要内容。2012年党的十八大报告从国家层面进一步要求倡导富强、民主、文明、和谐，

① 参见江泽民在中国共产党第十六次全国代表大会上的报告"全面建设小康社会，开创中国特色社会主义事业新局面"，2002年11月8日。

② 参见胡锦涛在中国共产党第十七次全国代表大会上的报告"高举中国特色社会主义伟大旗帜 为夺取全面建设小康社会新胜利而奋斗"，http://www.xinhuanet.com，2007年10月15日。

其中“和谐”在传承中国传统文化中“和”的因素时，又赋予了其重要的当代价值。这是对中国传统“和合”文化的继承和发展。

4. 科学的理想信念是对中国传统的以治平为本的价值目标的升华和创新

共产主义的远大理想和中国特色社会主义的共同理想是社会主义文化核心价值体系的重要内容之一。共产主义的远大理想是实现人类大同，中国特色社会主义共同理想是实现内部和谐发展和与外部世界的和平共处。这一理想在中国古人那里也有描述。儒家认为修身、齐家的价值目标是治国、平天下。治平在社会发展中体现为从“小康”到“大同”。《礼记·礼运》对“小康”社会和“大同”社会作了描绘，认为确定和划分“小康”和“大同”的标尺有二：一是从政治和社会的关系上说，“大同”是“天下为公”，不独亲其亲，子其子，选贤与能，是一个和谐至善完美的社会；而“小康”是以“天下为家”，各亲其亲，子其子，是讲信、义、仁、让，有礼、有秩序、治平和睦的社会；从经济生活关系来看，“使老有所福，壮有所业，幼有所教，鳏、寡、孤、独、废疾者皆有所养。男有分，女有归。货恶其弃于地也，不必藏于己，力恶其不出于身也，不必为己。是故阴谋而不兴，盗窃乱贼而不作，故外户而不闭，是谓大同”(《礼记·礼运》)。郑玄注：“大同”之同，“犹和也”。所以，大同世界即大和世界，这种和美经济的生存环境和人文生态环境，意味着道家的自爱、儒家的仁爱和墨家的兼爱之义，和爱是大同世界的底蕴。遗憾的是正如西方空想社会主义者那样，中国古人这么美好的追求，终究因为没有也不可能提出一个科学的实施路径，从而丧失了其作为直接现实的功能环节。而社会主义核心价值体系强调共产主义远大理想和中国特色社会主义的共同理想，是建立在马克思主义揭示的人类社会发展规律基础上的科学理想信念，是共产党人保持先进性的精神动力。而中国特色的社会主义，既坚持了科学社会主义的基本原理，又根据我国实际和时代特征赋予其鲜明的中国特色，是当代中国发展进步的旗帜，是全党全国各族人民团结奋斗的共同思想基础。汶川抗灾中，共产党员的模范带头作用、人民军队的舍生忘死精神，证明了科学的理想信念之力量。科学的理想信念赋予人们价值追求的目标和动力。理想决定行动，共同的理想决定共同的行动。形成共同的理想，我们才能更好地促进政党关系、民族关系、宗教关系、阶层关系、海内外同胞关系的和谐，才能巩固全国各族人民的大团结，巩固海内外中华儿女的大团结，团结就是力量。同时，每一个社会成员只有把自己的理想与共同理想统一起来，才能真正实现自己的人生价值。因而，科学的理想信念是对中国传统的以治平为本的价值观目标的升华和创新。

综合上述分析，可以得出以下结论："贵和尚中"由于注重群我和谐、人我和谐、人际和谐、生态伦理平衡的天人和谐，从而成为社会主义文化核心价值体系的传统文化之基，社会主义文化核心价值体系由于深深扎根于中国传统文化的沃土，因而具有深厚的成长基础和顽强的生命力；更由于它是对传统"贵和尚中"价值观在传承中的发展和发展中的创新，从而成为当代中国最具民族个性的最先进的文化核心价值体系。进一步讲，由于文化核心竞争力是一种文化以其特有的、难以复制的、能形成持续竞争优势的个性特色为依托，通过整合其他方面能力而形成的影响文化发展全局的系统竞争能力。因此，加强社会主义文化核心体系建设，是增强我国文化核心竞争力的必要举措。

（三）培育国民的文化自觉，助推社会主义核心价值体系建设[①]

放眼当今世界，每个民族和国家的现代化道路都日益呈现出富有个性和充满特色的多元化发展趋向，而这种个性和特色是以建构于自己文化背景上的价值体系作为支持和依托的。特别是在当今文化核心竞争力的强弱决定一个族群在世界的地位和影响力的背景下，没有富含一定竞争优势的本民族文化，任何国家都不可能拥有地区或国际级的大国地位和话语权。因此，建设社会主义文化核心价值体系首先需要通过价值导向，唤起国民的文化自觉。在笔者看来，一个民族的文化自觉就是其对本民族文化深刻性的理解及对文化与经济互融互动关系的感悟。有了这种理解和感悟，才能自觉地保护和发掘本民族文化，以开放的心态吸纳外来文化的精华，并通过这一过程强化自身的优势文化。正如我国著名社会学家费孝通先生所言：文化自觉还"应该包括对自身文明和他人文明的反思"[②]。然而，长期以来，中国传统文化中有价值的思想资源并没有引起足够的重视。一方面是与自鸦片战争以来的100多年对传统文化的批判和

① 赵秀玲. 2009. 贵和尚中：中国文化核心竞争力. 南都学坛，（1）.
② 费孝通. 2005."美美与共"和人类文明. 群言，（2）.

否定，使得国人对传统文化有太多的误解和偏见；另一方面，与我们对马克思主义与传统文化的关系缺乏科学、正确、辩证的理解有关，好像马克思主义与传统文化是两个完全不同的思想体系，二者之间没有共同性，不可能融合。加之中国社会进入转型期后，经济利益成了现代化的重要诉求。市场经济撕下了传统人伦笼罩下的温情面纱，而面对物欲横流，人们的心理不适也接踵而至。有人讲在现代化飞速运转中，人们被抛出传统轨道，面对现代文明败坏和堕落的一面，人们既找不到来时的路，又没有既定的价值可以遵循。中国亟须一种思想凝聚人心，有一种先进文化引领社会思潮。因此，构建适应中国国情的代表中国未来发展方向的文化核心价值体系势在必行。在这种背景下，中共中央适时提出建设社会主义文化核心价值体系，是具有非常重要的现实意义和历史意义的，但在一些人看来似乎是在唱高调。殊不知，社会主义核心价值体系正是马克思主义与中国特色相结合的产物，是帮助中国民众找到来时的路，并引导中国走向更辉煌的未来的价值体系。因此，需要唤醒民众的（不仅仅是文化人）文化自觉，让社会主义核心价值体系内化为国人心灵深处的价值认同。

1．重温国学，唤起中华民族的精神记忆

如前所述，中国传统文化中有着非常丰富的优秀思想资源，但由于诸多观念上的误区，中国的学校教育已经不再系统地开设国学课程了。“文化大革命”中成长起来的一些正直且有头脑的青年，更多是在批判“孔孟之道”的声浪中被批判者支离破碎地浸染了，如“仁、义、礼、智、信”、“己所不欲，勿施于人”、“人无信不立”等，但是之后出生的人如果不是专业需求，则很难有机会和兴趣学习国学了，他们既没有反面的教材可资思考，亦没有正式的学校教育可供研读，最终成了对传统文化没有温情和敬意甚至失落迷茫的一代人。教训告诉我们，没有中国传统文化之根，就没有中华民族精神之源，社会主义核心价值体系就无法建立。

近年来“伦理剧”的热播映射出观众关注的焦点越来越复归到对人性、人情、精神归属的追求，而百家讲坛的走红也反映出人们对中华民族价值回归的渴望，这是一个良好的开端，也是建设社会主义文化核心体系的重要契机，政府的作用在于把握这一契机，处理好对传统文化的批判与继承、整合与创新等关系，充分重视、引导并支持民众保护我国的传统文化资源，积极寻求传统文化与现代文化、民族文化与外来文化的共生空间，以保护社会主义核心价值体系建设的传统文化沃土。具体地讲，首先需要政府带头弘扬国学，官方媒体也要充分发挥其号召力和影响力，这种正面渠道的导向作用是非常重要的；同时，要从小学生抓起，在小学的课程设计中补上国学的系统内容并加强史书典籍的诵读，以保持传统文化整体的延续；要教育学生通过反思日常行为，成为中国优秀传统思想的践行者，这对于一个人的一生有重要的奠基作用。在此基础上，一要大力推进国民优秀价值观塑造工程，为年轻一代创造良好的成长环境。二要积极发挥高校的文化权威作用，加强高校的传统文化社会传播功能。三要创新文化传播形式，增加文化传播过程的可欣赏性。四要以现实生活作为节目话题，增强传统文化与现实文化的相融性。五要重视文化与经济的互动关系，要积极探索文化传承节目与市场的结合点，增强节目发展的后劲。例如，河南电视台《梨园春》栏目首先以观众短信参与的方法获取一部分利润，然后该栏目还把节目的品牌进行市场化操作，梨园春酒、梨园春种业都取得不错的市场业绩，为节目的运作提供了雄厚的经济基础。六要充分利用互联网，加强政府在网络信息传递中的职能，依法办网，提高网络信息传递的规范性。同时，加强网络人文教育，构建以传统价值观为基础的网络伦理道德，提升网民传统文化素质等。另外，文化机构或各级各类学校也可以通过演讲、比赛等形式寓教于乐，以唤醒中华民族的精神记忆。

2. 外圆内方，保持中华民族的独有性格

外圆内方是对中国“和合”文化的最好注解。著名爱国人士黄炎培赠送给其子女的座右铭这样说：“事繁勿慌，事闲勿荒，言必有信，无欲则刚。和若春风，肃若秋霜，取象如钱，外圆内方。”外圆内方代表了中国人一向比较认可的合乎理性、合乎规范的处世态度。圆在表象，方在实质。圆是一种处事艺术和方法——友好、稳健、成熟、大气，不卑不亢；方是做人做事的基本原则，是人格的自立，是自我价值的体现，是对美好理想的坚定追求。内心有原则，处事又讲究技巧，原则必须坚持，非原则问题不斤斤计较。做人到此是恰到好处，而这正是去其两端而取其“中”。旧中国，在封建高压下，为了人格的独立，许多正直而又睿智的知识分子，在复杂多变的环境中，逐渐形成了外圆内方的性格，不是锋芒毕露，而是有张有弛掌握分寸。1935年，蔡尚思写就《中国社会科学革命史》时，前辈欧阳予倩曾告诫他：“秉笔态度自然要严正，不过万不宜有火气”，“可否寓批评于叙事中呢？”他建议“以纯研究的态度，做进攻的挡箭牌”，这些知识分子在方式方法问题上可以委婉圆润，有所妥协，而在事关大是大非，人格良心的原则立场上却旗帜鲜明，毫不含糊。黄炎培作为近代职业教育家、中国民主同盟的领袖之一，他不但教育子女要“取象于钱，外圆内方”，而且在1946年作为第三方调解国共冲突时也未尝不是委曲求全、“不偏不倚”，从未向蒋介石拉下脸。但当蒋介石以“教育部长”许愿企图将他诱入伪“国民大会”泥沼时，他却不为所动，答以“我不能自毁人格”，从而维护了其政治气节。

修身如此，齐家亦然。治国、平天下尤需如此。毛泽东当年领导秋收起义，在攻打长沙城多次失败后，毅然决定撤退到农村，当时党内争议非常强烈，有人认为这是“逃跑”，但毛泽东却认为“留得青山在，不愁没柴烧”。经过激烈的党内斗争，终于把队伍拉上了井冈山，从此点燃了农村包围城市，武装夺取全国政权的星星之火。相反，那种明知力不抵敌，却硬要拼个鱼死网破的想法是愚蠢的，对于一个组织来说更是致命的。

改革开放以来，我国在处理对内对外事物中处处体现了“外圆内方的政治智慧”。例如，党的第十一届三中全会上确定的党和国家的工作重点的转移，这一举措调动了全国各族各界人民建设社会主义的积极性和创造性，给中国社会带来了无限生机；当国际共产主义运动遇到重大挫折时，邓小平提出了“韬光养晦”的方针，为中国赢得了极为宝贵的发展机遇。在处理港、澳、台问题上提出了“一国两制”政策，使香港、澳门成功回归祖国怀抱；在对待所有制问题上、对待计划经济和市场经济的问题上，提出“发展是硬道理”“不管白猫黑猫，只要抓住老鼠就是好猫”等，推动了中国经济的跨越式发展。

外圆内方体现的是一种包容、一种和谐。内心有一个平直的规矩，但却始终强调与外界的和谐，它蕴涵了中华民族外柔内刚、自强不息的坚韧精神，造就了中华民族平静而谦和的独特性格。这种性格看似柔和，却蕴涵着巨大的爆发力，这种爆发力就是中华民族自立于世界民族之林的能力，更是中国在国际舞台上能够保持持续竞争优势的原动力。这种原动力体现在人与自然、人与人的关系上就是和谐共荣，体现在建筑学、文学、医学，甚至管理哲学中，就是均衡，甚至汉字结构也是外圆内方。对此予以充分地认识、尊重、理解和弘扬，就是助推社会主义文化核心体系建设。

3. 上善若水，张开中华文化的宽广胸怀

老子曰："上善若水，水利万物而不争，处众人之所恶，故几于道。"意即做人应如水，善施利万物而不与万物相争，安居于众人讨厌的低洼之处，这不就几乎达到了"道"的境界了吗？一个高尚而睿智的人，应该像水一样，存上等心，居下等位，做上等事，享下等福，先天下之忧而忧，后天下之乐而乐；应该像水一样具有不可抗拒的柔性和韧性，对人常有怀柔之心，做事不畏艰险，坚忍不拔，以理服人，攻心为上，"不战而屈人之兵"；现代中国人所推崇的柔性管理、以柔克刚、难得糊涂等，就是对这种上善若水理念的传承和发展。中国历史所以没有间断过，也是由于中国文化的这种像水一样的包容性，不管是领土侵略还是文化侵略，不管侵略者来自哪里，最终都会被中华文化同化。中华民族就是这样一个具有水之品质的民族，"以其不争故天下莫能与之争"，对此，国人应当有充分的文化自信。同时，由于现代社会是一个开放的且充满竞争的社会，所以对于传统文化的继承也应该是一个动态的过程，如"外圆内方"虽然是一种很理想的处世艺术，但并非就适应于一切场所。在一些工作岗位上，外圆内方并不符合组织要求，如法官在法庭断案时，既需内方也需外方，当然这并不排除在调解民事纠纷时的外圆内方。再如，企业的高层领导，作为企业的掌舵人要旗帜鲜明地把握好企业发展的方向，必须在原则问题上有所坚持，那就必须内外俱"方"，当然也不排除其在日常生活中跟下属亲密相处。另外，传统文化价值观中的一些理念（如知足常乐、随遇而安等）显然与竞争时代有相违之处，需要予以摒弃，但这种理念对于调整人的浮躁情绪，安抚人受挫的心灵也不无益处，因此，需要批判地继承。同时，快速发展的信息时代，人们的理念也在不断地与时俱进，这使得中国传统价值观体系不断地融入了一些新内容，如西方启蒙的价值观念（如自由、民主、公正、人权、平等、法治等），共产主义和社会主义的理想信念等，传统价值观体系只有跟紧时代节拍并不断创新才有生命力，也只有对接并融入现代的价值才能够有效发挥其积极作用。中国社会主义核心价值体系建设就包含着对传统文化在批判中的传承和对现代新理念的融入，这一过程也是中国传统价值体系不断吸收一切文明的优秀成果，去伪存真、去粗取精的发展过程。重视这一过程，张开中华文化上善若水的宽广胸怀，积极主动地走出去请进来，在与外族文化交流和碰撞中提升和强化自我，是中华文化发展的应有之义。

4. 榜样带动，维护社会主义核心价值体系

社会主义核心价值体系是代表现代中国发展方向的先进文化体系，它对整个中国文化的发展方向具有引领和导航作用。社会主义核心价值体系的“核心”和关键是其中的理想信念问题。我们所要树立的中国特色社会主义的共同理想和信念，就是马克思主义理想信念与中国国情的具体结合，是以建设中国特色社会主义事业、实现中国社会主义现代化作为奋斗目标的。这是在我国人民中确立理想信念的基本的和普遍的层次，也是“建设社会主义核心价值体系”中的一项基本内容和明确要求。同时，马克思主义作为这个核心价值体系的导向性的基本要素，还蕴涵着一个更高的要求，即对工人阶级先进分子、对共产党人，应当要求他们具有共产主义的理想信念。以中国特色社会主义的理想信念作为社会主义初级阶段的思想要求，是广大人民最直接、最普遍、最现实的信仰模式，因此，中国特色的共产主义理想信念，与远大的共产主义理想信念具有本质的统一性，在未来的发展过程中还要受到其指导。道德建设是实现理想信念的重要内容之一，党的十八大报告将抓好道德建设作为坚守共产党人精神追求的一部分，强调道德建设的基础作用。鉴于历史的经验和教训，目前重建我国道德体系任重而道远。而道德重建应当以价值观重建为前提，价值观重建又以党的价值观重建为重，因此，共产党人作为具有共产主义理想信念的人，应当率先垂范，成为社会主义核心价值体系的忠实维护和践行者，用共产党人的实际行动引领社会潮流，树立社会主义核心价值体系的权威，并推进其建设步伐。

5. 鼓励向善，坚守做人的道德底线

客观地讲，由于文化的多元性和人的心态的复杂性，无论多么先进的价值观或价值观体系，要想成为每一个人都发自内心的追求是不现实的。但退而求其次，人至少应该有善良之心。鼓励民众与善良结缘，勿以善小而不为，勿以恶小而为之，那样，整个社会就会变得和谐。我们常会惊讶西方发达国家的普通民众大都具有“慎独”的品质，这恰恰是其长期养成的国民素质，但深层的

原因更在于其宗教传统。一个民族的价值观体系从根本上说是源自宗教、文化及传统。当面对着不该得到的却很容易得到的金钱和利益时，他们认为，即使没有别人在场，也瞒不过上帝的眼睛。宗教还可以调节和抚慰人们遭遇的种种心理不适，可以满足那些在现代社会迷失自我，渴望慰藉、安抚的人的共同心理需要。因此，宗教在西方社会秩序的维护中起了重要的作用。中国没有西方意义的宗教，但中国传统文化中儒家讲仁义道德，佛教讲因果关系，道教讲上善若水，也都是在教人向善。应该说对社会稳定、对于抚慰和消解转型期人们内心的焦虑及社会的矛盾还是有一定功效的，客观上与和谐社会的要求也是相契合的。因此，不必人为地去切断价值观与宗教、文化、传统的关系，相反应该对其有利于和谐社会建设的一面予以肯定，对打着宗教幌子而干危害社会和谐的行为要坚决予以制止。引导和鼓励人们向善，形成敬畏自然、尊重生命，以民为本的价值取向，这也是和而不同。可以想象，如果全国民众都能保持一颗善良之心，都能坚守做人的底线，那么，整个社会必将充满生机。

综上所述，以“贵和尚中”为核心要素的和谐文化精神，是中国传统文化核心价值体系之魂，也是中国社会主义核心价值体系的生成土壤。在中国走向未来的实践中，必须发掘和光大这一核心要素中的积极成分，通过整合中华民族方方面面的能力，形成影响中华文化发展全局的系统竞争能力，这是增强中国文化核心竞争力的必然选择。

第三章

培育我国文化核心竞争力的路径

文化核心竞争力是一种以特有的、难以复制的、能形成持续竞争优势的个性特色为依托，通过整合其他方面能力而形成的影响文化发展全局的系统竞争能力。文化核心竞争力的提高也遵循一定的路径，需要不同层次的文化之间的整合和不同建设主体的协同努力，通过不同的工具和手段，并遵循特定的实施原则，作用于不同的对象，不断优化和凝练个性和特性，并通过相应的显化过程，使这种个性以独特的魅力吸引和同化其他文化，其具有自我复制和强化机制，并影响到社会的各个层面，最终形成持续竞争优势。

第一节　培育我国文化核心竞争力的主体因子

文化核心竞争力培育的主体因子与文化核心竞争力的构成密不可分，从以上章节的探讨中，将文化核心竞争力按地理空间的不同分为城镇文化核心竞争力、乡村文化核心竞争力，并把其辅助和支撑系统分为教育和培训系统及文化创意产业系统。因此，对文化核心竞争力的主体因子的探讨从以下四个方面进行。

一、城镇居民、政府与企业是培育文化核心竞争力的主体因子

一个城镇要形成其个性独特、难以复制的、具有持续竞争优势的文化，需要不同的培育主体，整合各方面的能力来形成。城镇文化核心竞争力是城镇文化系统内部一系列的相互促进、相互加强、相互制约的要素之间的有机整合，是其他城镇所不能模仿和学习的极具个性特色的文化竞争实力。城镇文化核心

竞争力的动态优化是城镇追求的长期战略目标和获得持续竞争优势的源泉。

城镇居民既是文化核心竞争力培育的主体因子，也是文化核心竞争力的具体体现者，城镇居民在塑造城市核心文化的同时，也在不断影响着意识形态、制度和生态环境。例如，大连生态城市建设过程中，无论在规划的制订还是相关法律的制定中，都充分体现了城市居民的主人翁思想，不仅把生态城市的重点放在物和事上，而且放在了生态文明和人文精神的建设上。城镇居民之所以成为文化核心竞争力培育的主体因子，主要有三方面的原因：首先，城镇文化个性首先体现于城镇精神和制度之中，而精神和制度文化最主要的载体是人的行为、精神面貌和制度特征，有的城镇居民安于现状、知足常乐、自由自在，虽然在财富积累和经济发展方面滞后于其他城镇，但对于人身心的健康具有积极的作用。其次，城镇文化个性体现于物质文化，物质文化的缔造者是城镇居民，是城镇居民适应自然环境和自身生存的外部体现，是城镇居民的创造性获得的物质体现，没有城镇居民也就没有各种各样独具个性的建筑如主体花园、广场、博物馆。最后，城镇居民在自身活动过程中，也在创造性地改造自身生活的生态环境，并在与大自然的互动过程中，通过人类自身的行为，配合自然生态环境，创造独具特色的生态文化。

一个城镇特殊的文化个性，与政府部门的行为密不可分，政府部门举办的一些具有城市文化个性的特色活动，如创造地域性的学术艺术流派、开发垄断性文化资源等活动，离不开政府部门的推动和努力。[①]首先，政府强制性的制度约束了城镇居民的行为，在制度约束下，开发和保护历史文化，弘扬历史人物的精神，生产和加工具有城市自豪和自信意识的博物馆衍生品、艺术品和文化创意产品，政府制度和政策起到了关键作用，能刺激和激励居民行为对制度产生适应性反应。不同的制度结构、刚性和约束力，影响人们的精神面貌，对精神文化系统产生影响力。日本北九州的环境保护就是一个很好的例子，其核心内容是市民积极参与、政府鼓励引导，通过政府与市民的合作行动来保护环境，提高市民的环保意识，北九州政府开展各种层次、各种形式的宣传活动，如开展汽车“无空转活动”，制作宣传标志，控制汽车尾气的排放；鼓励及家庭自发的“家庭记账本”，将家庭生活费用与二氧化碳的减排联系起来；开展

① 张锐,张燚. 2007，城市品牌：理论、方法与实践. 北京：中国经济出版社.

保护环境的“清洁城市活动”等。其次，城市政府部门负责城市公共空间的建设和管理。例如，城市主题花园、城市广场、城市雕塑等建筑的设计和建造，这些公共空间的特色体现城镇的物质文化特色，在一定程度上反映城镇政府的意志，政府意志影响城镇物质文化系统。最后，生态环境建设具有公共品的性质，政府部门对生态环境改善的资本和技术投资有利于塑造一个城市良好的生态环境，提升城镇的宜居程度，从而对城镇生态文化系统产生影响。因此，城镇的政府部门是城镇文化个性塑造的主体因子。

企业同样是城镇文化特色形成的主体。首先，企业可以形成自身的文化特色，体现企业精神，并体现于企业成长过程中，影响着企业的员工和企业家，通过企业文化的传播影响城镇精神文化系统。其次，企业的发展影响城镇部门的税收和财政收入，决定了城镇经济的发展，从而提升城镇物质文化的品位和质量，促进物质文化水平的提高。最后，城镇生态环境的优劣在一定程度上取决于企业行为，企业内部生产的操作程度、清洁生产工艺和技术的采用，对于减轻城镇生态环境的污染程度、优化城镇生态环境起着关键作用。

二、乡村社区居民是培育乡村文化核心竞争力的主体因子

乡村社区文化核心竞争力的重要体现者和建设者是乡村社区居民，同一社区内的乡村居民通过相互影响、信息交流、互帮互助，形成一个乡村社区的文化特色，并在特殊的地理空间、生态环境、风俗习惯互动中得到自我强化，使特色更加明显，提升了乡村核心竞争力。例如，位于河南省平顶山市郏县县城南十余公里处临沣寨，是一个有着数百年传奇历史的中原古村寨。[①]最初村寨的建筑格局可能形成于明朝万历年间，现存的红石围砌的寨墙建成于1860年前后，至今已有约150年的历史。保存至今的临沣寨寨墙周长约1100米，高5到7米不等，绕村一周的寨河尽管淤积很严重，但水系格局基本上是完整的。全寨有三座寨门，分别位于寨子的东南、西南、西北三个方位。除西南寨门在解放战争年代受到部分破坏以外，总体上看，寨门、寨墙总体上基本保存完好。寨

① 孙明泉.2006．简论古村镇文化资源的再生性开发．许昌学院学报，（6）：121-125.

中现有明代建筑和清代建筑共400多处，有专家称这是长江以北保存最完好的古村寨。类似这样保存完整的古建筑，成为乡村社区文化核心竞争力构成的重要元素，是文化传承的重要载体。

首先，乡村社区的不同居民通过血缘、业缘和地缘连接起来，受到相同的意识形态和风俗习惯的约束，在正式的制度和非正式的风俗习惯约束下，在精神面貌、意识形态上逐渐趋同，并与其他乡村社区有所区别，形成特色。一个具有自主生产价值能力的村庄，一个具有共同意识的村庄，社区的共同遗产被社区居民所认可，人们会有“文化自觉性”，从而显现与其他村庄不同的文化个性。[①]此外，共同的劳动和生活也形成了具有地域特色的生产和生活风俗形式，这些形式通过一定的有形物质沉淀为独特的文化元素，如农耕、汲灌、水车等元素；还有一些社区游戏等元素，包括游泳、划船、钓鱼、骑马、野餐、踢毽子、荡秋千、翻筋斗、拔河、放风筝、射箭、打水漂、套圈、推铁圈、捕麻雀、捉蜻蜓、斗鸡、斗蟋蟀等乡村游戏，无不体现乡村特色文化个性。[②]

其次，同一乡村社区的居民，在住房、宅院的建造上，由于模仿和攀比效应，逐渐趋同，并形成乡村社区的建筑特色，体现了一个地区的建筑特色，形成独特的物质文化。人们对于另类风景、另类生活方式及另类文化具有那种纯粹的陌生和新奇，临沣寨可以提供人们感兴趣的“另类风景、另类生活方式及另类文化”。古村镇寨门、寨墙、寨河、宅院建筑，富有乡土气息的井台、戏台，使之具有古韵、浪漫、柔和的意味和情趣。例如，一些见证村寨历史记忆的物件，如特色家具、古代农具、历史文献、文化器物及其他各类文化遗产，其中包括家庭的陈设，如陶瓷、家具、老照片、农具、生活用品等，还包括记录家庭演变的文书材料，如家谱、房地契等；还有居民的建筑，包括窗扇、花罩、砖雕、柱础、门墩等，这些看似不十分重要、零碎的民间文化碎片，记录了古村落的民间故事，展示了深厚的地方文化的历史底蕴。

最后，社区居民的农耕文明，在村内及村边种植植物的选择方面，在池塘和周边河流的治理方面，无不反映出社区居民对自然生态的改造的特色。因

---

① 王林．2009．乡村旅游社区文化遗产的精英治理．旅游学刊，（5）：67-71.

② 孙明泉．2009．古村镇历史文化资源的再生营造与体验化开发．西北大学学报（社会科学版），（9）：60-65.

此，社区居民的生产观念和审美观影响社区的生态环境，体现社区居民与生态环境的和谐。社区居民通过对乡村社区的物质、精神和生态文明的改造，凝练独具特色的社区文化。例如，临沣寨不仅能够唤起游客对传统农耕文明的向往，而且有兴趣停一停、住一住，去体验一下在千亩芦荡的簇拥下，在古韵悠长的古村寨中，参与农事耕作、采摘果实、种花养鱼、种植蔬菜、学习农村手工艺品的制作，参与地方的文艺表演活动，使农耕文明给社区带来无穷的经济价值。这些都是独特的乡村生态环境和人们所遗留的劳动痕迹所带来的人文特性，凸显出乡村的祥和和稳定，并能给予外人以特殊的体验。

三、教育培训系统和传媒工作者是培育精神文化核心竞争力主体因子

无论是城镇还是农村社区文化核心的凝练，都离不开教育培训和传媒工作者的努力。这些工作者的努力使许多未显化的文化特色凸显出来，使濒临消失的特色文化得到抢救。

首先，教育培训者和媒体工作者的行为使许多自发行为成为自觉行为，符合城镇或农村社区的文化特色，教育培训者或媒体工作者通过自身的言行和知识的传递交流，使具有地方特色的思想意识在代际得到传承，并不断加入自身的文化元素，使特色在创新的基础上更加突出，核心更加明显。

其次，教育培训和传媒工作者以知识、音像和其他媒介，影响城镇和乡村居民的审美观，使其在改造物质世界过程，有意识地按照这些信息来创新物质世界，形成独特的物态文化。一些电视媒介旨在推介和传播中国传统文化的精粹，如大型电视纪录片《话说长江》，通过电视给观众展示了长江从源头到入海口的壮观景象，使观众饱览长江的整个风貌，了解了长江沿岸的地理名胜和风土人情，涉及了大小河流、湖泊、峡谷、风景名胜、各项工程、历史典故、民间故事、古今名人，真可谓是了解长江的“百科全书”。而其主题歌旋律激昂，通过对长江的描写与赞美，表达了中国人民热爱祖国的深厚情感。其脍炙人口的歌词如下：“你从雪山走来，春潮是你的风采。你向东海奔去，惊涛是你的气概。你用甘甜的乳汁，哺育各族儿女。你用健美的臂膀，挽起高山大海。我们赞美长江，你是无穷的源泉。我们依恋长江，你有母亲的情怀。你

从远古走来，巨浪荡涤着尘埃。你向未来奔去，涛声回荡在天外。你用纯洁的清流，灌溉花的国土。你用磅礴的力量，推动新的时代。我们赞美长江，你是无穷的源泉，我们依恋长江，你有母亲的情怀。”歌词以对长江“赞美”、“依恋”的真挚感情作主线，把长江的悠久历史、无穷力量、巨大贡献融为一体，给读者以强烈的艺术感染，进而升腾起热爱祖国大好河山的爱国主义情怀。①

最后，人类在改造自然的过程中，当偏离可持续发展轨道时，就会对城镇或农村生态环境产生负面影响，教育培训和传媒工作者的教育和宣传，使人们在改造自然的过程中重视生态的保护和优化，促进生态文化的发展。例如，《2012》就是一部关于全球毁灭的灾难电影，由于自然环境和资源长期被人类掠夺性破坏，地球自身的平衡系统已经面临崩溃，人类即将面临空前的自然灾害。面对灾难，来自不同国家的人类作出了最重要的抉择：“所有人都是平等的，都有平等的生存机会！”最后人们终于在方舟中度过了这一全球性的灾难，获得了继续繁衍和发展的希望。这部电影不仅警示人们要保护自然和人类文明，并指出了如何避免人类文明遭受毁灭，彰显了人性的伟大和自然的无情。

四、文化创意工作者是凝练和提升文化核心竞争力的主体因子

对于文化创业产业来说，要产生新思想、新产品，就必须依靠创意人才，打造创意阶层。②在文化核心竞争力凝练和提升过程中，文化创意工作者起到了萃取和催化的作用，一方面，文化核心竞争力既然不可复制和模仿，那么对其的感知和理解具有一定的难度，文化创意工作者通过自己对文化特色的深刻理解，并通过一定的形式表现出来，使其更加容易地被感知和理解。通过创意工作者的努力，将科技、文化、制造融为一体，开发文化资源，复活城市精神、建设城市品牌，凸显城市个性。例如，上海莫干山路50号，就是保留了1938~1994年各个年代的老厂房和旧仓库，艺术家入住作为艺术创造的空间，艺术家对旧厂房给予新的改造，使其既具有现代信息又留有岁月记忆，孕育出

---

① 赵杰．2011．论《长江之歌》的创作背景及演唱技巧．青年作家（下半月中外文艺版），(6)：78-79

② 蒋三庚．2006．文化创意产业研究．北京：首都经济贸易出版社．

新旧文化互动的意味。画廊、酒吧也相继落户，让旧厂房焕发了新的生命。另一方面，文化创意工作者自身的工作，影响着文化核心竞争力的其他主体因子，如政府部门、企业部门和城市居民，加速了其他主体因子进行文化创新和认同的速度，使文化核心竞争力得到了动态优化。文化创意工作者无论是在对乡村文化的抢救中，还是在对城镇核心文化的塑造中，都具有十分重要的地位。现在，全世界文化创意产业每天创造110亿美元的价值，在文化创意产业所取得的巨大成就面前，当“创意”的时代来临时，中国这个有着五千年文化积淀的大国，能够借助创意产业的发展，再现中华五千年的历史。

第二节　培育我国文化核心竞争力的实施对象

一、提升城镇文化核心竞争力重在凝练和打造城镇文化个性

城镇文化个性是一个城镇所持有的，不可模仿和复制的文化核心，与城镇所特有的人、思想意识、建筑和生态环境、历史文脉、民族特色等因素的综合才能体现出来的特殊性，如杭州是京杭大运河的终点[①]，也可以说是起点。那里有非常好的运河河道，有非常好的古桥。在运河两岸，有很多老住宅。后来由政府出钱，把所有的人请出去，然后重修这里的房子及运河河岸。房子原来是什么结构还保持什么结构。修好以后再把原来的居民请回来住，基本上不要钱。杭州有此举非常好，在全国是做得最成功的。现在，很多人到杭州除了看西湖，就是看运河河岸及两边的建筑。提升城镇文化核心竞争力重在凝练和打造城镇个性。城镇个性就是城镇在发展过程中形成的具有物质、意态和生态等稳定特征的系统，城镇个性具有自然性与社会性、稳定性与可塑性、独特性与共同性。

城镇文化个性的凝练和打造，重点在以下三方面：第一，文化个性的凝

① 舒乙．2009．城市文化个性与上海世博会主题．中国投资，(8)：106-107.

练要实现生态和人文的统一，城镇人生活在自然生态环境中，人的行为影响城镇内部和周围的生态系统，生态系统的适应性反应体现了地方特色，同时这种生态特色反过来又被城镇居民所认同，并通过更深一步的行为，促使这种特色更加明显，在这个过程中，城镇居民在与生态环境的协调过程中，自身行为准则、精神风貌同时发生改变，体现人文特色。第二，城镇文化个性的凝练和提升要体现稳定性和可塑性的统一，文化的基本内核是稳定和可识别的，并具有异质性和差异性，只有具有较强的稳定性，才能不被外来文化冲击所改变，才能体现自身的特色，因此，稳定的才是核心的。但是稳定是相对的稳定，在核心文化要素稳定的同时，城镇文化又在不断演化，不同时代、不同阶层的人在适应文化的同时，也在改变着文化个性，在文化个性中加入自己的元素，并不断使这种文化个性更加突出，因此，城镇文化个性塑造要体现稳定性和可塑性的统一。第三，城镇文化个性的塑造要体现独特性与共同性的统一。独特性源于共同性，在演变过程中，由于不同的生产活动和演变路径，不同城镇在历史文化演变和民族特色形成中逐渐产生差异，并根据城镇的经济发展水平、传统风俗习惯和原住居民的意识形态特征而逐渐形成独特性，独特性并不改变同一性，相反，独特隐含在同一性中。

二、提升乡村文化核心竞争力重在发掘和保护乡村文化个性

乡村文化核心竞争力是指以极具个性特色的、难以被复制的要素或垄断性要素为基础的，极具可持续竞争优势的文化的系统个性。与城市相比，乡村的文化个性不容易被识别，表现形式和方式不突出，具有一定的脆弱性和易逝性，因此，文化个性的发掘和保护是乡村文化核心竞争力提升的重要途径。首先，居民的文化意识逐渐淡薄，在经济发展过程中，由于乡村劳动力转移和产业结构的调整，乡村居民的注意力和关注重心向经济转移，那些隐藏于乡村民间的具有个性的文化项目，则不被人重视，逐渐消失或濒临灭绝。例如，云南省玉溪市新平县的大沐浴村位于元江上游漠沙江流域的干热河谷区，历史上交通闭塞，经济落后。当地政府要有意识、有组织地对少数民族村寨的传统文化进行挖掘和保护，如果仅靠村民的自觉行为，很难起到作用。其次，从事乡村

文化个性塑造的收益逐渐下降，许多具有文化个性的乡村文化不被人看好，一些优良的传统失传，独具特色的乡村建筑逐渐被现代建筑所替代，导致有形和无形的文化特色被破坏或消失。最后，乡村居民中从事个性文化的人力资本逐渐消失，尤其是一些老艺人，随着从业者的消失，乡村文化个性也逐渐消失，非常需要发掘和保护。例如，新平县政府为保护濒临灭绝的文化遗产，免费为云南大学提供1.7亩土地用以建设花腰傣少数民族调查研究基地、少数民族调查基地,供国内外专家、学者调查研究之用，目前已有一批关于大沐浴村花腰傣经济文化的研究成果正在形成，使历史上没有文字记载的花腰傣传统文化得以被挖掘和保存下来。同时，大沐浴村争取到省文化厅资金的支持，修建了大沐浴花腰傣文化展览馆，使体现了大沐浴村传统文化的生产生活用具、宗教文化器物及纺织服饰等得以保留并向游客展示。①

三、加强教育和传媒系统在培育文化自信、重视文化传播方面的作用

在文化交流过程中，文化的信息流总是由高向低流动，落后文化和弱势文化总是被先进文化和强势文化所侵蚀、消除和同化，文化自信源于人们对文化核心资源的占有和理解，在文化交流中占有强势地位。因此，教育和传媒系统担负着传递信息、培育文化自信的责任。无论是乡村还是城镇文化个性，其提升过程中都离不开教育和传媒系统的工作。城镇和乡村居民对文化核心的认同是其不断增长和强化的动力，而人们的认同与教育是与传媒系统的工作分不开的。一方面，教育和传媒系统的建设可以培养原住居民的文化自信，无论是城镇还是乡村居民，当历数居住地的人文风情、优美的自然风景时，无不流露出骄傲和自豪，认同程度越高，则文化自信也越强，并有动力进行外部传播。另一方面，教育和传媒系统要行使文化传播功能，区域性文化个性只有通过传播和比较才能显示差异，文化个性需要通过创意工作者的加工，使之适宜于教育和传媒系统的传播，使不同文化个性相互交流和融合，凸显文化核心竞争优势。

① 仇学琴．2008．乡村旅游开发对少数民族村寨现代化的作用与和谐乡村文化构建探析——以玉溪新平县大沐浴村为例．经济问题探索，(10)：133-137.

例如，大连人的热情与文明给人们留下了深刻的印象，大连市民对自己的城市深感自豪。大连在全国文明城市指数测评中，名列全国第一。大连市民的行为是大连的一道亮丽风景，如等公交车排队，有时你能看到几十米长的队伍，秩序井然，这是大连人自发的行为，自觉养成的良好习惯，令人佩服。在大连你会发现“三少”：踩踏草坪的少、乱倒垃圾的少、随地吐痰的少。大连人与大连的青草绿地、整洁街道相得益彰，显示出较高的市民素养，营造了和谐宜居的人文环境。城市化的较高密度生活模式难免会侵蚀城市发展的活力、影响城市生活质量和人们的身心健康，但从大连市民的生活方式中，我们看到的却是它给城市带来的无穷活力与朝气。每天，在滨海路上、在市民家门口的健身路径上，都能看到市民健身的身影。大连人把大连当成最宜居的家园，这种精神面貌和自豪感令人羡慕。正是有了这种无比的热爱，才有了为城市奉献的激情，这种积极向上的城市精神就是大连城市发展的灵魂。

四、提升文化创意产业核心能力重在文化与科技的融合

现代文化创意产业是指以创作、创造、创新为根本手段，以文化内容（语言、文字记载、符号、影像、思维观念）和创意成果为核心价值，以知识产权的实现或消费为交易特征，为社会公众提供文化体验的具有内在联系的行业集群。文化创意产业的灵魂是科技创造和文化艺术创新的一致，科技和文化构成了驱动文化创意产业发展的双螺旋。①提升文化创意产业的核心能力需要从文化和科技两方面着手，一方面是丰富文化创意的手段或工具，如现代科技手段的应用，多媒体、音像、视觉、设计等技术，为文化创意产业工作者提供更为方便、更能突出主题思想的工具和手段，加深了人们对核心文化要素的理解程度。另一方面要着眼于手段、工具或作用对象的创新，文化是创意产业的加工对象，同时也是创意产业的产品，优秀的素材才能加工出高质量的文化产品。文化和科技是现代文化创意产业的内容和手段，两者必须紧密融合，达到提升文化核心竞争力的目的。如果没有好的文化素材（如较为突出的文化个性），无论多高级的手段都加工不出优良的创意产品。同理，好的文化素材需要更为

① 北京市社会科学院“北京文化创意产业发展研究”课题组. 2007. 北京文化创意产业的科技支撑研究. 北京：中国经济出版社.

尖端的加工工具和手段，才能突出文化个性，更容易被人们所认同、理解和接受，使之更容易传播。因此，文化创意产业的发展需要科技和文化的融合。例如，美国电影《阿凡达》的成功之处在于科技与文化的融合，通过利用3D技术带来历史性的突破，摄影者可以适时捕捉到逼真的动画，主角穿上动作感应紧身衣的细微动作，现场可以在电脑上看到主角变身为蓝皮肤的外星人在特殊场景演戏的画面，这种拍摄效果令观众难分真假。现代技术与外来文化的融合，吸引了大批观众。

第三节 培育我国文化核心竞争力的实施原则

一、文化核心竞争力建设的不同主体之间相互协同的原则

首先，我国不仅存在城乡二元结构，也在一定程度上存在城乡二元的文化结构，城乡分离的文化结构制约了我国文化核心竞争力的提高，因此，在文化核心竞争力的建设过程中应加强城乡居民之间的协同。例如，“田园城市”的核心并不是简单的田园化、园林化，关键是城乡和谐，包括生产方式、生活方式的和谐，努力推进城乡一体化，消灭城乡差别，提高农村居民人均纯收入，应该在构建城乡一体的公共服务体系、发展现代农业方面加大投入，帮助农村居民成为有文化的劳动者，同时也为城市增加一些田园风光，使城市居民同样可以享受到田园劳动的快乐和迤逦的田园风光。同样，城市迁入农民与城市文化个性建设同样具有十分重要的作用，农民工是我国城市化建设进程中的建设者、劳动者，但他们又是社会的弱势群体。农民工收入偏低，居住环境差，而且受到城市管理者的排挤和不少居民的歧视。农民工需要社会的扶持、政府的支持、城市化建设的兼顾、城市公众的包容。农民工文化建设，必须与关心农民工文化生活，提高农民工文化素质、文化修养，发挥他们的聪明才智结合起

来。重视加强农民工文化建设，城市的舞台才会更加丰富多彩，才会进一步促进城乡融合和城乡和谐。

其次，文化创意工作者与传媒系统的合作。文化创意工作者能够把一些隐性的文化特性显化，但传播属于传媒系统的工作，只有两者实现良好对接，才能促进文化交流和碰撞，培养文化自信。例如，美菱集团通过“中国人的生活，中国人的美菱”的广告语自豪地宣称是中国人自己的品牌，专门为中国人设计产品，表现了强烈的民族责任感，激发了民族自豪感和爱国热情，从而达到了树立品牌形象的目的。

最后，整合城乡居民、教育、传媒和文化创意工作者，各司其职，共同凝练我国核心文化，文化核心竞争力源于城乡居民，加工于文化创意行业，传播于教育和传媒系统，因此，只有各方建设主体因子的相互协同、共同努力，才能真正实现文化核心竞争力的凝练和提升。例如，丽江的大型演出《印象·丽江》以雪山为背景，以民俗文化为载体，来自纳西族、彝族、普米族、藏族、苗族等10个少数民族的500名普通的农民是其雪山篇的主角。在《印象·丽江》的系列实景演出中，并没有所谓的主题和具体的故事，而是表达文艺工作者对丽江的个性体验，表现的是人们从四面八方来到丽江，体验生命与自然的紧密关系；通过人们攀登玉龙雪山，游历丽江古城，从而与生活对话；在对话中发现古往今来在人们的内心深处，始终存在一个神圣的王国。这种重要的创意素材来源于民间，通过创意工作者的修饰和加工，成为宣传文化个性的重要渠道，带来了很高的文化价值和经济价值。

二、文化核心竞争力建设的不同层面之间和谐共生的原则

从文化的结构层次看，文化由不同层次构成，不同层次的文化之间相互影响，相互作用，共同显示出特性和个性，因此，文化核心竞争力的建设通过不同层次居民之间的和谐共生才能实现。

首先，物质与精神的和谐共生。一个城市的建筑彰显城市精神，是城市的外在表现，同时，城市精神不断影响和改变着城市建筑的风格，两者之间的和

谐共生构成了城市的体格和灵魂。例如，上海有欧洲古典主义的宫殿和府邸、中国传统式样的楼房，以及那些西班牙式、德国式、法国式的公寓和花园住宅，这些历史建筑谱写着这座城市的昨天、今天和明天，既包括物质实体和形象,也包括人们的思想、信仰、社会范型和制度；不仅为城市居民提供生活的家园，而且关系着历史的延续和文化的传承，体现着“城市，让生活更美好”的理想。

其次，人文与自然的和谐共生。人文与自然不是对立的，人类必须从自身与自然的立场去认识和改造自然，明确人与自然协调的伦理尺度，使人类活动限制在自然生态可承载的范围内，实现人与自然的和谐发展。[①]在人与自然的能量交换过程中，形成了特殊的有形的物态和无形的精神，这些人文精神支配着人的行为，使人与自然的和谐共生。例如，传说中的香格里拉，很宁静，远离城市，在东方的某个地方。香格里拉在藏语中是“心中日月”的意思，象征一个美好理想的精神家园，很多人都在寻找这个地方，寻找精神的安宁。

最后，精神与制度的和谐共生。政府和个人的精神和意志在一定程度上影响着制度的产生和演化，人们在精神和意志上形成统一，并通过一定的合法程序，或通过长时间的演化，就产生了正式和非正式的制度；反过来，制度的演化同样作用于人的精神和意志，使人文精神通过不断改变来适应制度，两者之间是互动和循环过程。例如，西安定位为文化古都，十分重视城门、城墙的恢复，并按照历史文献的记载恢复大唐芙蓉园，再造了一个很好的历史景点，充分利用了历史文化资源。

三、抓住文化核心竞争力的关键环节实施重点建设的原则

由于资源和时间的有限性和竞争性，所以在建设文化核心竞争力中，要抓住关键环节，实施重点建设原则。例如，桂林是以自然资源为主的，必须将自然的山水资源发挥到极致，这是它的文化特色。重点建设原则主要体现在以下

---

① 邹徐文．2007．和谐社会新论．南京：江苏人民出版社．

两方面。

一方面，要正确识别文化核心竞争力的关键环节。一个城镇或乡村不同层次的文化发展是不平衡的，发展的不平衡导致各个层次的文化不能发挥合力和凸显个性，因此，对于发展滞后或者缺失的文化层面资源开发的推动就成为乡村文化发展的关键环节。例如，位于汝州市西部 27 公里的温泉镇，地热旅游资源得天独厚，在 4000 多年前就有温泉自然溢出的记载及黄帝沐浴的传记，东汉时成为皇帝游猎地，隋朝时设温泉顿及马牧，唐朝时改称温塘，亦称汤王街，公元 1161 年改为温泉街。历代帝王后妃、名人雅士纷至沓来，流连忘返。据《后汉书》、《旧唐书》、《新唐书》、《金史》等记载，先后有十个皇帝、三名后妃前来温泉沐浴观光，史称“十帝三妃浴温泉”。对于温泉镇个性文化的建设，不应仅注重温泉资源的开发，同时应重视文化资源的开发，只有实现文化资源与自然资源的均衡开发，才能更好地发挥温泉镇的市场价值和文化价值。

另一方面，实施重点建设，需要整合不同文化的主体因子，共同实施才能达到目标。例如，物态文化发展之后，在城市主体花园、标志性建筑、主体塑像和生态园等建设过程中，要集中搜集城市居民、文化创意工作者和建筑师的意愿，并整合这些信息，根据区域气候和生态特征，建造城市的个性物态文化。从20世纪90年代起，大连就开始让市民参与探讨城市如何建设、如何管理等问题。市民有了很高的参与热情，市政府再进行适当的引导，从市民最关心处入手，从完善城市功能入手，从改善环境质量入手，政府在多角度审视了大连的历史文脉、规划建设风格后，作出的一系列城建决策，得到了市民的响应与拥护。大连城市环境水平的不断提升，反过来起到了约束市民行为、提升市民文明水平的作用，使人产生内在的自律性，并逐步转化为市民的自觉行为，广大市民都能积极主动地参与到城市环境的共建中。市民的志愿服务成为城市的一道风景。大连每天有近3万人从事城市公共环境清洁工作，其中近万人为专业保洁队伍，众多的志愿者为城市提供保洁服务，并获得了全国唯一最具分量的单项奖——市民满意奖。

第四节 培育我国文化核心竞争力的实施方法

文化核心竞争的凝练和提升，不仅需要主体建设因子，使用先进的技术和手段，遵循正确的原则，作用于正确的对象，而且需要正确的实施方法，正确的方法能够达到事半功倍的效果。

一、在文化发掘与保护中凝练文化核心竞争力

发掘是把埋藏的东西挖掘出来，文化发掘是把文化中隐性的、不易被人察觉但现实存在的东西萃取和挖掘出来，被人们认识、理解和发扬光大；保护是采取必要的措施，避免文化中的精华部分被破坏和消失。对于增强民族自信心和凝聚力，凝练文化核心竞争力具有重要的现实意义。

文化个性隐藏于一个地区的历史文脉和民族特色中，在复杂的文化系统中，凝练文化核心竞争力的重要办法是对历史文化的发掘和地域民族特色的追踪；通过文化主体因子的活动，把隐藏在人们行为、历史进程，以及建筑、地形地貌和生态环境中的核心因素挖掘出来，凝练成能被人识别，但不容易被复制和模仿的文化个性，从而形成文化核心竞争力。例如，西安把自身的优势文化定位于盛唐文化，因此，在城市建设过程中就必须迅速恢复盛唐气象，突出盛唐的文化精神和文化性格，恢复盛唐建筑风貌。

文化发掘包括以下三个步骤。

（1）素材的发现和准备。由于文化的表现形式多种多样，所以文化的载体也是多元的，在复杂和多元的信息中搜寻具有价值的文化素材，具有一定的难度，需要利用现代化的工具和投入大量的资本和人力。例如，享有国家级历史文化名城和世界文化遗产称号的丽江古城，其居民以纳西族为主，在历史发展过程中，纳西族人不仅形成了崇尚自然、崇尚文化、善于学习和吸取其他民族先进文化的优良传统。这一传统特别对民居建筑艺术产生了极大的影响，民居特色鲜明，构筑因地制宜，造型朴实生动，装修精美雅致。纳西社区居民在修建房屋时，总体框架、建筑设计及风格方面虽然仍然保持传统的风貌，但在内部装修方面，却逐渐采用现代装饰手段和材料，这些民居能够使游客体验到

古老与现代的有机结合。

（2）核心文化要素的挖掘。它包括核心要素的直接挖掘和间接挖掘。直接挖掘是指在具有价值的文化素材中，估计每一元素的市场需求、文化价值的高低，以及个性张扬程度，进而凝练和萃取核心要素。间接挖掘是根据现存的文化核心要素，分析文化素材中与目前核心要素的关联性、相似程度，进而分别进行加工和提取，强化目前的文化核心竞争力。例如，在对民族文化的挖掘方面，主要有：①抓好具有代表性的民族建筑、设施、标志建设。②搜集保护民族传统服饰、生产生活器具、工艺流程的可视部分。③认真开展民族传统体育活动。主要在民族学校开展陀螺、高跷、旱船、押加、毽球等项目的训练。④搞好少数民族家谱、碑碣、古墓等的搜集、整理、登记。⑤抓好民间口述文学的搜集、整理。重点是对民间五句子歌、情歌、民间传说、谚语、格言等进行搜集整理。⑥抓好民族传统戏剧、曲艺、音乐、舞蹈、美术、杂技等项目的搜集、整理、传承、弘扬。⑦抓好传统工艺特色饮食技术等的搜集和传承，如推介花坪桃片糕、土家族吊锅肉、民间的石刻技术等。⑧搞好传统风俗礼仪、祭祀、节庆的调查、搜集。⑨搞好音像资料整理。这些元素都是保护和挖掘民族个性的重要组成部分。

（3）核心文化个性的表达和解释。文化核心竞争力的表达具有多元性，表现形式多样，选择合适的表达方式和表现形式，使人们更容易理解和认同。例如，西安将文化核心定位于盛唐文化，并举办了被誉为“新中国成立以来陕西最大的文化盛会、西安历史上最辉煌的艺术盛典”的“2006·盛典西安”的演出。其在唐大明宫遗址盛大上演，从恢弘大气的创意策划，到细腻温润的细节展现，处处给人以前所未有的非凡体验，让世界和全国人民感受到灿烂辉煌的大唐文化和耀古腾今的魅力西安，并产生了强烈的反响，提升了以西安为代表的中华传统文化的影响力和传播力。

二、在文化交流与互动中优化文化核心竞争力

随着经济结构、信息科技和网络的发展，文化已经突破地方空间的障碍，逐渐形成全球文化，进而导致地方文化危机，但是，因为文化个性和差异的存在，世界才丰富多彩，不同文化之间的交流和碰撞，可以增进相互理解，促

使不同的文化互补，突出个性差异。全球化背景下，一方面，给地方发展提供了机会，地方可以运用文化策略推动地方经济的发展，凸显地方文化核心竞争力；另一方面，全球化借助文化传播的势力，以及资本和商品的流转促进全球文化的趋同，对地方特色文化造成负面影响，导致文化多样性减少，或者刻意迎合资本的需求和消费者的想象，导致地方文化个性的丧失。因此，一个民族的文化只有置身于普遍的交往中才能保持和发扬自己的文化个性。①

随着全球化的进一步发展，中国文化必然与世界其他文明进行交流和融会，但是，必须以强调中国文化的主体性为前提，才能强调和而不同。首先，从目前的国情出发，充分挖掘传统文化中蕴涵的永恒价值的积极因素，捍卫中华民族的特色和基本精神，中华民族之所以经历外忧内患而始终没有分裂和消亡，其根本原因在于强大的中华民族精神的维系和支撑。两千多年来，儒家文化形成了一种稳固的具有民族个性的思维方式、理论形态、价值取向和精神意境。儒家文化所提倡的积极进取、自强不息的奋斗精神，博施爱人、厚德载物的宽容精神，“天下兴亡，匹夫有责”的爱国精神，杀身成仁、舍生取义的献身精神，革故鼎新、与时俱进的变革精神等，对塑造伟大民族精神作出了重要贡献，其基本内涵显示了超越时空的强大生命力。

文化传播和文化交流是文化发展的动力，文化交流和文化传播的途径是双向的，在很多情况下是互动过程。②文化交流分为横向交流和纵向交流，横向交流是指同一时期不同区域文化之间的交流，包括思想意识的碰撞、建筑风格的模仿、教育模式、传媒手段和创意产品等内容。横向文化交流不仅不会减弱文化核心竞争力，相反，通过吸收不同文化的差异，能促使文化核心要素无论在内容还是表现上都得到优化。纵向交流是不同时代文化的交流，如现代文化和传统文化的交流、历史文脉的展现；文化具有时代特征，同一区域、不同时代的文化折射出不同的个性，具有不同时代特征的文化之间的交流，通过相互借鉴和影响，能优化当代文化核心要素。

民族文化与外来文化的交流融合，促进了世界文化的繁荣。文化创新必须

① 缪家福．2005．全球化与民族文化多样性．北京：人民出版社．

② 王晓朝．2002．中西文化传播的双向互动与文化转型(下)——兼评张西平《中国与欧洲早期宗教和哲学交流史》．博览群书，(2)：21-23．

大胆吸收和借鉴世界其他民族的优秀文化成果。但是，吸收和借鉴不是简单组合和移植，而是在保持自我的基础上吸收和借鉴，在吸收和借鉴中不断发展自我。跨文化的交流过程中，交流双方应该彼此尊重对方的差异性，以最大宽宏度，去了解这种差异，并找到沟通两种差异的方法，而不是因为不理解，就放弃交流或干脆否定，因此，始终围绕文化个性特征，通过自我价值判断，有选择地借鉴，求同存异，在文化融合过程中突出个性。不同区域、不同国度和民族的文化都有趋同的部分，只不过表现形式不同，在文化交流过程中，具有垄断本质的东西很难被学习和模仿，但文化核心的表现形式、载体和传播工具可以相互交流和融合，使文化核心竞争力的内容更加具体和形象、更丰富多彩。

例如，中西方生活文化的差异，从社会生活层面讲，西方由于受到希伯来文化的影响和熏陶，在之后的生活当中，宗教可以说是如影随形，非常重要。在中古阶段，还一度对整个西方起到垄断作用，教会的势力之强已达到主宰国家运行的地步。同时希腊、罗马文化对西方的影响也相当深远，在文艺复兴以后，它们的作用得到了淋漓尽致的发挥，对近现代西方的发展可以说有决定性的影响，其中的“科学精神”和“民主精神”就是它们的瑰宝。这使得自然科学、社会科学研究得到蓬勃的发展，国家的法制意识、人权意识得到深入的贯彻。而中国在“伦理本位”思想的影响下，对外的探索没有表现出过大的热情，而一心在人事上下工夫。社会的一切包括国家制度都在以家庭为核心的思维中蔓延开来，家与国是同构关系，国的制度与家的制度没有多大的区别，从这个角度讲，皇帝就是一家之主，只不过这个家的范围比较大罢了。伦理的名分思想让家和国都得以有秩序地存在。再加上礼、乐的协助和促进，使得整个社会呈现出和谐的道德秩序。可以说中国古代社会的建设是以道德建设为核心，所谓的“修身养性”、“修己安人”就是其表现。

三、在文化传承与创新中提升文化核心竞争力

文化系统并不是一个封闭系统，而是一个开放的系统，在文化核心要素的基础上，大量汲取历史文化中的精华，提升文化核心竞争力。在跨时代的文化交流过程中，传承和创新发挥着重要作用，在文化演变过程中，核心要素和主线不变，但每个时代都会加入自己的元素，在文化主流中打上自己的烙印，反

映自身独特的个性。同时，文化核心竞争力不是短时间内能够形成的，而是长期积累和沉淀的结果。文化积累和沉淀是文化传承的直接效果，是一个量变的过程，促使文化更加丰富多彩，文化容量更加扩大，表现形式更加多样，但对于核心竞争力来说，真正起作用的是文化创新，文化创新的内核是在文化传承的基础上，增强文化独特性，提高文化被复制的成本，并固化于特定的人、建筑物、生态环境和地域空间上，从而增强文化核心竞争力。

中国文化具有“儒、道、佛”三元合一的文化内涵特征。不同的时代加入不同的特征，同时也反映了当时最主流的特征。儒家主“入世”学说，道家、佛家主“出世”学说，它们分工合作，相辅相成，共同塑造中国的文化内涵。儒家主要的贡献是“天行健，君子以自强不息”的积极入世的精神，以及“敬鬼神而远之”的科学精神。

道家与佛家的思想主要体现在“出世”上，道家的“无为”、“道法自然”的思想是以一种超世的眼光来普照万事万物，不局限于人世间的“衣食住行”(在庄子时代，经济主体形式属于小农经济，大部分百姓过的都是比较贫困的生活，其周遭环境没有现代社会贫富差距悬殊造成的竞争氛围。因此，庄子能够追求一种精神境界）。道家的作用主要体现在艺术上，尤其是其关于“意境”的阐发，不论是在中国还是在西方的艺术史上都有极深远的意义。佛家（指的是中国化的禅宗）讲究“轮回”，强调“善有善报，恶有恶报”，认为人间处处有佛，只要心中有佛，就可以成佛而不必隐居修行。这种思想的传入对中国文化心理的塑造起到很大的作用。

文化传承和文化创新是互为条件的，随着时间的发展交叉进行。

首先，文化传承是文化创新的基础，文化创新的素材来源于文化的积累，而文化传承是文化积累的重要手段，没有前期的积累就没有创新；文化资源同样有分布差异。由于文化资源源自个人创新，通过传播而逐步扩散，其分布差异也不可避免。不同民族、不同文化单元、不同个体之间拥有的文化资源均不相同，文化积累和文化创新能力都有分布差异，这些因素加起来就形成了实际的文化禀赋差异。

其次，文化创新是文化传承的必要条件，只有文化创新，才能实现文化量和质的改变，才能有新的元素加入，文化继承才成为必要。对待文化继承的正确态度是：在对民族文化深刻和全面掌握的基础上，取其精华、去其糟粕。

凝聚世世代代的创新和智慧的民族精神，是一个民族赖以生存和延续的精神支柱，民族的复兴和发展，离不开对优秀文化的继承，同时也需要不断创新，使其充满生机和活力。把握现代与传统，本民族与外民族之间的关系，立足于社会实践，针对人民的文化需求，融合历史和现实、东方和西方的文化，发扬中华民族优秀文化，吸取世界各民族文化优点，积极创新，努力造就中华文化新的辉煌。2008年北京奥运会吉祥物五个福娃的形象，是中国艺术家的杰作。“福娃”是典型的中国传统版画、年画形象，而“福娃”的五种颜色是奥运五环的色彩。“福娃”造型生动活泼、寓意深刻、创意新颖，受到了中国人民与世界人民的喜爱。由此可见，传统文化的批判继承、推陈出新，可以促进文化的发展。

最后，在文化传承和创新过程中，要确立正确的价值判断标准；要明确创新的标准，有正确的价值判断，才能确立继承的内容和创新的方向。在民族文化继承阶段，重要的是立足现实、继承民族文化中有生命力的精髓部分，并且与现实的需求结合起来，在把握时代脉搏的基础上进行创新。与时俱进。这是判断民族文化的价值及它是否富有生机和活力的关键。一个民族不能轻视自己的传统，但也不能囿于传统、沉湎于传统。中华民族之所以能够自立于世界民族之林，一个重要原因就在于它拥有真正体现鲜活民族精神又体现时代特色的文化。继承和弘扬民族文化，本质上是一种创新，是面向时代的一种创造，是在创造中继承，在推陈中出新。对民族文化进行创新，必须要把握时代的本质特征和发展趋势，在发扬民族文化优秀传统的同时，积极从改革开放和社会主义建设的实践中汲取养分。只有这样，我们才能创造出既具有时代精神，又具有中国风格的文化。

第四章

培育我国文化核心竞争力的关键

在当代社会，国与国之间、城市与城市之间的文化竞争愈演愈烈，模仿、复制、照搬的现象亦不少见。在此背景下，谁掌握了文化核心竞争力，谁就能够占领文化竞争的制高点。又因为具有独特性的文化才是文化核心竞争力所依托的核心要素，能够造就一个组织文化独特性的能力就显得尤为重要，这种能力就是文化创意能力，这种能力转化成现实的生产力就是文化创意产业。当代的文化创意产业之所以备受关注，其根本原因在于创意本身，正是创意的巨大潜在经济价值吸引了人们对文化创意产业的关注。本章试图就文化创意及其对培育文化核心竞争力的重要作用进行探讨。

第一节　文化创意与文化创意产业

一、文化创意

1. 什么是创意

创意又称创造，向来都是推动人类社会文明进步的源泉。[①]创意是人们有目的的创造性思维活动和实践活动。

2. 什么是文化创意

在研究文化创意产业之前，我们先来弄清楚什么是文化创意。国内有对于文化创意概念的定义，我们选取《中国经济时报》主任记者白庆祥先生的定义：文化创意是以知识为元素、融合多元文化、整合相关学科、利用不同载体而构建的再造和创新的文化现象。

① Cunningham S. 2004. The creative industries after culture policy. SAGE Publication, 7(1):105-115.

二、文化创意产业

1. 文化创意产业的概念

学术界对文化创意产业的定义尚没有达成一致。例如，它在美国被称为版权产业，在英国被称为创意产业，在西班牙被称为文化消闲产业，在中国、日本、德国、荷兰、韩国等国家叫文化产业，在中国台湾地区被称为创意文化产业。英国创意产业工作组给出的定义是“源于个人创造性、技能与才能，通过开发和运用知识产权，具有创造财富和增加就业潜力的产业”①。文化创意产业是指以创作、创造、创新为根本手段，以文化内容和创意成果为核心价值，以知识产权实现或消费为交易特征，为社会公众提供文化体验的具有内在联系的行业。②

学者们越来越关注人类社会走向创意动力的经济发展阶段，越来越多的国家依靠文化创意产业带动了本国的产业升级与经济进步。以英国为例，在经历了传统制造业持续衰退的打击之后，1998年，布莱尔政府成立创意产业工作组并制定《创意产业路径文件》，指导和推动本国文化创意产业的发展并取得了巨大成就。在美国，创意产业更被认为是知识经济的核心与动力，成为美国保持和提升国家经济竞争力的关键性因素。发达国家的成功加深了我们对文化创意产业价值的认识，从21世纪开始，国内发展文化创意产业的呼声日高，措施迭出，成果可喜。北京、上海、广州、杭州、深圳等大城市的文化创意产业已初露锋芒，业界热情高涨，政府积极支持。

当代的文化创意产业之所以备受关注，其根本原因在于创意本身，正是创意的巨大潜在经济价值吸引了人们对文化创意产业的关注。各国在推动文化创意产业发展的过程中，通常会列举本国文化创意产业的范围。例如，英国定义的文化创意产业就包括广告业、设计业、电影、表演艺术、出版业等十余种产业。北京市统计局划定的北京地区文化创意产业包括：文化艺术，新闻出版，广播电影电视，软件、网络及计算机服务，广告会展，艺术品交易，设计服务，旅游休闲娱乐，其他辅助服务等9大类。国家“十一五”文化产业发展纲

① 参见英国创意产业工作组1998年发布的《创意产业专题报告》。
② 北京市统计局办公室. 2006-12-18.北京颁文化创意产业分类标准.

要确定的九大重点发展文化创意产业为：影视制作业、出版业、发行业、印刷复制业、广告业、演艺业、娱乐业、文化会展业、数字内容和动漫产业。从总体上看，文化创意产业所生产的产品可以分为两大类：一类是能够直接满足大众消费的文化创意产品，如电影、电视、电子游戏、文学作品、音乐及表演艺术；另一类是能够为包括文化产业在内的各类产业提供中间产品，如剧本、服装设计、工业品外观与设计、广告文案、软件等生产性文化创意产品。这些属于相关产业的文化创意，成为文化创意产业链的关键环节，但本身却不能用文化产业加以概括。①

2. 文化创意产业的主要特征

（1）内容创意在产品生产过程中占据核心地位，创意投入是重要的构成成本，创意结果是构成产品市场价值的重要内容；相比较而言，内容创意完成后的复制，无论是重复表演，还是负载在物理媒介上的有形产品制造，成本都是比较低的。

（2）创造过程的异质性，这是由人类文化创造行为的特征决定的，因为创意产业的原材料是每个人的思想和整个人类的精神资料及技术和灵感。想象力、判断力和品位俱优的个人或团队是创意过程的主体，其心智模式往往各不相同。所以，传统文化产业强调规模化以降低成本，而规模经济在文化创意产业中不一定是最重要的因素。

（3）在文化创意产业中，新产品占据产品供给的主流，也即文化创意产业是以供给新产品为主的产业，新产品既包括新创意市场化后的文化产品，也包括对原有产品的边际更新。如此一来，相当一部分传统文化产业中的部门可能就不能被归入文化创意产业。

（4）在文化创意产业中，对不断升级的自然科学技术手段的运用是创意的重要基础，内容创意和技术创意的融合带来了生产能力和产品质量的提升，使文化创意产业能够将更多的原始灵感转变为现实的产品和服务，以实现“新产品占据产品供给主流”的特征。

（5）组织模式对于现代文化创意产业的生产和交易有着重要的意义，新

① 朱自强，张树武. 2012.文化创业产业概念及形态辨析. 东北师大学报（哲学社会科学版），(1)：117-121.

的经济、技术背景使现代文化创意产业的组织不同于传统文化生产，创意主体和创意过程的特殊性则使其组织模式不同于其他产业部门。

（6）文化创意产业的文化生产活动总体上是营利性的，作为一个产业部门，文化创意产业中的复制过程以营利为唯一目标，而创意过程的主要目标也是获得经济收益，将文化价值转化为商业价值是文化创意产业的主要功能。①

第二节　文化创意产业、文化产业与产业的文化创意

一、文化产业与文化创意产业

从传统的产业分类视角看，文化创意产业与通常意义上的文化产业有着很大程度的重合，这导致许多人把文化创意产业误认为是文化产业的一种新的表述。文化创意产业不是传统国民经济统计意义上的产业概念，文化创意产业产生于新技术条件之下，是对产业链的分解重组，渗透于产业链的各个环节。文化创意产业的核心与关键是创意，只是因为文化产业中的创意性活动更为直接、更为密集，才使得各国在沿用传统的产业分类概念来界定文化创意产业的范围时，将许多属于文化产业范围的完整产业包含在其中。

从价值链的角度来看，文化创意产业的价值链更加完整，它包含两个内容：其一是指以某一核心文化企业为主体建构的价值链；其二是多个具有一定相关性的核心文化企业及其上下游企业构成的价值链，其要素环环相扣，相互依存，相互补充，形成良性循环，不断推动创意事物的出现。例如，电视剧的创作者、导演、制作人是版权人，制作公司是生产商，传播是媒体公司，销售是文化贸易，后期开发是产业链的延伸。

从产业链视角来理解文化创意产业，文化产业链的上下游企业环节，通

① 邓晓辉.2006.新工艺经济时代的文化创意产业研究．上海：复旦大学博士学位论文.

过层层传递，相互依存，建构的综合产业链成为文化创意产业，上游是创作，下游是市场，市场的信息反馈到上游调整创造以适应市场。产业链变内部行政化工序关系为市场化经济关系，直接强化效益优先理念，强调市场第一、成本控制等理念，不断提高创收能力与赢利水平。文化创意产业链还需要连接外部获得资源，包括品牌、资金、人才、管理、机制和实体，走内涵与外延扩展相结合的路子，并通过资本运营形成规模扩张，通过产业链的延伸产生新的流通环节，衍生出新的商品市场。例如，美国的迪斯尼乐园的延伸产品包括主体公园、玩具、食品等；日本的卡通业不仅衍生出许多商品，而且还带动旅游观光、主体公园等休闲体育产业的发展；电影《魔戒》带动新西兰的观光产业等。这些衍生的商品市场带来了很大的经济价值，如日本专门制作动画主题玩具的制造商在2001年的营业额就达到1187亿日元。①

传统文化各部门之间独立性较强，缺乏协作，文化创意产业强调是新的运作方式，是一种融合，不仅依靠原创者的知识与智慧，还要通过知识产权的开发、运用和保护，促成不同行业和领域的重组与合作，把不相关的门类的知识、信息和技术整合起来，相互渗透、相互关联。新的领域、新的需求和新的跨行业平台的产业经济形态，是关于大规模产业经济和市场运营的产业。

与传统的文化产业不同，文化创意产业在运营模式上需要对关联的核心文化企业实现统一管理，从而现实整体价值链的协同效应，必须把价值创造的环节和程序整合成为一个大的文化产业结构，其中包括两个部分：一个是内容，另一个是渠道。包含几个比较核心的链条，第一个是创作，是具有版权的创意的产出过程，属于内容部分；第二个环节是制作，是将创作产品转变为现实产品的过程；第三个是渠道，包括媒介、流通、发行、包装、销售等；第四个是展示，是去销售创意产生的多样性产品，创造价值。在这个过程中，内容是文化创意的核心，统一运营就是对信息流和资金流进行管理，形成闭环，并形成合理的利润分配机制。在价值链整体管理上，需要业务系统能够从技术上保证资源整合的畅通性，不同企业形成文化共同体、利益共同体，其中的纽带是资产连接，核心是共同价值观，包括经济价值和精神价值。其中，资产连接的关键是形成资源共享和整合机制，保证资源向优势产品聚集，提高技术设备、发

① 金元浦.发展文化创意产业的意义. 北京国际城市发展研究院中国领导决策信息系统数据库（内部资料）.

行网络和办公设施的利用效率，做大主打产品，提高市场利用率。价值连接是指产业链形成统一的价值观，对内形成向心力和凝聚力，对外构成形象力和影响力。通过资源整合和连接，达到盘活资源、人尽其才、物尽所用、降低成本的目的。不仅盘活技术资源、物资资源等“硬资源”，把不同的人财物集合起来，提升价值链的价值，而且提升品牌资源、信息资源、文化资源等“软资源”的使用效率。文化创意产业是文化发展到一定阶段的产物，与文化产业不是简单的同义词，更不是对传统文化的简单复制，是在新的文化背景下，依靠人的灵感和想象力，借助于高科技对传统文化资源进行提升，产生高附加值的产品，创造价值和财富，并形成自主产权的知识密集型产业集群。

二、文化创意产业与产业的文化创意

文化创意产业打破了传统的产业界限，是对产业链中文化创意环节的提炼、分解与重组，一般产业会因成功的文化创意而得到价值提升。不能将文化创意产业限定在成型的、完整的产业范围内，产业中文化创意因素无所不在，并占据产业价值链的顶端，如产品设计、建筑设计、艺术品设计、广告创作等活动，几乎与所有产业相关，因此，发掘每一个产业的文化创意因素，以文化创意来提升产品的竞争力水平。培育只属于自己的核心竞争力，这不仅是文化创意产业的题中应有之意，更成为体现文化创意产业价值的关键。文化创意产业的概念应该分为广义和狭义两种。广义的文化创意产业包括所有与创意活动相关的产业形态，而狭义的文化创意产业仅仅包括能够提供成熟文化产品的产业(如影视产业、出版业等)，意大利的成功就是对这一观点最好的诠释。当物美价廉的“中国制造”因规模化生产和低廉的劳动力成本而行销全球时，意大利制造业却利用自身优势，摒弃规模化的工业生产老路，以文化创意产业为基础，在汽车、时装、工艺品等工业设计、时尚创新及手工制作等方面闯出一条独特的发展之路，不仅使本国的文化创意产业蓬勃发展，也使着眼于精细生产、个性服务和高附加值的“意大利制造”在世界市场独树一帜。“中国制造”由于附加值较低，给中国的经济带来的贡献到底有多大，历来存在较大的争论，与此不同的是，“意大利制造”无可辩驳地推动了该国的经济复兴。毫无疑问，产业中的文化创意才是文化创意产业的核心，认识到这一点意义十分重要。在文化创意产业大行其道的今天，仍有许多对文化创意价值的疑问，关键在于没有重视文化创意因素，仅仅考察那些能够提供成熟的文化产品的产业，将其看做文化创意的全部，文化创意不像制造业、钢铁等行业，在解决就业和贡献税收方面可以发挥巨大作用，这主要是忽略了其他产业中的文化创意因素。

应该看到，文化创意产业是以文化为基础、以创意为核心，具有高渗透性的产业，可以与其他产业部门相互融合，促进产业的升级。将文化创意产业与传统产业对接，可以有效地提升产业的竞争力，提升城市的竞争力。作为国家的首都和政治、文化中心，北京的产业发展面临资源和环境的巨大压力，发展文化创意产业则为北京走出目前的产业发展困境，创造首都经济新的辉煌提供了一条重要的路径。①

第三节　发展文化创意产业是培育文化核心竞争力的关键

21世纪无疑就是创意的世纪，世界各国的产业竞争进入了一个新的阶段，各国的产业竞争开始更多地关注产业中的文化创意。新的产业不断出现，产业在优胜劣汰的过程中遵循的原则也是创意为王。有创意的产品出现催生出新的产业，如智能手机的出现代替了传统的手机，整个手机产业开始焕发新生，跨界的一些手机随着创意相伴而生，有些人因为有了这样的手机而减少了对电脑的依赖。可见，这些产业因为创意而形成竞争优势。

21世纪同样是大国竞争的新世纪，竞争的焦点不再是军事实力的竞争，金融实力的竞争也会变弱，取而代之的是文化领域的竞争。所有国家都更加重视本国的软实力，重视本国文化创意产业的发展和产业本身的竞争力。如何才能提升一国的文化竞争力，文化创意应该是最关键的因素。没有文化创意的文化

① 徐延．2007．文化创意产业概念辨析．当代传播，(4)：84-86.

产业，肯定无法满足现代人们对于精神生活的需要，一旦本国的文化企业无法满足，人们就会寻求国外的精神产品，在消费国外文化产品的同时，民众的价值观和世界观就会随之变化，西方的价值观可能就会取代中国千百年来形成的价值观，进而影响到国家的文化安全。

不仅文化产业和文化创意有关系，其他任何产业都需要文化创意。在建筑行业，没有创意的建筑将会是千篇一律的，具有创意的鸟巢、水立方、东方明珠塔都是建筑行业成功的典范。工业领域的创意也屡见不鲜。例如，2011年，在与43个国家2756件产品的同台竞技中，海尔一举拿下了15项IF工业设计大奖（素有“设计奥斯卡”之称），囊括中国企业获奖总量的50%的奖项，也创下了中国家电获国际设计大奖之最。其中，卡萨帝冰箱已经成为全球高端冰箱行业的领袖型产品，从法式对开门到法式六门、意式三门，每款产品都几乎被全球消费者视为“完美之物”。由于表现卓越，卡萨帝已经成为全球冰箱行业的翘楚，出色的设计屡屡遭遇国外冰箱竞争对手的抄袭。

人们通过种种富有创造性的策划和设计，可以从无到有地创造出一些产品乃至产业，把智慧变成财富，这种“无中生有”的经济叫做“文化创意产业”。城市和乡村建设有了文化创意便会展现别样风采。还有利用文化创意来进行旧城区改造的例子，如德国的鲁尔区。该区原本是著名的煤炭和钢铁工业基地，但他们利用文化创意手段和现代科技的有效结合，对老厂房、老仓库进行改造，建成工业设计展示平台、艺术品集散中心。这种改造方式既产生了经济效益，又让城市拥有了新的文化特色，让鲁尔区由一个工业生产区成功转变为商业文化消费区。将文化创意产业与城市旧区改造有机结合，可避免城市文脉的中断，不仅能保留具有历史文化价值的建筑，而且能为城市增添历史与现代交融的文化景观，更可以彰显城市的独特风格，有效地促进城市经济的发展。

创意是挖掘乡村文化资源的重要手段。例如，利用乔家大院拍摄的电影《大红灯笼高高挂》，利用阳朔山水实景拍摄的《印象·刘三姐》，这些创意产品带来旅游业及其他相关产业的繁荣，为地方经济发展创造独特的机遇。再如，位于四川省德阳市广汉县的三星堆遗址，从文化含量来看，它对人们的吸引力应该远远超过少林寺，其潜在的经济价值应当是不可限量的。1986年，广汉县三星堆村农民发现了两个商代大型祭祀坑，其中大量的青铜器显示了一种与内地华夏文明几乎完全不同的文明，仿佛在告诉现代人，在远古的四川盆地，曾经存在像玛雅文明那样的已经失传的古中国文明，那是一种已经失传了的独特生活方式。如果德阳地方官员或者企业界人士，能够发挥影视人才的想象力，以此为题材，拍一部关于三星堆的影片，来充分展现作为一种独特生活方式的三星堆文化的巨大魅力，或许也会形成一个“三星堆经济”，从而富裕一方农民。

在各个传统产业内部的创意活动是中国提升国际文化竞争力的另一着力点，以往中国经济的发展主要得益于国际的产业大转移和中国廉价的劳动力，在产业发展的初期，我们生产的产品给国际留下的形象就是物美价廉，所有的产品都是标准化的产品。当我们还沉浸在中国众多产业成为世界第一的时候，世界的产业格局却发生了很大的转变，世界开始需要个性化的产品，以文化创意为基础的个性化产品设计大行其道，苹果公司原CEO乔布斯曾经说过：“设计是一个非常有趣的词汇，有些人认为设计是产品的外观，可是仔细考虑的话其实是产品的功能和特性，也就是说我们使用的操作系统并不只是外表而已，外表只是其中一部分。苹果的设计是非常具有创意的，在每一个领域都别具匠心，如包装、广告、数据内容和其他方面，它跟一些低价值生产商相比创意性更大。”[①]中国很多产业在世界上已经具有了话语权，但是近几年来却经受了由人民币升值、产业出口带来的很大的压力，这又何尝不是中国运用文化创意手段进行产业升级的重要机遇。抓住了机遇，整个中国制造就会柳暗花明又一村，否则就只能在给别人辛苦打工的同时不断遭遇各种不公正的待遇。

目前的中国产业正处于升级换代的重要战略期，各个产业只有借助文化创意产业来提升产业的产品附加值，提升产品的档次，才能改变中国产品都是“大路货”的国际产业形象。文化创意作为产业发展的动力源泉，可以帮助所有的产业进行升级，增强产业的附加值，只有带有文化创意的产品才能提升产

① 《城市观察》编辑部. 2009. 第三届国际文化产业论坛重要观点摘编. 城市观察,（3）：51-70.

品的附加价值，提升产业的国际竞争力，进而增强我国的整体文化核心竞争力。所以，发展文化创意产业是国家提升文化核心竞争力的关键所在。

可喜的是，近年来，国家大力发展文化创意产业的政策不断颁布和细化，全国各地发展文化创意产业的热情越来越高，各行各业能够和文化创意挂钩的都开始将自己的业务导向文化创意方向，这对于增强我国文化核心竞争力具有不可替代的作用。

第五章

基于创意的城镇文化核心竞争力的打造

本章重点探讨通过创意行为来发掘城镇文化个性，打造城镇文化核心竞争力。由于中国是一个多民族且幅员辽阔的国家，各民族、各地区都有自己的文化特色，因此，中华文化是多元化的统一。城镇文化是中华文化的重要单元，如何通过文化创意行为，来发掘城镇文化个性，打造城镇文化核心竞争力，夯实我国文化核心竞争力的城镇基础，实现文化创意与城镇文化核心竞争力的和谐发展是本章研究的目的所在。

第一节　城镇文化核心竞争力及其要素构成

探讨城镇文化核心竞争力，首先要明确“城镇”和城镇文化的构成。由于中国特色的城市化更多地体现在乡村城镇化，即“城”和“镇”两大块，其中，镇是乡村之首，城市之尾，属于城市的范畴。因此，我们关于城市文化核心竞争力的研究视角也必须覆盖“城”和“镇”两大块，才更符合中国国情，在此，我们采用了“城镇”的概念。城镇文化是由城镇制度文化、城镇物质文化、城镇生态文化和城镇精神文化四个子系统构成的复杂系统，在这个系统中，每个子系统在功能上相互依存，在结构上相互连接，共同发挥社会协调和社会组织功能。①

一、城镇文化核心竞争力

核心竞争力的概念最早源自企业竞争力的研究，是指通过企业内部的积

① 赵秀玲．2010．统筹城乡发展与培育城镇文化核心竞争力．现代经济探讨，(6)：59-63.

累学习，尤其是如何协调多种生产技能和整合企业资源，将技能、资源和行为机制有机融合的自组织能力。[①]借鉴企业核心竞争力的概念，我们可以引申出城镇文化核心竞争力的概念，即城镇以其特有的、难以复制的、能形成持续竞争力的个性特色为依托，通过整合其他方面能力而形成的影响城镇文化发展全局的系统竞争能力。城镇文化核心竞争力是城镇文化系统内部一系列的相互促进、相互加强、相互制约的有机整合，是其他城镇所不能模仿和学习的极具个性特色的文化竞争实力[②]，动态性质的文化核心竞争力是城镇追求的长期战略目标和获得持续竞争优势的源泉。

二、城镇文化核心竞争力的要素构成

由于城镇文化是由城镇制度文化、城镇物质文化、城镇生态文化和城镇精神文化四个子系统构成的复杂系统，城镇文化核心竞争力的要素构成也当然包含了这四个方面。

1. 城镇物质文化系统

城镇物质文化系统包括城镇的区位、建筑特色、自然特色。它的外延比较广泛，主要构成有地理位置、经济区位、政治区位，区位因素是城镇非流动要素，便利的区位条件对于城镇的形成和发展、对城镇文化价值体系的培育和改善有着不可或缺的作用，同时区位优势又是一种潜在的竞争优势。城镇物质文化系统还包括城镇基础设施，基础设施是城镇经济、社会活动的基本承载，包括交通、通信、能源、动力、住房设施系统及文、卫、科、教机构设施。城镇基础设施不仅直接影响城镇居民生活水平和福利保障，而且也是吸引外部人才、资金和技术进入的重要条件，基础设施对于城市文化竞争力的作用正日益加强。城镇建筑文化特色同样也具有重要作用，城镇建筑是城镇的历史画卷，它叙述着城镇经历过的故事，再现着历史的情景，是城镇文脉的延续。

2. 城镇制度文化系统

城镇制度是由一系列规则和秩序所构成的正式制度和非正式制度的统称，

---

① 从本质上讲，核心能力是企业发展独特技术、开发独特产品和创造独特营销手段的能力，它具有三个明显特征：a.价值能力；b.能够支撑多种核心产品；c.竞争者难以复制或模仿。

② 邓俊淼．2007．基于文化核心竞争力的城市文化结构优化研究．城市发展研究,（4）．

正式制度主要是指法律、法规和正式约束，是强制实施的；非正式制度是指社会惯例、习俗、伦理价值、意识形态和文化等所形成的不具有强制实施的约束。制度文化是文化的有机组成部分，是一定社会的政治制度、经济制度、法律制度和与之相适应的意识形态的总和。城镇制度文化系统包含城镇的政治秩序、经济秩序和社会秩序；稳定有序的环境是社会经济活动得以进行的前提，同时也是城镇文化核心竞争力不断提升的重要保障。城镇的正式制度包括政治制度、经济制度和文化制度等，这些带有强制性的制度影响居民的行为，影响城镇主要生产要素的配置和流动，从而影响城镇的产业发展和价值创造，因此，制度文化的创新有助于增强城镇的文化核心竞争力。

3. 城镇精神文化系统

城镇的发展，需要城镇的精神文化来支撑。城镇的精神文化是一座城镇发展的灵魂，城镇的精神文化是城镇文化的深层内核。城镇精神文化包括一个城镇的知识、艺术、道德、法律和习俗，以及作为一个城镇成员所习得的一切能力和习惯。城镇的精神文化可以分为两部分，有形的城镇文化的载体和无形的思想观念；一部分通过物质载体（如印刷媒体、电子媒体及特色建筑等物质形式）得以记录、表现、保存、传递；另一部分则以城镇居民的思想观念、心理状态等形式存在。一个城镇的独特魅力主要体现在该城镇的精神文化特质上。城镇精神文化系统不但以其独立的形式存在，而且还融合于其他文化形态中，通常会借助物质文化和制度文化形态表现出其独有的文化个性，形成一个城镇区别于其他城镇的文化内核，这是城镇文化核心竞争力的核心要素。

4. 城镇生态文化系统

生态文化反映了人与自然的和谐程度。任何城镇都处于一定的生态环境中，人和自然构成一个生态系统，体现了人与自然的和谐，但是在人与自然的共生系统中，随着工业化进程和技术的发展，生态系统的自我演进机制受到不同程度的破坏，人们更多关注自然的使用价值，而忽略了自然资源和生态环境的承受能力，造成了城镇生态文化系统的不良循环，导致城市发展的资源枯竭、环境污染和生态破坏，严重威胁城镇的可持续发展。城镇的发展必须合理利用城镇地域内的山水等自然环境条件，营造生态基质，使人与自然和谐共处、互惠共生。人居环境优美的现代“田园化”生态城市是城市发展的必然趋势，回归自然，以人为本，将天道和人道合一是城镇建设的最高境界[①]。

第二节　打造城镇文化核心竞争力与增强我国文化核心竞争力的关系

一、城镇文化结构与城镇文化核心竞争力

城镇文化系统由物质、精神、生态和制度四个子系统构成，这些子系统相互依存，相互影响，共同构成了城镇的文化结构。城镇文化核心竞争力与其文化结构具有密切的联系[②]：首先，城镇文化结构不是一个静态概念，不同的层次有不同的变化速率，只有长久不变，并且在城镇居民内心深处的才是永恒的核心竞争力；在文化发展过程中，会存在一定的文化发展失衡，使城镇文化系统失去自己的特色，从而无法形成城镇文化核心竞争力。其次，精神文化变迁的速率要缓慢和渐进得多，从这个意义上讲，研究文化结构是研究一个城镇长远性的社会和经济变迁。最后，城镇文化个性由精神文化、制度文化、物质文化和生态文化共同塑造，任何一方面发展的缺失或滞后都会影响整个城镇整体的文化形象。

城镇文化结构的变迁会导致城市文化核心竞争力的变动，因此，首先分析城镇文化结构变迁的动力。由于精神文化变迁较慢，所以我们比较容易观察精神文化变迁对物质文化、精神文化和制度文化变迁的影响，具体来说，一个城镇的成员所享有的精神文化禀赋将对制度、物质文化的创新产生影响，即降低和提高物质、制度文化创新的成本[③]；其次，城镇文化结构的变迁要符合城镇

---

① Wirth L. 1938．Urbansim as a way of life．American Journal of Sociology,(44)：9．

② 城镇文化结构在演变过程中逐渐形成城镇文化核心竞争力，城镇文化结构的变迁导致城镇文化核心竞争力的加强和衰弱。

③ 具体来说，一个城镇成员所享有的精神文化禀赋将给制度、物质文化创新的“供给”带来某种程度的影响，一种给定的精神文化可能使某种形式的制度和物质文化变迁变得十分低廉，而使另一种形式的制度文化和物质文化变迁变得十分昂贵，用标准的经济学语言来说，精神文化禀赋可使制度创新的供给曲线向右或向左移动，即在某种文化资源禀赋下“学习曲线”的陡峭程度不同。

文化核心竞争力的形成和发展。一个城镇文化核心竞争力的构建在很大程度上依赖于城镇居民的自然属性和观念，同时也依赖于社会和政治制度的安排，以及市场机遇和其所拥有的自然生态资源，因此需要精神、制度、物质和生态文化具有一致的发展方向，降低不同文化层次之间的冲突和协调成本。

二、打造城镇文化核心竞争力，增强我国文化核心竞争力

21世纪被称为“城市的世纪”，国与国之间的竞争更多体现为城市之间的竞争。在我国特殊的背景下，城市和乡镇的文化核心竞争力都会对整个国家的文化核心竞争力产生重要影响。培育城镇文化核心竞争力，既是城镇化建设的重要内容，也是增强我国文化核心竞争力的重要环节。

1. 城镇文化核心竞争力是国家获取竞争优势的动力源泉

这主要表现在：第一，独特的城镇文化核心竞争力对城市居民具有凝聚和导向作用，城镇文化核心竞争力从城镇中来，又长久地影响着城镇居民，对城镇居民具有凝聚和导向作用。城镇文化核心竞争力的每一个要素都凝聚了城镇居民的心血和汗水，使城镇居民为之自豪，这种荣誉感与归属感紧紧联系在一起，使城镇居民对城镇产生一种依恋之情，这种依恋之感形成人们的一种心理沉淀，使城镇产生强大的磁场效应，形成巨大的向心力、凝聚力。城镇的向心力和凝聚力成为提升国家文化核心竞争力的持续精神动力，是城镇获取持续竞争优势的源泉。第二，城镇文化核心竞争力以其厚重的内涵为城镇发展倡导新理念，以独特的魅力为城镇打造名片，以其鲜明的特色为城镇发展塑造新的个性，从而推动城镇不断呈现新面貌，实现国家文化核心竞争力水平新跨越。第三，城镇是一定区域之首，它代表着先进的生产力和先进的发展理念，最终国家的文化核心竞争力通过一座座城镇体现出来。城镇，尤其是大中城市，是一个国家的缩影，在当今社会文化与经济相互渗透、相互转换、相互影响的背景下，文化日益成为经济发展的的助推器，城镇强劲的文化核心竞争力以其丰厚的文化附加值为经济增长开辟了一个新空间，为解放和发展生产力拓展了一条新途径。因此，城镇文化核心竞争力对国家社会的发展会产生强大力量和重要影响。

2. 城镇文化核心竞争力的强化是形成一个国家文化灵性的基础

一个城镇的文化灵性，是一个城镇独特的区位优势、生态环境、建筑特色和人文环境的凝聚和升华，只有那些具有文化灵性的城镇才具有文化核心竞争力，这种文化灵性的形成和强化需要通过不断的时间和空间转换形成痕迹，并使人通过感受这种痕迹而产生心灵共振。增强城镇文化核心竞争力，就是要通过相应的措施来强化这种共振效应，倘若每一座城镇都有自己的文化灵性，那么全国数千座城镇就会形成一曲和而不同的交响乐，共同演绎出一个国家的文化灵性。我国城镇文化核心竞争力是我国城镇文化资源优势的集中体现，文化资源优势只有集中体现国家文化灵性，才能塑造一个国家的文化个性，才能形成一个国家独有的文化竞争优势，从而形成文化核心竞争力，因此，城镇文化核心竞争力的强化，塑造了我国的文化灵性，强化了文化个性，突出了文化资源的比较优势从而形成竞争优势。

3. 城镇文化核心竞争力具有不可复制性

支撑城镇文化核心竞争力的核心要素是城镇特色文化，城镇特色文化是通过长久历史演变而沉淀下来的精华，具有不可复制性，主要表现在以下三个方面：首先，一个城镇的历史文化与世俗传统具有传承性，是历史与传统风俗演变的结果，历史是不可再现和移植的，并且历史的演变是具有特定的时空维度的，只有在特定的时代和特定的地理空间条件下，才形成一定的文化传统和文化个性，因此，文化历史地形成了其他城镇所不具有的个性，其对外界的吸引力和感召力是其他城镇学不会也拿不走的。历史积淀丰富，文化特性鲜明的城市往往被看成理想的投资和居住地，如法国的巴黎、日本的京都，我国的杭州、苏州等。其次，文化影响力是通过一种无形的场的感召力来吸引外界的，对其感觉具有模糊性，用通俗的话来讲，只有当人在适当的位置、适当的季节和适当的心理因素下才能感觉到它的存在，使人心神感动但又表达不清，这种感觉是在其他环境内无法产生的。最后，城镇文化个性是城镇生产力的表现形式之一，文化个性通过对城镇居民、企业、政府等城镇构成单元潜移默化的影响，形成一个城镇的独特的生产要素，促进城镇生产力水平的提高，其特殊功能不可替代。城镇是国家构成的重要单元，国家之间的竞争最终要归结为国与国之间城镇的竞争，因此，通过城镇文化建设，增强城镇的文化核心竞争力，最终将为国家赢得文化竞争优势。

第三节　我国城镇文化建设目前存在的问题

一、城镇生态文化建设目前存在的问题

近些年来，随着人们环保意识的增强，城镇发展也普遍开始注重生态文化建设，但是，很多城镇在生态文化建设中，似乎还没有吃透生态文化建设的内容，主要表现在下述方面。

1. 城镇建设缺乏对城镇自然禀赋特征的深刻发掘

在城镇生态文化建设过程中，过多地突出了人对自然生态环境的改造，没有重视人与自然的和谐、城镇与山水的交融。但是城镇总是处在一定的生态环境中，生态环境包容了城镇的物质文化形态，孕育了城镇居民和文化传统，影响了城镇文化核心要素的形成。自然禀赋是自然环境的构成要素，同时也是构建城镇生态文化构建的原材料，原材料的利用质量决定了城镇生态文化建设的成败，城镇生态文化的建设重在遵循人与自然和谐的原则，而不在于突出某个方面的建设，而目前城镇生态文化建设的过程中，过于突出人改造的因素，大量的生态景观经过人类的改造，丧失其本质特色。自然有其运行的内部规律，在人的干扰下，本该凸显的生态本色丧失，从而削弱了城镇生态个性。例如，一些城市原有生长的树种，在通过长时间的适应后成为城镇生态的重要构成要素，而城市规划者和决策者为了美观和绿化，从国外或其他地方引进一些名贵树种，它们对环境的适应需要时间，这种不和谐使城镇生态文化失色。

2. 城镇经济建设不可持续性导致生态文化功能被削弱

在城镇经济发展过程中，人类对城镇周围的自然资源进行过度开采，导致自然资源的枯竭，使城镇建设陷入不可持续的发展境地，一些资源的枯竭，导致相关资源依赖型的产业不能正常发展，反过来影响城镇经济的发展；城镇生态文化建设是建立一种人与自然的和谐状态，是一种双赢状态，而我国目前

的城镇生态建设过程中，主要存在以下几个问题：首先，面上重视生态文化建设，同时又开发一些污染严重的项目，政策与实际执行相脱节，从而导致生态破坏，经济建设不可持续。其次，资源开发模式与生态建设目标不适应，目前，许多城镇的资源开发一般都采取掠夺式的开发模式，使一些能够构成城镇文化特色的自然景观遭受破坏。最后，城镇生态资源禀赋的利用缺乏系统考虑，城镇经济发展不可避免地影响到城镇的生态资源，生态资源是不可再生的，并且其内在是相互关联的。例如，水污染会导致一些动物和植物种类的消失和灭绝，而目前的城镇开发中并没有系统考虑其对生态资源的影响。

3. 自然景观与人文景观不能相互辉映、相互衬托

在城镇生态建设中，应保留一些自然景观的原汁原味的东西，使其中不加入一丝人工的成分，这样的城镇生态景观给人以回归自然的感觉，而不至于使生态环境丧失其本色，如城镇的河流因为缺乏河边的沙滩而更像一条人工渠。人文景观包含在自然景观之中，起到点缀和装饰的作用，自然景观渗透到人文景观之中，起到烘托和映衬的作用，二者之间是相互融合而不是分离的。而目前城镇人文景观的建设中，自然景观与人文景观不能很好的结合，一方面，自然景观在城镇逐渐消失，正逐渐被一些商业性和服务性房地产开发的建筑所占据，使城镇完全失去了自然的特色人文景观占据了主要空间，如城镇主题花园、景色优美的休闲广场、美丽的大学校园。另一方面，城镇周围的自然景观的自然特色正逐渐削弱或消失，人文景观特色正逐渐加强，挤占自然空间，城镇本应该成为点缀自然的宝石，但是，由于自然空间的缩小，不能衬托人文景观的特色，从而削弱城镇生态文化的竞争优势。

4. 生态文明尚未深入每个城镇居民的思想

生态文化的构建离不开人的因素，人的行为受思想观念的支配，我国目前城镇生态文化建设过程中，相对缺乏对人观念的培养，使城镇居民并不十分重视生态环境的保护，导致生态环境破坏行为不断发生，以及生态环境恶化和生态文化特色丧失。城镇生态保护的观念没有深入城镇居民思想中，主要表现在：首先，城镇居民对城镇人文景观的破坏，一些人文景观对外开放，一些居民在休闲、游玩的过程中，不注意保护人文景观，导致一些文化设施遭到破坏。其次，城镇居民对城镇自然景观的破坏，作为独立的经济个体，城镇居民

对城镇生态文化的保护并没有十分重视，由于城镇生态环境具有公共品的性质，城镇居民在城镇自然生态环境的保护上，没有被激励投入更多的物质和劳力，相反，由于破坏能使个人受益，其破坏行为总是多于保护。最后，城镇居民在城镇建设过程中，并没有重视城镇人文景观与自然景观的和谐，反而，在自我偏好的驱使下，破坏二者的和谐，导致城镇整体生态文化竞争优势下降。

二、城镇物质文化建设存在的问题

城镇物质文化是城镇的脸面，是进入人的感官的第一印象，也是城镇文化个性的显在表现。目前，城镇物质文化建设存在的问题表现在以下几个方面。

1. 物质文化趋同，物态特性不突出

城镇物质文化建设趋同性强，色彩、材料和建筑式样单一，未能突出单个城镇的物态特性。城镇物态文化建设的趋同性主要表现在三个方面：一是城镇物态的色彩趋同，城镇色彩是一个城镇给人的鲜明的感性认识，一个城市突出与其周围环境的不同，其首要元素是城镇的色彩，在我国城镇建设过程中，除了大幅的广告外，其余的颜色显得单调而单薄，大江南北都是趋灰的，没有色彩突出的表现。二是建筑材料趋同，统一由钢筋水泥和玻璃墙搭建，同样标示风格的连锁快餐店、银行网点、酒店等，都是由马赛克、玻璃幕墙构成。三是建筑样式单一，缺乏具有标志性的建筑，无论大城市还是小城镇，建筑样式都趋同，格调比较单一，并且缺乏标志性建筑，在一些城市建设过程中，以最新、最高和最现代的建筑作为城市的标志，成为目前中国城镇标志性建筑的重要误区，这些建筑并不能成为城市历史文化的载体，或者当有更新、更高、更现代的建筑物出现时，城市的标志性建筑就得易帜，这与文化的稳定性和延续性不相符，因此，并不能成为城镇历史文化的载体。

目前，城市建筑存在的主要问题就是缺乏标志性建筑，没有形成一种主体分明的建筑体系，许多建筑物都想成为当地的地标，每栋大楼都在追求霸权式的自我表现，由于没有统一的设计和审美水准，许多建筑反而破坏了当地建筑文化系统的风格。这些建筑文化无一例外地忽视了中华民族的文化传统，不考虑当地的历史文脉，结果使得城市中心越来缺乏文化的魅力，加速了中国城市建筑传统的消亡，更使得城市建筑具有同质性，建筑的民族特色逐渐消亡。此外，在房地产开发方面，无论档次高低，都具有两大共性。一是借鉴西方建筑风格的多，照搬国外的传统居民建筑形式，形成规模巨大的国外住宅的粗略复制品，缺乏中华民族建筑特色。二是把奢华作为美观的标志，多数住宅项目追求豪华、精美、显贵、奢侈，通过戏剧夸张的手法，给建筑赋予异域的风情，许多建筑把超越现实的意境移植到我们居住的社区。透过城市景观，可以明显看出我国城市建筑作为文化载体所反映的社会心态：媚外、媚俗。经济水平的发展，使得价值观和消费观紧密联系起来，消费倾向于西化，不顾中国国情和消费观念，盲目模仿和追求西方的价值观和消费观念，使得我国文化城市建筑为了迎合这种需求，遗弃传统的建筑风格，形成断层，仿造西方建筑，使之成为城市主流。

建筑与城市的价值更需要文化沉淀及前瞻性的眼光，内敛及品位才是最体现我们民族特色的，与欧洲小镇的宜人环境，悠久的历史和和平的氛围相比，我国江南水乡小镇，如周庄、乌镇自然形成的、朴实无华的悠闲宁静更让我们留恋。建筑体现了一个城镇物质文化的灵魂，是城镇记忆的载体，其表现不应仅停留在静态的建筑物上，应该体现在其丰富的内涵方面。

2. 城镇物质文化建设缺乏对城镇历史文脉的发掘

随着城市的生存和发展，人们在不断建造环境的同时，又不断改造着所形成的环境。城市的物质文化随着城市的发展而变迁，城市的一部分建筑文化得以积累，如古建筑、古迹和有历史文化使用价值的建筑等。在我国，北京、西安、洛阳、南京、苏州、上海、天津等地，都可以寻找出这种文化积淀的轨迹，它浸透了人类的文明和文化，深深地印刻在城市中，随着我国经济发展和城市建设步伐的加快，许多城市的传统文化特色受到不同程度的破坏。《法国商报》曾报道说：“一个世纪以来，充满魅力的中国建筑和城市逐步消失了。”[①]有些城市否定历史传统样态，简单地将文化遗产视为摇钱树，只看它的经济利益，违背了文化发展规律，破坏了文化永续常青的原则。历史不能再造，失去了就永远无法挽回，在城市发展中不注意维护自己民族的文化特色，而等意识到这一点再来抢救时，往往已为时过晚。

① 夏固萍．2006．城市文化特色与城市发展的和谐共赢．小城镇建设，(6)：80-83.

3. 城镇物质文化建设缺乏对民族特色的保护

一个城镇的居民的构成在民族构成上是多元的，不同的民族有不同的建筑艺术和物质生活特色，这些特色是镶嵌在城镇中的宝石，使城镇焕发不同的光彩，而目前这些特色正逐渐消失，如有些城镇在建设中盲目模仿欧式建筑，建筑欧式别墅，从而丧失了中华民族特色。此外，对于少数民族比较集中的城镇，在其民族建筑特色、饮食习惯、传统风俗、文化艺术等方面没有进行妥善的发掘和保护，导致民族特色的丧失，使原本可渲染城镇物质文化个性的要素丧失。民族特色是城镇物质文化的重要构成要素，民族的同时也是城镇的，其在城镇物质文化的强化上，起到了重要作用。然而，这些民族特色正逐渐消失或被同化，主要表现有三个：一是在城镇中那些构成地方文化特色的元素，如一些具有民族特色的风俗习惯正逐渐消失或隐藏在民间，没有被很好地挖掘和保护。二是一些民间工艺文化随着其经济价值的下滑，也正逐渐被城镇居民所抛弃，与之相关联的民间工艺匠人数量也在迅速减少，一些古老的民间工艺正逐渐丧失。三是由于各地对土地财政的依赖，城镇中那些具有特定区域民族特色的建筑也在减少，并逐渐被排挤出城镇的建筑空间，取而代之的是现代化的高楼大厦。

三、城镇精神文化建设目前存在的问题

城镇精神文化是一个城镇历史文脉的延续，是一个城镇文化核心竞争力的灵魂所在，在我国城镇化过程中，由于过多地注重城镇的物质扩张和经济发展而忽略了相应的城镇精神建设，许多城镇缺乏精神个性，反过来又影响城镇经济建设的发展，突出表现在以下方面。

1. 缺乏城镇创意精神

创意城市作为一种推动城市复兴和重生的模式，并不是一个严格的学术概念，但得到许多城市规划者的赞同。它更加强调消费引导经济，以科技创新和文化创意两方面驱动经济发展，在激烈的全球性竞争的环境中，在资源约束日益增强的形式下，创意城市的理念使地方城市从主要依赖自然客体资源的发展转型为日益重视人类主体，主要是以智力资本开发为主，努力解放文化生产力，重新塑造城市形象，使城市重新获得生计，实现持续发展的战略模式。

创意城镇应具有如下特征。

第一，城镇应具有比较发达的文化创意产业，同时以创意产业支持和推进更为广泛的经济活动的创新。具有优秀创意理念的城市无不具有发达的创意产业，并且以创意产业为依托，支持其他产业的创新发展。创意城镇不仅拥有巨大的创意产业群，创意成果还成为其他产业的重要投入要素，向需求方提供新的价值元素。例如，米老鼠、芭比娃娃、哈利·波特等都是创业产业的产品，但同时也为玩具加工业提供了大量的生产素材，为文具、服装、箱包和视频行业提供了包装素材，大大提高了这些产业的附加值。此外，文化创意产业的发展，为城市居民提供了一个适宜的文化环境，使城市居民的文化水平大大提高，观念得到更新，创意涌动，获得了创业聚集的规模效应。

第二，城镇应具有良好的经济和技术基础，为创意产业发展提供经济和技术保障。创意产业的发展需要一定的资金支持，通过资金支持，做到“无中生有，有了变优”，资金支持包括文化发展基金和民间机构提供公益性的资金等，还需要有较为发达的金融服务。创意产业本身就是文化、科技和市场的完美结合，没有现代信息技术支持，有些创意成果是无法传递的，也就难以产生如哈利·波特通过电影、电视、动漫游戏等获得的数亿英镑的收入。

第三，城镇应具有适宜人居住的优良生态环境，如通过生态环境的优化来聚集优秀的创意人才和经营人才，重视创意人才的可持续培养。例如，柏林为创意活动提供优越的基础设施和活动空间，为各类创意人才提供艺术自由发展空间，并且降低创意人才的生活成本，拥有便捷的网络和公共交流平台，还拥有丰富的历史题材和实物（如包豪斯博物馆、维特拉博物馆），提供了丰富的创意参考。另外，柏林还十分重视创意人才的培养，提供了丰富的与创意设计相关的专业，为创意人才的学习和可持续教育提供了丰富的选择空间。

第四，城镇应具有优良的文化氛围，体现在宽松包容、文化多元性，具有一定数量和水平的居民，使创意产业活动能够顺利开展。包容性对创业城市发展的意义主要在于能够容纳创意人才的各种奇思妙想；多样性的文化交流有利于创新的发生。优良的文化氛围同样可以吸纳更多的创意人才和企业，产生更多的创新。此外，任何创意产业的发展都需要一定规模的市场，更需要生产者与消费者之间的互动，甚至需要消费者直接体验并有效地传递信息。消费与生产的互动引导创新，因此具备一定规模和较高文化水平的居民成为推动城市发展的重要力量。

2. 忽略现代与传统的对接

当前，出现一些历史悠久的古老城镇被一些规划建设者的错误理念所误导的现象。这些错误理念就是只注重外壳不注重城镇精神内涵的盲目攀比。持有这些错误理念的管理者，不明白城镇精神是城镇发展多么宝贵的精神财富，不知道自己管理的城镇是什么定位，从而找不到城镇精神文化建设的正确路径，甚至导致原本存在的城市精神消失。还有一些城镇管理者虽承认城镇精神凝练在城镇建设中的重要性，但在实际操作中却过分重视现代因素，而缺乏对历史文脉的延续，忽略城镇现代精神与传统人文的有效对接，结果就出现了千城一面的造城运动，城镇建起来了，却找不到城镇的个性了。这确实是城镇的悲哀。

3. 忽视民族文化与外来文化的融合

在经济全球化过程中，外来文化的侵入也不可避免，但问题在于，城镇精神文化建设由于缺乏对民族精神特色的发掘和保护，反而让外来文化大行其道。曾几何时，许多年轻人对西方世界的圣诞节情有独钟，而对中国的春节不屑一顾，商店的名字、商品的标牌，甚至饭店的菜谱都充满洋味，仿佛越让人看不懂就越能卖出价钱。一些文化传播媒体也充斥着外来文化，不仅影响着年轻的城镇居民，而且侵蚀着城镇民族精神，导致其民族特色丧失，使城镇精神文化建设陷入真空和对现代文化、外来文化的盲从。

城镇文化建设过程中，要正确处理好个性和融合问题，个性保持要适度。城镇之间的区别最重要的是个性的比较，失掉个性就失去了城镇特色，但如果保持个性的程度过高，缺乏融合，个性也凸显不出，因此，应保证一个较为适合的度。这个度的评价应该集中城镇居民、创意工作者及政府部门等相关者的综合评价。

四、城镇制度文化建设目前存在的问题

城镇制度文化建设虽然比以前完善了许多，但总体看来，发达地区的制度文化建设对经济和社会发展起到了关键作用，但在欠发达或不发达地区，城镇

制度文化建设方面依然存在缺陷，主要表现在以下方面。

1. 制度文化建设相对滞后于城镇经济的发展

我国一些城镇的经济发展速度很快，但与之配套的制度文化建设却不能跟上，导致一些社会问题的出现，如社会安全问题，经济安全问题，社会保障、失业、医疗等问题。如果这些不能得到很好的解决，将导致社会不稳定，反过来影响经济的进一步发展。经济的发展促进了当地经济结构和社会结构调整，经济结构的调整影响城镇居民的行为，从而影响城镇文化核心竞争力。随着经济的发展，城镇居民收入水平提高了，但一些传统的优良的制度、惯例、规范却消失了，城镇内部充斥着暴力、色情、贿赂、腐败、仗势欺人等不文明现象，而一些尊老爱幼、见义勇为等行为逐渐消失，在城镇居住缺乏一种安全感，替代的是一种压力和非公平的感觉，制度文化方面缺乏创新，制度变迁缺乏方向和归属感，相对滞后于城镇经济的发展。

2. 制度文化的方向定位在一定程度上与城镇的发展定位相偏离

每一个城镇都有自己的发展定位，如经济中心城市、历史文化名城等，制度文化的建设要与城镇的发展定位相一致，但目前城镇的制度文化建设中，有些制度与城镇本身的发展定位不一致。例如，有的城镇一方面要把自己的发展定位于宜居城市，而另一方面却又通过招商引资制度引进一批高污染、高排放的企业，使城镇的生态环境遭受污染，从而使城镇变成不宜居城镇。制度文化的定位是城镇发展定位的保障，二者的定位方向要一致。首先，制度定位服务于发展定位，要给城镇发展定位创造一个良好的外部运行环境，促进发展定位要准确。其次，制度定位促进发展定位的形成和改进，制约一些不切合实际的发展定位。最后，城镇制度文化定位与城镇经济发展定位相一致，制度对经济发展具有促进作用，经济发展必须有良好的制度保障。

随着人们对居住环境和健康水平要求的提高，城镇定位向宜居和安全方向转变，产业定位要与城镇发展的定位相一致。创意产业具有生态、安全等特征，许多城市在产业规划时都把创意产业定位为主导或者关键产业，这就需要在一定程度上提高创意产业的附加值，提高产业的经济收益，克服产业定位与城市经济发展的矛盾。

3. 政府在制度文化建设过程中尚未充分发挥作用

政府是制度的主要供给者，因此，在强制性制度变迁过程中，政府应发挥重要作用，但目前在城镇化过程中，对于城镇发展过程中迫切需要的制度供给方面，政府并没有发挥重要作用，甚至政府有时会为了自身利益而影响一些正确制度的供给，使城镇的发展滞后。例如，在城镇建设过程中，缺乏政府的统一规划，导致城镇建设的各自为政，使城市建设陷入无序的混乱状态，从而使城镇的整体缺乏和谐统一。有的城镇政府与开发商联手，为了短期的经济效益而不惜损毁历史街区；还有的政府一方面要加大招商引资的力度，另一方面其职能部门却对客商雁过拔毛，让客商不敢久留。城镇制度文化建设的一个致命缺陷是没有惩罚措施或者惩罚成本太低，从而使制度变成了一纸空文。再好的制度，如果对违反制度者没有相应的惩治措施，就等同于没有制度，因为任何管理人员都可以违反制度而不必担心制度的惩罚。

第四节　发掘城镇的文化个性打造城镇文化核心竞争力

城镇文化核心竞争力是以城镇文化个性特色为依托的、能够影响城镇文化发展全局的系统能力。我们已知在这一系统中包含着生态文化、物态文化、意态文化和制度文化等诸多要素。因此，打造城镇文化核心竞争力就必须根据城镇的自然禀赋打造城镇生态文化个性；根据城镇的历史文脉打造城镇的物态文化个性；根据城镇人文传统打造城镇意态文化个性；根据城镇发展定位打造城镇制度文化个性。在城镇文化个性的打造中，充分发挥文化创意的作用，具体表现在以下几个方面。

一、根据城镇的自然禀赋打造城镇生态文化个性

我们的祖先早已领略到人与自然和谐之美，“天人合一”就是人与自然

和谐的最高境界，我们强调根据城镇的自然禀赋打造城镇的生态文化个性，就是要在城镇文化核心竞争力的强化过程中，保持人与自然的和谐。具有优良生态禀赋的城镇如何通过不同的创意打造城镇生态文化个性，需要考虑以下几个方面。

1. 实现“天、地、人”三者的和谐统一

城镇的生态文化构成了其文化结构的外层空间，其要素包括天、地和人，三者之间的互动构成了生态文化个性。因此，构筑城镇的生态个性需要做到实现人文景观和自然景观的和谐统一，在人文景观的创造过程中，充分发挥文化创意的功能。例如，公元937~1254年大理国建造的“绕道金棱，萦城银棱河堤”，为了陪衬自然景观，在春登堤上种植春柳，在云津堤上种植素馨花，这些植物给人工引水渠添加了丰富的自然景观，使这些人工建筑成为著名的观光景点。在不同的季节，黄花入河成为金汁河，白花入河成为银汁河，给自然景观增添了金色和银色的装饰，从而将地方自然环境的多样性和民族文化多样性、生物花卉多样性和建筑景观多样性结合起来，突出了地方特色和民族特色，并使之“和”而不“同”，给人留下了深刻而美好的印象。再如扬州市的生态文化建设，这种生态文化建设就是融合了文化创意与自然景观，培育了一种天蓝、水清、地绿、景美的生态景观和人居环境。诱导一种整体、和谐、循环、自生的，融传统文化与现代技术为一体的生态文明，建设一流的人与自然和谐共生的生态社区。不但促进城市生态环境向绿化、净化、美化、活化的可持续生态系统演变，而且促进居民由传统的生产、生活方式及价值观念向环境友好、资源高效、系统和谐、社会融洽的生态文化转型，实现天、地、人三者的和谐，在三者和谐过程中融入了文化创意的功能。

天、地、人的和谐还体现在城镇创意的打造方面。城镇居民作为城镇创意打造者，以城镇自然禀赋作为城镇生态文化创意的要素，通过创意手段，利用自然禀赋，在历史的长河中打造城镇的生态文化核心竞争力，并持久保持。在生态文化核心竞争力打造过程中，首先，需要城镇主体之间的平衡，城镇领导阶层的努力方向要与一般城镇居民的努力方向一致，如一个整洁、建筑物充满个性的城市，往往需要领导阶层与城镇居民的精心呵护，才能够持久保持这种个性和特征。维持一个城镇的生态环境，不仅需要政府严格控制污染的法律，还需要城镇居民的监督、城镇企业家的良心和社会责任。其次，需要城镇一般居民之间的协调，一个遵守道德规范、爱护自然和生活环境的有责任心的城镇居民，需要相互之间的监督和约束，这样才能创造个性的生态文化环境。最后，需要组织之间的协调，其中包括政府组织和非政府组织、企业、城市规划和创意部门之间的协调，这些组织层面的主体是城镇生态文化个性打造的重要方面。例如，企业在建筑物设计上，利用设计师的创意成果，通过一系列的表现形式，既创造了良好的工作环境，又为城镇的文化个性作出了一定的贡献。

2. 充分利用城镇空间打造地方生态文化个性

城镇的天时和地利是一个地方文化创意的天然素材，为文化创意的发展提供优越的自然生态环境。每一个城镇都具有一定的气候特征，这种特殊的气候特征是一个城镇的天时。城镇生态文化要与天时相协调，并且善于利用天时创造自己的生态文化特色，打造地方生态文化个性。例如，昆明，地处高原，气温在15℃左右，四季如春，清爽宜人，风是杨柳之风，轻柔绵软，吹面不寒；云是姿态万千、富于变化，与蓝天相映，若群羊，如白絮，漫天飞舞。昆明的天宛如一池清水，鞠之可饮；昆明的月或圆润明亮，或宛如娥眉，似雕弓。昆明利用优越的气候资源打造生态个性，使昆明成为春之城、花之城。地利是一个城镇特殊的地理位置，这是一个城市无法选择和重构的，这种无法复制性成为文化创意的关键素材。例如，杭州利用西子湖畔的地利，强化了其人间天堂的美誉；巴黎城沿塞纳河而建，塞纳河上的每座桥都是一个杰出的艺术品但却风格各异，这些风格各异的建筑就是文化创意的一个具体体现，其向世人展示着巴黎的浪漫气质，向世人传递一种独特的文化创意氛围。弥漫着贵族气息的皇家园林——凡尔赛宫，以其自然风景与建筑艺术的完美结合给世人留下深刻的印象，达到了人文和自然结合的顶峰，漫步镜廊，碧蓝的天空，静谧的园景，满目苍翠，仿佛置身芳草如茵、亭台楼榭的园林之中。比利时首都城边连绵100公里森林带，其中融合了清澈的湖水、繁茂的原始森林、优雅的天鹅等自然和动物景观，并且周边布鲁塞尔人的特殊气质都能得到体现。生态和景观再加上文明和秩序，以及文化创意的因子，就使得一个城镇有了神采。天时和地利的和谐整合是打造城镇生态文化的重要途径，天时为城镇打造生态个性提供了气候特征，地利为人类开发生态空间提供优美材料，人类在城镇生态文化建设过程中，把天时和地利完美结合，加上人文特征的魅力，尽显地方生态之美。

城镇创意个性的打造离不开所处自然环境的原生态，自然环境打造了当地的农业生产、自然景观和特殊的生活氛围，这些都是艺术创意的优良素材。在城镇创意个性的打造过程中，需要充分利用天时和地利，打造个性生态文化。

例如，雅安市“中国生态气候城市”的建设就是利用了特殊的天时和地利。雅安市的生态环境优势独具，是大熊猫的自然栖息地，林地面积占辖区面积的78%，拥有目前为止国内面积最大的植物活化石群——珙桐林，以及万亩野生桂花林等植物奇观，保持了良好的生物多样性，是不可多得的动植物基因库。雅安是著名的雨城，年平均降水量1201.4毫米，其中雨城区达1693.4毫米，且70%以上是夜雨，是“巴山夜雨”的典型代表，这种独特的降水特征具有自然温湿调节作用，使其成为滋润之都。雅安具有多样的生态景观、地质景观、地貌景观、水墨景观和人文景观，具有优越的生态旅游资源，旅游舒适期和最舒适期长于国内众多知名旅游城市，是中国西部迅速崛起的不可多得的宜游城市。根据气候条件和生态状况，雅安市被认证为“中国生态气候城市”。

在城镇生态个性打造过程中要遵循可持续发展原则，实现人与自然的和谐共处，达到自然创意与人工创意的和谐，两者之间能量交换、物质循环达到均衡，推动城镇拥有的可持续生态资本的不断积累。一方面，实现产业与城镇之间的和谐，城镇产业选择要与城镇的生态环境相适应、相协调，产业环境要与城镇的生态环境相匹配。例如，天津在实施“滨海浅滩淤泥质基础地区规模绿化技术”项目过程中，就建立了与当地生态环境相匹配的生态工业共生群落，通过汽车制造业与相关电子信息产业之间的互动作用，建立跨行业的产品代谢链条，在生态化水源地的基础上进一步建立由中水利用、雨水收集和海水淡化组成的生态化水产业示范基地。[1]另一方面，城镇居民、政府、企业和公共组织要形成可持续发展的理念，形成自觉的生态文明意识，通过文化创意产业的

① 李康．2004．生态文明与城市生态化．城市发展研究，（5）：55-59.

发展，向城镇的主体传递和谐生态观，使城镇居民通过文化创意产品和行为形成一种文化自觉，建立城镇主体和城镇生态环境之间和谐的共生关系。

二、根据城镇的历史文脉打造城镇的物态文化个性

城镇物态文化个性取决于一个城镇可感知的、有形的城市建筑布局、道路、基础设施和公共空间等所具有的特殊的、不可复制的物态文化特征，反映人对自然的改造和自然对人的衬托，是典型“人化自然”的特征，还因为它们是一个城镇文化风貌中最生动、最直观、最形象的表现。城镇物态文化同样是一个城镇文化创意发展的素材，同时也是不同时代创意所遗留的文化宝库。一座有个性的城镇能让人深刻地感觉到其中蕴涵的不同风格的历史文化内涵，如城镇的建筑不但是绘画、实用雕塑等技术和艺术的完美结合，是文化创意的具体体现，而且也凝聚了鲜明的民族、地域、时代特性。[①]城镇的任何一种具体的物质现象都是城镇无声的语言，它们用自己特殊的创意方式诉说着其所在城镇的文化韵味。一个有个性的城镇，首先体现在其建筑的个性上，一个杂乱无章的城镇也能够从其杂乱无章的建筑中显示出来。走进丽江古城，那一座座纳西族的四合院，还有那院门前一条条清澈见底的水渠，夜色中悠然于水中的鱼儿和缓缓漂去的许愿灯，让人宛若置身仙境，灵魂都得到了净化，文化创意的价值就体现于此。相反，走进那些乡不像乡、城不像城的杂乱无章的城镇，就像走进了一个暴发户和贫困户混居的大杂院，代表了当地急功近利、缺乏思想的文化心态。

城镇中那些特色建筑物和建筑群，记载着一个城镇的历史，同样也反映了该城镇不同时代特征的创意，表现并反映了一个城市的突出历史事件和一个时代的人文特征。例如，巴黎的埃菲尔铁塔、悉尼歌剧院等，其建筑造型因具有极为独特的个性美而成为一座城镇的特殊标志。而平遥古城、乔家大院、延安的窑洞等则是特定时代的历史见证。威尼斯的圣马可广场的建筑群之所以由不同时期、不同风格、不同宗教文化的建筑组成，是与其早期因四面环海、交通便利而成为国际贸易都市有关。可见，城镇物态文化个性与城镇的历史文脉密

① 彭立勋．2005．建筑艺术的文化内涵与审美特点．城市发展研究，（6）：75-77.

切相关；在城镇物态文化的建设过程中，要充分挖掘并保护性地开发城镇的历史文化资源，根据城镇的历史文化脉，打造城镇的物态文化个性。例如，2008年北京奥运会是北京历史上突出的历史事件，其记载的载体主要是一些奥运会建筑（如鸟巢、水立方等），一看到这些建筑，就马上想到北京，想到2008年奥运会。①

历史在现代城市设计和建设过程中具有重要的作用，现代城市设计的思维遵循三大主题：尊重自然、尊重文化、尊重人。在此三大主题中，文化和人就都有历史内涵，历史是物质文化发展过程和人类社会发展过程在城市留下的痕迹，具体体现在历史文化中；人是具有精神的人类，是精神文化的物质载体，是精神文化展现的平台和重要体现者。因此，在城市设计和建设中，应体现出历史文化和人文精神。例如，苏州，精致的园林、精美的苏绣，还有拥有悠扬、甜美的昆曲和评弹的苏州人；人间四月，最美江南，苏州是江南的代表，以写意山水的园林被纳入世界文化遗产。苏州拥有2500多年的历史，在旧市街，能看出多朝代元素的艺术风格，给人以独特的感觉。无论走进哪家园林，漫步在哪条小巷，都是河街相邻，能看到“灰、白、墨”的城市色彩。对于普通的旅游者，吸引他们的有沧浪亭、拙政园等世界知名的园林；对于当地居民，那收藏着记忆和不为旁人所熟知的“面孔”更具有香、色、声、情。所有这些交织在一起，构成了姑苏城的主要文脉，记录着苏州城市的文化风情。因此，在城市设计和规划中，对经过风雨锤炼的古建筑应体现出尊重，延长并丰富苏州的城市脉络，并从多方面体现苏州的城市脉络，展现历史文化。

1. 城镇物态文化个性的打造要体现城镇的历史文化特色

人们在体验和品味城镇风格的同时，也在与这座城镇的历史进行对话，体味着文化创意。例如，古希腊的城市广场，是希腊人聚集在一起议政、交往的社会活动中心。这个开放的场所就是一个典型的创意，不仅显著地体现了古希腊民主的城市精神文化，而且也为古希腊民主精神的进一步拓展开辟了广阔的空间，给人以无限的遐想。中国传统社会的城市广场形态，反映的是与西方城市明显有别的传统精神文化。例如，清代紫禁城太和殿前的场院虽然十分宽阔，却是普通人难以进入的，不具备广场的开放的公共性。因此，中国古代城

① 赵秀玲．2010．统筹城乡发展与培育城镇文化核心竞争力．现代经济探讨，（6）：59-63．

镇的广场空间形态是与等级森严的封建伦理文化相对应的，这种文化创意体现了封建皇权对社会空间的严密监控。显然，不同城市的建筑、广场及布局体现着不同城市的文化韵味，并在城市的演进中日益积淀为城市历史文化的一部分。因此，城镇建筑要体现城镇的历史特色，搞现代化要设计好历史的地标，以寻找历史与现实的共生空间。①

历史文化资源的创意开发，是地方文化创意产业的一个主要路径。首先，将地方文化资源的唯一性转化为可移动性和具有特殊性的吸引力和竞争力，并将地方历史文化资源梳理和传播转化为一个有效的载体，如开发古旧书籍、明信片、老报刊、老地图等城市历史资源，通过会展业来体现城市历史文化的特点，让外来者了解城市若干侧影，使城市历史文化更加生动、确切。历史文化作为城市的内涵和积淀，往往不被普通市民所了解和关注，所以，“城市特色”往往被牺牲掉，然而，城市发展的正确方向是以对以往城市历史进程的梳理和总结、提炼作为依据，通过创意产业的成功加工，作为城市文化资源的记忆和延长。整合历史文化资源，收集城市历史进程的物质文化变迁，在文化创意层面继续开拓和发展，并通过深度创意和开发，对外来者形成“视觉”和“精神”冲击，更直观和精炼地传播地域文化特色资源。此外，以不同历史时期的“标志性”的人和物为线索，通过创意产业解构出城市历史文化发展，体现对城市历史文化的关注。

2. 城镇物态文化个性的打造要与鲜明的民族特色相联系

城镇的物态个性不仅要体现时代的审美要求，还要体现民族的审美要求，民族的审美要素和标准同样是文化创意的素材，同时也代表一定民族的艺术的基本风格，以独特的外在风貌深刻反映着一定时代和民族的经济、政治、文化和生活习俗，这些物态个性内在地体现了一个民族的思想观念、审美思想和精神气质，拥有鲜明的民族特色。不同时代的民族特色和风格不同，在建筑的造型和式样上具有各自的鲜明特征，体现异质性的创意。中国建筑艺术风格有自己独特的民族特色，经过几千年的发展演变，中国古代建筑和欧洲古代建筑形成差异，体现了中国建筑的独特创意风格。中国建筑在创意上注重环境营造和群体组合，主要靠群体序列取得艺术效果；重视表现建筑的性格和象征意义；

① 赵秀玲．2010．统筹城乡发展与培育城镇文化核心竞争力．现代经济探讨，(6)：59-62．

构造技术和艺术形象相统一，形成形象突出的曲线屋顶；具有绚丽的色彩。总体说来，西方建筑在创意上较重视建筑单体和造型，而中国建筑较重视建筑群体与整体和谐统一。各个民族的建筑艺术风格，随着历史的变化，也会带有不同时代的特色。但相对而言，建筑风格的时代性有较多的变化性和创新性，而建筑风格的民族性则有较多的稳定性和继承性，二者巧妙地结合和统一起来。[①]例如，我国著名的凤凰古城，这座曾被新西兰作家路·易艾黎称做中国最美丽的小城之一的古城建于清康熙年间，其最有名的是那一幢幢古色古香、富有浓郁土家族风韵的吊脚楼，但遗憾的是河畔的吊脚楼大多已不在了，只有回龙潭那里尚留有十多间老屋，细脚伶仃的木柱立在河中，托起一段沉沉的历史。再如，平遥古城的民居是“房子半边盖”。平遥民居之所以大多为单坡内落水，流传最广的说法称之为“四水归堂”或“肥水不流外人田”，山西地区干旱，且风沙较大，将房屋建成单坡，能增加房屋临街外墙的高度，而临街又不开窗户，则能够有效地抵御风沙和提高安全系数。院内紧凑的布局则显示对外排斥、对内凝聚的民族性格。这些都是当地城镇打造物态文化个性的民族特色之源。脱离了这种民族性格的建筑不但会切断当地的历史文脉，而且会造成城镇杂乱和缺乏秩序，是城镇建设之大忌。

3. 城镇物态个性的打造要体现时代特征

从整体上说，同一时代不同的民族具有不同的建筑意识和建筑特色，同一民族在不同的时代同样会具有不同的建筑意识和建筑特色，即城镇的物质文化构建不仅仅是一个静态概念，而是一个动态概念。差异和特征是城镇的特色，这种特色不是哗众取宠，而是城镇主体长期凝练的结果。因此，城镇物态文化创意要具有时代特性，体现时代特征。城镇文化的异质性是构建“和而不同”和谐城市的逻辑起点，不同的时代有不同的建筑风格，具有不同的文化创意。打造城镇物态文化个性不是简单的保留历史物态文化，而是在保留历史物态文化之魂的基础上有所发展、有所创新，这种创新主要用创意的手法来表现时代的物态文化之魂。因此，城镇物态文化的打造一定要反映历史的变迁，保留城镇从历史走向未来的足迹。例如，第29届北京奥运会开幕式上，29个巨大的焰火脚印沿着北京城的中轴线，从永定门、前门、天安门、故宫、鼓楼一步步走

① 彭立勋．2005．建筑艺术的文化内涵与审美特点．城市发展研究，（6）：75-77.

向奥运会主会场“鸟巢”，象征着北京城乃至中国从古代走向现代、从中国走向世界的步伐。再如，南京的评事街历史风貌区从一定角度非常充分地反映了南京作为六朝古都的历史繁华，并且全面记录了南京历史上各个时期居民生活的历史轨迹。①如今的评事街地区尚保留着120多户的古民居建筑，保留着不同时代的文化创意，有建于元朝的草桥寺，还有清末大藏书家甘熙故居等，它们以特有的建筑语言向世人展示着近800年的人间沧桑，诉说着评事街的繁华历史和多元的文化。因此，新时期城镇的发展既需要保存城镇传统文化特征，还要体现新时代的特征，让历史的典雅、崇高、凝重和深厚在与现代文明的自然衔接和巧妙结合中焕发出特殊的魅力，力求在城镇物态文化的重构中保持历史文脉的延续。

三、根据城镇人文传统打造城镇意态文化个性

我们向往一个城市，在很大程度上是被这个城市的意态文化个性所吸引，这些意态文化个性实质上是不同文化创意的体现，如巴黎的高雅浪漫气息，罗马的历史苍茫感觉，威尼斯亚德里亚腥湿海风的热情，维也纳的贝多芬、莫扎特的音乐风格，无不体现着城市居民、艺术家的独特创意。在伦敦，我们可以感觉到源于英国传统文化的绅士风格，甚至那满街的出租汽车，虽有着现代的发动机，却保持着 19 世纪的老式模样。如果一座城镇没有其意态文化个性和独特的城市精神，很难想象它能够有持久的竞争力。

城镇意态文化个性是在长期的历史文化积淀和城市人文精神培育的基础上慢慢形成的。新兴的、后起的城市可以跨越经济增长阶段，但绝对无法跨越人文精神的培育和塑造。城镇意态文化既是对传统历史文化精华的继承，也是对现实城镇理念、城镇建设价值、目标、人文风貌的概括和升华。意态文化个性是城镇精神的灵魂和生命力所在。因此，要根据城镇人文传统打造城镇意态文化个性。

1. 根据城镇人文传统对城镇意态文化进行合理的定位

在民族历史文化的背景下，城镇人文传统既有与本民族其他城镇共性的特

① 姜华，张京祥．2005．从回忆到回归——城市更新中的文化解读与传承．城市规划，(5)：77-82.

征，又有自己所在地地域文化培育出来的个性特征，要根据城镇的人文传统的个性特征来定位城镇的意态文化，并通过独特的创意体现出来。以西安为例，深厚的景观文脉是西安之所长，同时西安市又是“文化城、文物城、人才城、知识城”，从人文传统上把西安城市精神定位于“根植历史、卓越创新”，这样才能深入挖掘西安城市文脉，才能传承与焕发城市优秀的历史文化，才能消除市民负面性格，才能扭转日益没落的古都形象，才能体现城市的独特品牌，才能实现西安跨越式发展和西部经济的腾飞，才能表达城市追求的最高境界。①在城镇文化创意定位的过程中，要注意以下三方面的问题：第一，城镇文化的创意定位要符合城镇文化传统，重点要体现城镇的人文传统。例如，河源市确定了“客家古邑·万绿河源”的城市文化定位，体现河源特色文化，“客家古邑·万绿河源”是一个庞大的工程，也是一项长期的民心工程。“客家古邑·万绿河源”，在宏观上包含三层意思：一是推介河源是客家先民最早落居、岭南最早建县、生态最好的地方；二是说明河源这块古老的土地上还保留着丰富的自然、历史文化遗产；三是通过挖掘和打造河源文化品牌，河源已成为休闲观光、投资创业、最适人居的地方。在微观上它还包含“客”、“古”、“绿”三大特色文化：“客”字为主体，体现河源以人为本，推出以南越王赵佗为代表的客家文化；“古”字为载体，体现河源文化遗产，重点推出以“中华恐龙之乡”为代表的远古文化；“绿”字则为实体，体现河源生态文明。第二，城镇文化创意的定位不但要有利于城镇意态文化特色发展，而且还要有利于延续城镇文脉；城镇文化定位在一定程度上决定了未来城镇意态文化个性的建设方向，具有一定的前瞻性，并且还在一定程度上延续城镇的历史文脉，反映城镇的人文传统，通过城镇的文化定位，能够让人更加简明地认识一个城镇，把握一个城镇的灵魂。例如，我们建议南阳政府打造“养在南阳”品牌，在人文传统上就是基于南阳人热情好客、大方厚道、知足常乐、小富即安的这一意态文化个性特色。这种个性特色在现代社会中有不利于发展的一面，但正是这种悠闲的心态会带给前来养生的客人放松感、安全感和亲切感。因此，根据南阳这种人文传统打造南阳的城镇意态文化个性，就是要变不利为有利，保留南阳人热情好客、大方厚道的人文传统，利用其知足常乐的人文传统，同时适当地培育市场意识，使之成为吸

① 赵荣．2005．历史文化名城城市精神的文化地理定位研究．中国发展，(1)：39-43.

引和留住客人的人文资源。

2. 依据城镇的人文传统凝练城镇的时代精神文化气质

传统的精神特色和世代相传的人格品行，铸造了特定城镇居民的特定精神文化气质，这种精神文化气质物化为城镇的物质、生态和制度文化形式，并且世代相传。凝练城镇的时代精神文化气质，就是对城镇人文传统在传承中的创新，通过创意的表现手法，体现文化的创新。文化虽是感性的，却也要历经理性的思考和锤炼。随着时代的变化，必须赋予城镇人文传统以时代精神，才能保持其持久的生命力。以苏州为例，苏州人文传统中有细腻、优柔寡断之性格，似乎普遍缺乏向前的激情和创造力。但改革开放以来，苏州人特别注意顺应时代的发展要求凝练其精神文化气质。在乡镇企业崛起的年代，他们创造并弘扬了“团结拼搏、负重奋进、自加压力、敢于争先”的“张家港精神”；在开发区经济兴起的年代，他们创造并弘扬了“不等不靠、埋头苦干、抢抓机遇、开拓创新”的“昆山之路”；在国际资本加速汇聚苏州的年代，又创造并弘扬了“引商、安商、富商、留商”的“亲商理念”。为从历史承接而来的苏州文化精神赋予了崭新的时代内涵，成为新时期苏州的时代文化精神。杭州人也在继续传承文化中精致和谐的人文特色的基础上，弘扬大气开放的时代精神，在大气中求精致，在开放中重和谐，努力做到既认真负责、恪尽职守，又胸怀大志、放眼世界；既刻苦钻研、精雕细琢，又高瞻远瞩、立足前沿；既注重保持社会的团结、稳定、有序，又提倡竞争、创新、开拓；既注重保持城市特有的风格、品位、环境，又努力拓展城市发展空间，在城市建设上出大思路、大手笔，从而塑造起21世纪杭州人精致和谐、大气开放的新形象，并培育了“开放、自由、多元、多样”的文化创意的特质。

凝练城镇精神文化气质，必须重视城市居民素质的提高，因为城镇居民也是文化创意的主体，是文化创意的执行者和欣赏者。城镇主体的教育程度越高，越有利于城镇精神文化气质的凝练。城镇文化气质不仅体现在物质文化和生态文化建设上，还体现在人的行为上，文化素质高的居民对城镇精神文化的凝练具有十分重要的作用。城镇居民是城市精神文化的有效载体，是城市精神文化的重要体现，外界所接触的能动态反映一个城镇精神风貌的就是城镇居民，文化素质高的城镇居民更能充分展示一个城镇的精神气质，因此，在城镇精神文化建设过程中，培养符合城镇文化定位的居民具有非常重要的作用。主要途径是通过媒体宣传感染和制度规范约束，同时培养城镇居民对城镇的自豪感和荣誉感，使居民懂得城镇精神文化气质的凝练与每一个居民之间一荣俱荣，一损俱损的关系，以提高城镇意识文化的号召力，增强城镇居民文化自觉。

四、根据城镇发展定位打造城镇制度文化个性①

城镇的发展需要制度来支撑，城镇制度本身就是“人文”的、“人化”的，城镇制度离不开人，它是靠城镇人设计、执行、遵守的，其创意关键在于具有人文意识。一方面，城镇制度文化是城镇制度的观念内核，是负责设计、执行、监督、变革城镇制度管理者的理性原则、价值取向、理念追求、道德标准、利益调整等的观念体系，反映出城市制度设计的主体追求什么、捍卫什么、贬斥什么、接受什么的理性思索和道德底线，是主体化、内在化的关于城市制度的观念系统，它最集中地体现了城镇管理者的发展观。另一方面，落实制度需要执行力，执行力的强弱又与奖罚机制或体制是否到位，以及是否转化为居民的内在自觉有关。根据城镇定位打造城镇制度文化个性，就是要使维护城镇定位的相关制度内化为城镇居民内在品质。俗话说，好的制度能使坏人变成好人，坏的制度能使好人变成坏人，这就是制度文化的力量。有鉴于此，要增强城镇文化核心竞争力，必须根据城镇的发展定位打造城镇制度文化个性。如果城镇定位为历史文化名城，则城镇制度文化个性上就必须体现对历史文化的特殊保护，如除法律规定的要坚决执行外，地方政府还应该出台具体的保护措施，包括公民的参与、财政的支持及奖罚机制等。以历史文化名城南京为例，2001年南京市中山园林管理局申请建造“观景台”，南京市规划局在没有广泛调查、听取民意的情况下批准该项目，耗资千万建造的“观景台”因为破坏了历史文化名城的整体风貌，遭到市民的一致反对，最终在行政干预下，又耗资百万进行了爆破和恢复山体原状，这件事情体现了不良创意导致的成本。可见，在保护历史文化名城的措施中，公民的知情权、参与权是必须要有的。

---

① 赵秀玲．2010．统筹城乡发展与培育城镇文化核心竞争力.现代经济探讨，(6)：59-63.

同时，保护历史文化还需要经费的投入且短期内难见效益。特别是对于一些并不富裕的城镇，由于缺乏经费，很难保证一些历史文化的安全。特别是地产开发商，最怕在开发中发现地下文物，其中有胆大妄为者，即使发现也会佯装不知，一毁了事。另外，在政府官员中也不乏为了要政绩，而不惜拆毁历史文物的。所有这些可能出现的问题，都必须有专门对应于维护历史文化名城定位的制度文化支持。同理，如果要打造宜居城镇，就需要围绕宜居问题营造城镇制度文化氛围，凡是不利于宜居环境的项目无论能带来多么大的经济效益也一概不能进入。

必须指出的是，城镇在制度文化个性打造过程中要充分发挥政府的积极性，促使良好制度文化环境的形成。

1. 根据城镇发展定位确立城镇制度文化的供给方向

政府是制度供给的主体，因此也成为制度文化创新的主体，政府的类型决定制度供给的类型。对于一个开明且负责任的政府，首先，在城市发展的定位上就充分体现了一种开放、包容和公平的环境，突出地方特色，切合地方实际，正确的发展定位给制度创新指明了方向，使制度的供给和创新围绕城镇的发展方向，为城镇的发展提供良好的外部环境。例如，一个城市具有丰富和悠久的历史文化，拥有大量的历史建筑和广为流传的历史故事，这些是城镇文化资源禀赋的重要组成部分，基于这些资源禀赋特征，城市定位于历史文化名城，因此，在制度供给方面应加强文化资源保护和发掘方面的创新，保护历史文化遗产。如果把城市定位于现代工业城市，那么其定位就影响到历史文化遗产和珍贵文物的保护，这样，城镇发展定位就偏离了城市资源禀赋，城镇制度文化创新也就偏离了城镇定位。其次，良好的民风和其他非正式制度是一个城镇制度文化的重要构成部分，虽然没有正式制度的规范和强的约束力，但往往使一个城镇淳朴的民风和特有的人文气息给人留下更深刻的印象，使城镇更具有魅力和吸引力。最后，良好的制度供给需要政府和城镇居民的共同努力，政府是正式制度的供给主体，城镇居民是非正式制度的供给主体，二者的结合能够为城镇提供适宜城镇发展定位的制度，满足城镇的制度需求。制度创新和制度文化的建立离不开政府、民众和社会团体的共同努力，政府负责制度创新方向的定位，使制度创新方向与城镇战略发展方向保持一致，并负责修正制度文化中不合理的部分；城镇居民一方面遵守城镇的制度规则，另一方面，在正式制度范围内对非正式制度文化进行创新。

2. 根据城镇发展定位动态地优化城镇制度文化的创新方向

要保障城镇制度文化发展的科学性和合理性，就必须动态地修正和调整制度，保证制度文化的连续性和适应性。城镇的发展定位依据城镇的资源禀赋特征，而城镇资源禀赋特征随着时间和空间的变换而变换，城镇的发展定位也需要动态调整，与之相适应，依据城镇发展定位制定的城镇制度文化也需要动态的修正和调整。针对新形势和新条件，要使制度动态地服务于城镇的发展定位。例如，南阳市拥有丰富的历史文化资源，包括四圣文化、中医药文化和适宜的自然生态文化，并且城市居民拥有淳朴的民风，这些文化资源优势为南阳定位于宜居城市创造了良好的外部条件，制度供给要动态适应城市发展定位。因此，在自然生态环境保护和历史文化资源的保护以及中医药的开发上，都需要制度的保护和支撑，只有这样，才能保证建立一个拥有良好的自然生态环境、淳朴和谐的居民和撼动心怀的历史文化，适宜养生健体的宜居城市。动态适应不仅需要一个开明睿智的政府，还需要敢于直言的城镇居民和非政府社会团体，是政府与居民集体智慧的集中体现和创新。

3. 根据城镇发展定位确立能够保障制度顺利实施的配套措施

合理的制度实施需要一系列的配套措施，首先是城镇居民的自发监督，当制度的发展方向与城镇发展定位不相一致或违背发展定位时，城镇居民能够通过一定的渠道和途径，通过合理的程序来向政府提供对策和建议。城镇居民是城镇活动的主体，是制度的主要约束者，当政府的正式制度与城镇居民的非正式制度发生冲突时，如果不能得到有效的解决，将会影响整个城镇制度文化体系的竞争优势，也会影响制度的效率，因此，居民的自发监督是城镇制度文化得以发展的保障之一。其次是非政府社会团体的监督，非政府社会团体是政府的主要智囊机构，同时也是联系政府和社会的桥梁，其往往能够提供符合民众需要的政策建议和方案，因此，其对政府制度供给能够提供符合城镇发展定位的制度规范。最后是城镇政府的自我监督和问责，政府本身是一个理性的主体，合理的内部监督机制和完善的问责制度能够保障政府行为的正确性，并且能够更好地取信于民，服务于民。

第五节　创意城镇与城镇文化核心竞争力

一、城镇文化核心竞争力与文化创意的关系

城镇是文化凝聚的焦点和核心，不同的城镇具有各自的个性和不可复制的核心文化，这些核心文化构成了城镇文化核心竞争力。城镇文化核心竞争力分为制度、生态、精神和物质四个维度，不同维度文化之间交互影响共同构成了城镇的文化个性，并区别于其他城镇的文化个性。文化创意是在传统文化基础上，进行创意化创造而使文化个性更加鲜明。在这个概念上，城镇文化核心竞争力与文化创意之间是相辅相成的关系。首先，文化核心竞争力是文化创意的重要支撑。一个有文化个性的城镇、有核心竞争力的城镇能够为城镇文化创意的发展提供有效和竞争力的素材，这种素材主要体现在不同的方面，包括：①城镇居民的精神风貌、创新意识、创新行为等方面；②城镇的正式制度规则、非正式的风俗习惯、传统的文化信仰等方面；③城镇特殊的街道风貌、建筑风格、特殊地标等；④城镇所处地理位置决定的自然环境，生态环境和与自然的和谐程度。这四方面为文化创意的发展提供素材方面的保障。其次，文化创意是城镇文化核心竞争力的重要表现形式和展示平台。一方面，文化核心竞争力需要比较才能凸显，因此，其需要有效的载体来承载，并通过该载体来传播和相互比较，凸显个性。文化创意就是通过创意手段，将一个城镇所具有的个性文化内涵展现给不同的欣赏者，通过创意手段和技巧，将文化核心竞争力不同维度所包含的核心和个性的部分，充分展示给观众，便于不同城镇文化核心竞争力的比较。另一方面，文化核心竞争力是一个动态的过程，需要不断地创新和凝聚，是需要不同时代、不同主体的共同打造和创新来形成和凝练的个性化的东西，需要通过一些创意的手段和方式，并且通过创意产业的发展来提供产业支持，其动态的优化和提升需要创意产业、创意人才和创意手段来提高和创新。

文化创意的发展推动了创意城镇的发展，创意城镇的发展使城镇文化核心竞争力更加清晰，其发展更具有物质和产业基础。因此，文化核心竞争力与文

化创意之间的关系可以通过创意城镇来展现，创意城镇建设是国内外城镇发展的方向，其关键是如何将城镇核心文化竞争力通过文化创意打造出来，并且体现在城镇的方方面面。首先，创意城镇吸引了更多创意人才的加入，通过创意人才对城镇文化的不断保护性发掘，使城镇的文化个性更加清晰明了。其次，创意城镇中创意产业发展为文化的展现提供物质和产业基础，通过产业化的模式提高了文化核心个性打造的规模和范围优势。再次，创意城镇的包容性使城镇文化融合了不同地区、不同民族、不同时代的个性特征，并将这些特征融会贯通，形成整合效应，展现出更加独特的口味。最后，创意城镇创意技术的发展，为城镇文化个性的塑造和展现提供了技术保障。

文化创意与文化核心竞争力的关系可以体现在时间维度上。城镇的发展经历不同的时代，每一个时代都留下不同的文化痕迹，这些文化痕迹在不同的时代都有不同的表现形式，在当代创意技术和产业发展的基础上，不同时代的文化痕迹都有了更加具体的表现形式和方式，文化创意可以将不同时代的城镇的核心文化个性体现出来，并通过更加形象和个性化的手段展示给当代观众。因此，文化创意推动了不同时代文化个性的融合。不同时代文化个性痕迹为文化创意的发展提供了动态素材，为文化创意发展提供了个性化的素材。

国家、地区之间的竞争突破了经济、信息领域，在文化领域内展开了，文化领域的竞争是一种软实力的竞争。创意产业正是在高起点内容、体制机制、传播手段基础上的创新，利用高新技术进行文化生产，培育新的文化业态，构建快捷、覆盖广泛的传播体系，一个国家或地区的创意产业发展将有效提升地区的软实力。城镇也是一样，探索创意产业与城镇发展的共生关系，对于提升我国城镇的软实力具有十分重要的意义，创意设计让城镇更美好。

创意城市的设计主要体现在以下三方面：一个是创意信息化；二是建筑的形式；三是创意思想的人和社会组织。这三方面所对应的是一个城市的人与城市信息化所相关的技术、环境的关系。数字技术的发展改变了人们的交流与互动方式，对于城市的发展也有了不同的追求和理解。人和各种机制通过可持续的创新联系在一起，并且具有吸引人长期居住的魅力。

在新的历史条件下，信息技术的发展满足了城市人和外界之间的沟通，为居住在城市的人们提供服务，满足新环境下的信息需求，运用信息的便捷传递，将人和各种机制融合起来，从而让城市更加美好。创意从根本上而言就是突破以前知识的框框，建筑形式的创意设计应根植于文化土壤，应根植于一个民族自己的文化源泉和土壤，而不要跟着潮流跑、跟着概念跑，应从自己国家和自己城市的比较优势出发，同时注意国际潮流，瞄准前沿。在悠久历史文化的积淀基础上，新科技的运用将为具有丰富历史文化的古老城镇提供更加深刻的创意，在现代科技与古老的非物质文化遗产之间找到很好的结合点。

二、创意城镇的构建方面

1. 围绕创意文化、创意生活构建“创意城镇”

首先，以创意文化为灵魂，打造城镇全新的品牌形象；没有文化的内涵，就没有持久的竞争力。如果城镇具有一定的历史文化遗产，则依托该历史文化遗产来提升自身的文化竞争力与品牌竞争力，通过创意的开发和保护，利用合适的媒体和中介传播和宣传该历史文化遗产的积极作用，通过打造“艺术街区”、“创意园区”等重点文化项目来展现历史文化。如果不存在历史文化遗产，则将现代文化融合到城镇的建设和设计过程中，通过文化与时尚相结合、文化与生活相融合、文化与生产相促进，从无到有，创造出自己的文化品牌，为城镇未来的持续发展提供了强有力的保障。

2. 以创意文化为基础，营造创意生活

创意文化的发展来源于生活，也能丰富城市居民的生活，创意文化影响城镇居民的创意生活。一个城镇是否富有创意，关键在于其居民的精神、社会交往和文化体现。首先，城镇居民对城镇的了解方面，如城镇的历史、自然和社会特色，以及饮食等方面的了解程度及描述，提高对情感记忆、精神遗产的传承水平。其次，通过创意文化来提升人们的生活品质，创造出具有文化品位和情调的创意生活方式，不仅满足人们的个性化消费需求，还在生活休闲方面开拓出更大的消费空间。最后，丰富居民的文化生活，通过创意的商业文化，丰富居民的文化生活，如特色电影，创意休闲生活体验等。

3. 以创意生活为纽带，改变城市居民的生活形态

结合城镇社区建设，构建创意生活社区，满足城镇居民的创意生活需求。首先，为城镇居民提供有创意的社区，创意社区的建设包含绿色、休闲、人文

关怀、社区文化及体育锻炼方面的内容，推动小区居民生活的多样性和丰富性，并且符合小区居民生活方面的特殊需求，保障小区居民居住的舒适性。其次，提高城镇公共活动空间的创意水平。城镇的街道、广场等公共活动空间的创意水平，更能反映一个城镇的创意水平，如城镇街道两侧的墙壁上所画的图像，反映出一个城镇的历史脉络和经典的文化传说；城镇广场的取名方面，以及街道的设计和布置方面，都富含一个城镇的文化创意。最后，改变居民组织结构，以社区、街区或者其他单位为组织，建设一些具有创意的协会（如书法协会、手编协会、工艺美术协会），将居民的集体智慧融入到创意生活中来，通过组织来提高创意生活水平。

4. 以管理创新带动创意城镇建设

在城镇规划和管理方面，提高城镇的创意水平，以政府为主导，整合城市社会文化资源，提高城市居民的生活质量和品位。一方面，利用城市特殊的文化资源和自然资源，打造城市良好的生活环境。另一方面，以开放的心态，打造人才流、信息流和资金流，同时打造文化流，丰富城镇创意文化建设水平。在城市管理方面，要结合当地特色，提炼精华，重点放在继承和创新关系方面，对当地文化历史的挖掘和整理方面，要做到既保护文化遗产，又发掘它的市场价值。

三、创意城镇构建的路径

一方面，通过文化创意产业的发展来推动城镇的转型；另一方面推动文化的未来演绎。第一，利用文化创意产业改造城市建筑，通过文化创意产业与城市改造的结合，避免城市文脉中断，保留具有历史文化价值的建筑，为城市增添历史与现代交融的文化景观，有效地促进城镇文化和经济的发展。例如，德国的鲁尔区是德国著名的煤炭和钢铁工业基地，后来利用文化、科技的有效结合，通过对老厂房、老仓库的改造，建成工业设计展示平台、艺术品集散中心。这种改造方式既产生了经济效益，又让城市拥有了新的文化特色，让鲁尔区由一个工业生产区成功转变为商业文化消费区。第二，创意文化发展的物质化路径，通过创意文化的演绎，驱动区域发展，其中包括形成创意文化市场和集群。第三，利用文化创意产业加快城镇转型与新兴创意产业演绎的双螺旋交替上升之路，通过构建一批新型城镇，走特色的创意城镇的可持续发展之路。第四，创意城镇的发展要以民为本，借助文化创意的元素，可以有效彰显城市的独特风格，文化创意产业应在新型城镇化的道路上日益扮演多样而活跃的角色。

1. 创意思考

创意要遵循地理特征和人文风俗。首先，由于地理条件不同，以及气候人居和人文民俗的差异，要重视这些因素对城镇规划和建设的影响，适应当地人居的城镇风貌，并且结合当地城市的性质，构建既让百姓满意，又不脱离传承文化，具有时代风格的城镇。其次，要与当地的自然生态结合起来，以大自然为生存理念，寻找人居的最佳位置（如桥梁和路道的快读、停车场的安排、城市广场的空间安排、绿化面积与休闲地的布局，以及空间模型和战略规划的一体化合理匹配等）寻找适合中国国情的创意城镇转型。最后，要适应民情、乡情和国情的本土化思路，不搞形象工程，设计合理、舒适、经济和科学的人居城镇。

2. 创意规划

它包括政府创意规划、个体创意规划和组织创意规划。创意城镇的建设离不开具有创意的人才，创意人才并不一定是艺术家、设计者或者从事各种商业和艺术产业的人员，所有城镇的成员，都具有创意的潜能，要充分发挥各类人员的创意潜能，通过自身潜能的发挥来打造创意城镇。

3. 创意行为

一个城市是否能成为创意城市，城市管理者和居民的创意行为也是一个重要的因素。政府创意行为、城市居民的创意行为和组织的创意行为构成了城市主体的创意组合，需要通过对地方特色文化资源加以利用，通过城市主体之间的相互学习，培养城市新的“文化素养”，延续城市文脉，持续提升文化核心竞争力。任何城市主体都具备解读城市文化的能力，

创意是一种对原有数据、感觉或者物质进行处理、生成新且有价值的能力的一种工具，利用这种工具可以实现挖掘潜力、增加价值，对文化作出正确的判断，然后在给定情况下寻找一种合适的诠释方法。通过创意思考，原创性地

突破常规的思考方法，解决文化之间的冲突和差异，实现城市从物态到精神、从人工到生态的创意改造，形成创意城市；城市要复兴，就要对城市整体进行创新，关键在于城市的创意基础、创意环境和文化底蕴，要打造创意城市，必须吸引创业人才和团体，通过创意产业的兴起来赋予城市新的生命力和提升核心竞争力，迎接创意经济时代的到来。

四、创意城市基本理论

1. 创意城市成为未来城市发展的重要方向

作为经济全球化基础上的新的竞争主体，城市的作用逐渐被加强，国家的作用和地位得到削弱，城市在竞争中发挥日益重要的作用，成为竞争力和竞争优势研究的主体。城市为了获得大量的资源积极推销自己，城市之间的竞争更加激烈，众多学者已经意识到这个问题，认为在以人才、知识、技术、信息、投资等生产要素为竞争对象的背景下，如何吸引并获得要素才是获得竞争优势的关键。

在解决“全球化-地方化”之间的矛盾过程中，城市必须依靠自身独特的个性才能在竞争中获胜，而城市个性的彰显只有通过创意途径才能实现。创意城市的发展可以增强国民经济的竞争力和适应力，提高人民的生活质量。当代城市大都面临类似问题，如传统经济产业衰退、城镇居民缺乏归属感、生活品质恶化、全球化的挑战，这些问题往往通过有创意的方法能解决。

2. 创意城市的特征

创意城市是人类文明的结晶，同时也是文化诞生的摇篮，是创造性成就的集散地。例如，公元前5世纪的雅典、14世纪的佛罗伦萨、莎士比亚时期的伦敦、18~19世纪的维也纳、1870~1910年的巴黎及1920年的柏林，都具有创意城市的特征。这些创意城市的特征包括：①规模比较巨大，是所处时代中的重要城市；②都处于急剧的经济和社会变革之中；③除雅典之外，都是大的贸易城市，都是区域最富有的城市；④是社会和意识形态剧烈震荡的中心；⑤城市管理者及其城市制度吸引大量的人才移民和财富创造者。一般来说，拥有高度创意的城市，在很大程度上是那些旧的制度文化正遭受挑战或者刚刚被推翻，需要建立新的制度和秩序的城市。

3. 创意城市的类型

创意城市具有不同的时代特征，一个城市所展现的创意是有时代意义的，我们将创意城市大致分为如表5-1所示的四种类型。

表5-1　创意城市的类型

创意城市的类型	特　征
技术创新型城市	是新技术或者技术革新的发源地，一般由一些具有创新精神的企业家、科学家和艺术家，通过创造性的分工合作推动技术进步，使城市具有创新氛围
文化智力型城市	这类城市比较重视“软环境的建设”，如文学和表演艺术，通常处于保守文化和创新文化思维相互对峙过程中，主张革新的政治家、艺术家、哲学家和知识分子的创造性活动引起的文化艺术上的革新及其吸引外来者的连锁反应
文化技术型城市	这类城市要求技术与文化同等重要，形成所谓的“文化产业”，将互联网、多媒体技术与文化产业融合一起，通过整合技术进步和文化产业发展来推动该类型城市的发展
技术组织型城市	在政府主导下，与地方企业合作推动创意行为的开展，通过组织水平的提高来解决城市人口大规模聚集所带来的问题，如基础设施、交通和住房等，这些问题的原创性解决方案造就了技术组织型创意城市

4. 创意城市构成要素

创意型城市发展需要三方面的要素：①各种创意产业发展的机会；②吸引各种创意创新人才的便利设施和制度环境；③需要一个包容的城市氛围。这三个条件是相辅相成的，只有整合起来才能够推动创意型城市的发展，创意型城市发展的主要动力来源于不同要素的配合和共同发挥作用（表5-2）。

表5-2　创意城市构建的要素结构理论

学说名称	主要观点
技术、人才和意识要素	技术、人才和包容的意识是创新型城市充分必要条件，技术是一个地区创新和高科技的集中体现，包容可以吸引更多的民族、种族的人及其精神。人才是创意阶层的人力资本的聚集。创意人才在合适的创意环境中形成创意，并由创意产业形成竞争优势和竞争力
三因素说	集中性、多样性、非稳定状态是形成创意的主要动力因素。集中性能带来信息交流和社会交互所形成的聚集效应，增大了创意发生的概率；集中是差异性个体的聚集，带来知识、技能和行为方式、城市建筑的多样性。非稳定状态是处于危机、冲突和混沌时期，更多的意识形态的碰撞能够形成更多的创意
七要素说	人员的品质、意志、领导素质，以及人力资本的多样性、人的发展机会、组织文化、地方认同、空间与设施、网络动力等7方面的要素。通过这些要素相互整合，形成所谓的创意环境，通过创意环境来提高社会多元性和开放程度，促进创意人才、团体之间的交流，并且为创意产业提供更大的产业空间，建立能够吸引高阶层创意人才的生活环境

综合来看，创意城市的形成必须具备以下几方面的要素。

（1）人才及其构成的创意阶层。人力资本或人才正替代传统的资源成为财富创造和经济增长的主要源泉。在创意经济时代，一个城市的竞争优势来源于迅速动用人力资源把创意转化成商品，并且能够吸引更多的创意人才，创意人才通过自身的具有创意的想法、发明新技术等具有“创造性的工作”来增加城市的影响力。创意人才及其构成的创意阶层通过发挥个人的创造性，进行各种新的创造性尝试，不断推动创新的发展，从而推动创意产业的发展，来加强创意城市形成和发展的产业基础。

（2）创新和高科技。一个城市的吸引力，关键在于表现产业技术的创新和进步及其所带来的就业机会的增加，城市应顺应创意产业发展的潮流，抓住机遇，为创意阶层提供创意产业发展的空间，从而推动一个城市的经济的增长。

（3）包容性和多样性。创意城市形成的关键在于形成一个包容的意识范围，包容的一个重要特征就是多样性，多样性可以提高一个城市吸引创意人才的能力。开放式和低门槛的城市具有吸引人才的优势，随之吸引创意人才和产业资本，从而产生更多的创新，实现城市经济的繁荣和良性发展。

五、我国建设创意城市的思考

创意城市的发展需要三方面功能的完善：提供各种创意人才和创意产业发展的机会；建立有利于创意人才和产业发展的基础设施；营销包容性和多样性的城市氛围。

1. 提供创意人才和产业发展的机遇和便利条件

随着物质生活水平的提高，人们对工资等经济条件的关注程度逐渐降低，相对而言，对气候、湿度、绿化等自然条件的要求越来越高。因此，创意城市必须具有良好的生态环境和有利于其创造的便利条件，如营造比较完善的健身和休闲设施，能够让创意阶层在“紧张”、“放松”、“压力”与“兴奋”的交替中，激发创造热情。具体包括以下方面：①商业中心的服务和商品的可获得性；②良好的社会安全环境，学校和公共服务的完备性；③优美的建筑物和良好的城市规划；④便捷的交通与通信等基础设施，在收入不变的情况下，城市各种各样的便利设施会吸引创意阶级。

2. 营造大学园区、企业园区、公共社区三区联动机制

大学园区是科研力量和创新人才的聚集地，企业园区是创造产品、新技术的生产基地、公共社区为企业人员和科研人员提供一个舒服的生活社区。三区

联动机制就是形成一个有效的互动创新网络，建设研发服务平台和交易平台，整合科技创新资源，实现创意产业和创意人才有效的沟通和交流，推动创意的产生和发展。

3. 营造城市社区的包容性

包容性体现在能够容忍不同的文化、不同的民族和种族之间的差异性，同时建立宽松、有序的多元的社会文化环境，使得各种创意人才都能得到充分的尊重和发展。在许多创意城市里，似乎集中了两种不同的人。一种是严谨而认真的科学家、工程师、设计师、建筑师等，充满了科学思维的认真精神；而另一种是地地道道的“波西米亚人”，包括艺术家、文化人、传媒工作者、各种自由职业者等，充满了异想天开的创造力和想象力。其中还包括了各种文化背景的移民群体，这些群体带来异质性的文化信息，推动了人才和文化的融合，以及人文与科学、严谨与浪漫、理念与实践的碰撞，并形成了高密度和高频率的头脑风暴，需要创意城市具有更为和谐和包容的氛围。此外，还要建立制度上的信任关系，政府对不同创意主体、资本主体都要一视同仁；建立创意主体之间的相互信任关系，在合作的基础上推动创意产业的发展，并且形成广泛的社会信任。

第六章

基于创意的乡村文化建设

中国是一个农业人口较多且经历农业社会历史较长的国家，由此形成了具有中国特色的乡村文化，并通过一代又一代的人遗传、积淀下来。大部分中国人，不管他生活在城市还是乡村，抑或是生活在国外，他们身上或多或少都带有中国乡村文化的气息。不管他愿不愿意承认，都不能否定这样一个事实，即中国乡村文化是中华文化的重要组成部分，它具有鲜明的民族特色，是中华传统文化的集中体现。然而，由于中国乡村文化是与中国乡村落后的生产方式相联系的，因而在乡村文化尤其是意态文化中，不可避免地会有很多不合时宜的东西，需要对其进行摒弃。但同时也有很多或显存或潜在的值得珍惜的内容，没有引起人们的重视，有的甚至正在消亡，因此，应该对其进行发掘、抢救和保护性开发。

第一节　乡村文化的基本内涵及乡村文化建设的意义

一、乡村文化的基本内涵

文化被视为一个模式化的、秩序化的符号系统，在人格系统中是被内化的规范，在社会系统中是制度化的行动模式。[1]文化的作用是其他社会要素无法取代的，它具有凝聚、整合、同化、规范社会群体行为和心理的功能。马克斯·韦伯认为，“尽管经济合理主义的发展部分地依赖合理的技术和法律，但它同

① 帕森斯．2013．社会行动的结构．夏遇南，彭刚，张明德译．南京：译林出版社．

时也取决于人类适应某些实际合理行为的能力和气质。如果这类合理行为受到精神上的阻碍，则合理经济行为的发生也会遇到严重的内部阻力”[①]。由此可见文化对人类行为的影响。

乡村文化是一种特定文化，它是在乡村社会中形成和发展起来的，并在乡村社会中传播。乡村文化包含的内容非常广泛，几乎涉及乡村生产、生活的所有领域，包括乡村居民的宗法观念、道德伦理、科学文化、知识教育、文娱活动等，这种文化方式与乡村区域的生产方式和生活方式相联系。广义的乡村文化内涵已经超越乡村文化生活、文化设施等表面层次，延伸到乡村的生态环境、建筑设施、风俗习惯、制度规范、信仰理念和价值观念等，而其核心是价值观念。

乡村文化的主体是广大农民群众，农民群众既是乡村文化活动的参与者，又是乡村文化活动的受益者。新农村建设背景下的乡村文化的发掘与开发不是旧文化的复古，而是继承传统文化中的合理因素，同时剔除其中的消极因素与不合时宜的部分，并在新的历史时期赋予其新的使命，即实现农村社会的全面协调发展，提高农村的乡风文明。同时，乡村文化建设也会为乡村城镇化进程提供文化上的支撑，丰富城镇的文化内涵，增强城镇的文化特色。

乡村文化通常与乡村特定的生产、生活方式相联系，并时常蕴涵在其独特的乡村生产和生活环境之中，包括乡村的生态环境、建筑设施、乡规乡约、文化娱乐活动等。它更多地体现在乡村特定的风俗习惯、制度规范、信仰理念、价值观念中，反映了乡村人民的世界观和人生观，是特定乡村人民价值观的体现。它潜移默化地影响着乡村人民的行为，而且对于乡村经济与社会的发展有着极其重要的推动作用。乡村文化包括乡村的一切文化因子，它们对于乡村经济社会的发展有着推动作用，但它们并不具有独特性和难以复制性，因而并不能保证乡村生产力的持续增长。例如，乡村文化中部分科学知识、生产方式、手工艺技术等，这部分文化因子可以在一定的时间为乡村的发展作出很大贡献，使该乡村在很短时间内就能够超越其他乡村而获得一定的竞争优势，但这种文化也容易被其他乡村复制，并形成竞争力而抵消其优势。具有核心竞争力的乡村文化则是指乡村文化中那些极具个性、难以复制的文化因子，其他地区

① 马克斯•韦伯．2002．新教伦理与资本主义精神．西安：陕西师范大学出版社．

无法移植，或者即便是学习，也只能复制其表象，而无法掌握其内涵，如特定乡村人们的价值观、信仰理念，甚至部分风俗习惯、制度规范等。

乡村文化的核心竞争力是指以乡村文化中那些极具个性特色的、极难复制的要素为基础，通过整合其他方面能力而形成的极具可持续竞争优势的系统能力。各地不同的乡村文化具有很强的独特性、难以复制性和持续的竞争性。首先，乡村文化核心竞争力体现在其具有浓厚的地方特色，它经历了长期的历史文化变迁，与特定的地域、民族、生活、风俗息息相关，具有强烈的个性化。其次，乡村文化核心竞争力往往表现在其不能被其他地区所复制，或者其内涵不能被其他地区获得，因而具有唯一性。最后，乡村文化核心竞争力具有很强的持续竞争性，它对于所在乡村的生产力发展具有长期的推动作用，在乡村的生产力结构中占有重要的成分，甚至成为当地乡村的重要品牌，代表着乡村的整体面貌。由此可见，乡村文化核心竞争力是乡村文化竞争中的支柱，它能够为乡村的发展提供持续的竞争力，确保乡村的竞争地位。

二、乡村文化的构成要素

承载千百年历史文化积淀的中国乡村文化，显示出无比诱人的文化韵味。从形式上讲，乡村文化包括乡村生态文化和非生态文化，其中乡村非生态文化由乡村物态文化、制度文化和意态文化构成。由于生活与生产模式的差异，乡村文化与现代城市文化形成了强烈反差和对比，这也正是乡村文化特色和魅力之所在。同时乡村又是我国城市形成的基础，为此乡村文化又成为人们寻找自己根源的寄托，人们常常在乡村文化中进行放松与接受熏陶，也因此成为文化资源中不可或缺的组成部分，是增强我国文化核心竞争力的必备基础。

（一）乡村生态文化

乡村生态文化是乡村人民与自然界协同发展的文化，是乡村自然资源在受到人类的影响之后所表现出来的风光色彩，同时也涉及保存和延续原生的农业社会生产活动方式。乡村文化以农业生产为依托，包括田园生态环境、人文活动等多种文化生态，因而乡村生态文化可以分为乡村田园生态环境和乡村人文原生态活动两类。

1. 乡村田园生态环境

我国复杂的气候和地形使得自古以来人们因地制宜采取多种耕作方式，形成多样化的田园景观，建构农业内部生态平衡系统，分为沿海渔业景观、江南水乡、平原、高原、丘陵盆地、原始林场、畜牧草原等农业景观。还有一些乡村田园生态环境是人们在征服和改造大自然的过程中所形成的，包括人造林场、人工湖河等。例如，在2013年第37届世界遗产大会上，中国云南红河哈尼梯田文化景观被列入联合国教科文组织《世界遗产名录》，这是典型依附于田园生态环境的乡村文化景观。乡村田园景观展现出恬静而和谐、淳朴而生意盎然的韵律，因而成为城市居民精神和情感上的“寻根之处”①。现在，乡村生态环境还传承农业文明，蕴涵着古朴历史，提供纯净幽静的环境等风格，这与高度城市化的现代文明形成了文化反差。在乡村文化的构成中，乡村田园景观是其基础部分，是乡村文化最具特色的地方。

2. 乡村人文原生态活动

乡村人文原生态活动是指乡村人民保存和延续原生的农业社会生产活动方式，主要表现为由农业生产方式产生的各种农产品所形成的农业文化，它主要反映为乡村“天人合一”的环境。例如，田畴、农舍、篱笆、鱼塘；乡村生活所特有的宁静舒缓的节奏，日出而作，日落而息，炊烟缭绕；还有水车灌溉、猎禽捕鱼、采桑摘茶等农事活动，充满着浓郁的乡土气息，构成一幅幅田园韵味极浓的田园风光。乡村所特有的古朴、原始、旖旎的人文原生态活动景观，可以使人在生活中体验到融入大自然奇特环境中的亲身感受，领略到农业文明的真谛，理解人与自然和谐共处的意蕴。

乡村人文原生态活动所特有的文化意义越来越受到人们的青睐，许多地区正在将这种文化以体验的方式予以开发，如北京打造的“凤凰乡村游，体验新农村”活动、广东廉江推出的“乡村体验游”、梅州开发的“雁南飞”茶田度假村采茶活动、浙江千岛湖乡村港湾推出的“千岛湖水上农家游”、嘉兴推出的“农家乐”特色旅游等。这些体验式的旅游都是将乡村人文原生态活动、田园景观和独特的文化品牌结合起来，使众多游客流连忘返，反映了乡村人文活动所表现出来的乡村生态文化所蕴涵的价值。这也说明乡村人文活动是以生

---

① 张文祥．2001．旅游文化．北京：中国财经经济出版社．

态系统为中心的适度开发与消费，倡导人与自然的共生共荣，追求低资源消耗而又高尚的情感体验，在现代社会是十分迎合人们返璞归真的心理的。在现代化的过程中，乡村在发展轨迹上保有一定的独立性，特别是在文化的传承上，较少受到外界的影响，导致了其生产与生活方式保持了大量的传统模式，其生态环境也没有随着历史的发展而大面积受到破坏。即便随着现代化对农村的影响越来越深入，在农村生活与生产中出现了大量的工业化与现代化的元素，但那些保持着传统特色的生态环境还是受到人们的青睐。部分地区经过主题创意与策划，将农村环境、农业景观与农村人文活动开发成生态环境旅游，实现了旅游者静态观光与动态参与相融合，日益成为重要的旅游品牌。为了推动“三农”的发展，响应社会主义新农村建设的号召，越来越多的地区已经看到乡村生态环境的价值与意义。许多地方就是以乡村生态环境为旅游品牌，通过对其进行适当的运作，强调了与城镇不同的生活方式，吸引了众多城市居民前来旅游与参观，让人们在此受到心灵的洗礼，因而成为一种独具特色的旅游方式，在激烈竞争的旅游市场中闯出了一条经营大道。

（二）乡村物态文化

乡村物态文化是乡村人们在长期改造客观世界的活动中所形成的一切物质生产活动及其产品的总和，是乡村文化中具有感知的、物质形态的文化，既包括具体的器物，也包括赋予这些器物文化色彩的生产、工艺和技术，还包括乡村建筑文化、乡村饮食文化、乡村手工艺文化等。乡村物态文化是乡村居民集体或个体智慧的外在显现部分，还是许多乡村其他文化的载体，直接反映人与自然的关系，反映了人类对自然的认识、利用和改造的程度与结果，代表着社会生产力的发展水平，是衡量乡村文化建设进步的标志。乡村物态文化系统主要包括乡村建筑文化，乡村饮食文化和乡村手工艺文化。

1. 乡村建筑文化

乡村建筑属于一种自然的建筑，是将自然环境与乡民文化结合在一起的创造，是一种土生土长的乡村文化与精湛技艺相融合的结晶，人伦之美、人文之美在其中表现得淋漓尽致。它的表现形式有文物古迹、古民居、古弄堂、古桥、古井、古道、古庙、古祠堂、古牌坊等。我国的乡村建筑千姿百态，有华南沿海的骑楼、客家五凤楼、围垄及土楼、西南少数民族的竹楼、黄土高原的窑洞、青藏高原的碉房、川西坝子农家的竹篱茅舍、江南古镇西塘的弄堂、婺源的徽派特色等乡村民居建筑，还有传统乡村建筑的集合体——乡村聚落，如江西的流坑古村、江苏的周庄、浙江的诸葛村、福建的客家围屋、皖南的宏村、西递、西塘的弄堂等。这些地处于乡村的建筑是根据当地的地形、地貌和气候而建，反映了当地人们的生活气息和历史文化，有着深邃的历史背景和民族文化积淀。具有典型民族文化特色的乡村建筑已经成为当地的旅游品牌，它们所蕴涵的文化便是其成功的核心因素。

2. 乡村饮食文化

乡村饮食文化资源包括各类食物及其加工制品和各种饮食礼俗，它有着丰富的类型，并具有满足基本生理需要、显示自然本色和突出地域特色等特征。一般而言，乡村饮食来源的特色是“靠山吃山，靠水吃水”，其做法强调“就地取材，就地施烹”，造成了不同地理位置形成不同的饮食特色，并与自然、社会、历史因素结合而形成了乡村饮食文化，包括饮食惯制、饮食结构、饮食口味、饮食器具和烹调方式等。乡村饮食因其朴实无华、自然本味、绿色环保，成为当今人们追逐的时尚。如今，乡村所创造出来的咸鱼、糟鱼、腌菜、酸菜、豆酱、芋艿、窝窝头、山野菜已成为现代人们的风尚食品。由于气候、物产和风俗习惯的差异，我国乡村不同地域、不同民族、不同时节所特有的饮食也反映了当地乡村的文化特色，这些菜肴在饮食原料、烹饪方法、口味爱好方面都不相同，如春节时北方包饺子，江南各地则盛行打年糕。这些源自乡村的饮食如今很多已经成为中国的饮食文化的代表，也有不少由乡村人民创造的饮食正被城镇居民所接受，还有一些饮食走出国门，成为中国饮食文化的代表。例如，《舌尖上的中国》便是以乡村饮食为焦点，向观众展现了各地特色饮食。该节目在中央电视台播出后，引起了人们对故乡的思念。

3. 乡村手工艺文化

中国手工艺主要是以乡村手工艺为主，它博大精深，源远流长，反映了人类独特的文化气质和民族情感，是中华文明的重要组成部分，手工技艺及制品又体现了人们对美的理解和对美好生活的追求，蕴涵着人的创造能力。乡村手工艺的发展与乡村生活具有紧密的联系，是乡村居民文化特性和审美观点的最直接的反映，是乡村创意人才最具特色的产品，伴随许多乡村居民的成长历程，如乡村的泥人、木板年画、彩灯、剪纸、风筝等工艺品。还有一些手工艺品是人们生活的重要组成部分，如手编花篮、刺绣、根雕、石雕、木雕、藤器、草编、竹雕、砖雕、泥塑、玉雕、刺绣、烙画、年画等。许多工艺品至今还是中国的乡村社会的生产和生活工具，并渗透进城市生活之中。它们具有朴实精美的外观和丰富的人文气息，可以使人们产生返璞归真的感受，使人们对于大自然有了更深刻的了解和认识，也是人们了解乡村社会发展和变化的参考，因而很多乡村手工艺品越来越受到人们的欢迎，具有很大的市场潜力。

物态文化是文化诸要素中最基础的内容，也是人类的第一需要，它直接体现了文化的性质、文明程度的高低。乡村文化呈现形式相对较少，许多乡村文化的精髓往往都依附乡村物态文化，因而在传承乡村传统文化的过程中，乡村物态文化的价值也就更高，甚至人们对乡村文化的喜爱也大部分是从其对物态文化的接触开始的。特别是在现代化大生产的进程中，标准化、统一化的工业产品占据了大部分的城乡市场，扼杀了人们对物质文化的个性化需要，而乡村物态文化则从另一个侧面反映了人与自然的和谐相处，更多地将人们的自主性与自然的特色结合在一起，它所表现出来的物态形式也就有了更多的特色，更加符合人们对个性化和自然禀性的追求，与一般的物质产品相比也就有了更大的竞争力。正是因为如此，许多以乡村饮食和手工艺为特色的产业也就应运而生，这些产业通过对乡村物态文化的挖掘和加工，将其作为产业特色，并通过现代化的企业运作方式进行了一定程度的改造，从而获得了巨大的成功。例如，周庄的糕点、湖北孝感的麻糖、武功县手工艺产业、贵州蜡染等无不体现着当地的物态文化，并将各地的文化风貌、生活气息融入其中，成为当地最具特色的商品和文化代表，它本身所具有的价值也绝非其他工业产品所能比拟。

（三）乡村制度文化

中国的制度文化根源在中国的乡村，它是在漫长的历史发展过程中，为维护乡村社会的稳定，形成的一系列道德伦理和礼仪规范。乡村制度文化根植于一定的乡村社会，具有鲜明的民族特色、地域特色，所谓“十里不同风，百里不同俗”[①]。而且它们与现代社会的都市生活形成强烈的对比和文化视差，很多素材已经成为独具特色的旅游资源，激发了游客猎奇和求索的心理。例如，在云南的乡村旅游中常常感受到的少数民族婚姻制度文化已经成为当地旅游业向游客展示的重要特色娱乐项目之一。乡村制度文化主要包括乡村权力系统、乡村礼仪文化和乡村村民自治等。

1. 乡村权力制度

乡村权力制度是指乡村在长期的历史发展过程中，为防御乡村社会活动的失衡或维护乡村的凝聚力、树立乡村形象，而约定俗成的权力规范。[②]乡村权力制度包括权力主持人、权力组织和权力奖惩制度。其中，权力主持人一般由族长或具有较高文化修养的人担任，是乡村权力的核心。在古代的村落中，一旦某位村民建功或犯戒，权力主持人就会组织权力组织讨论，根据约定的奖惩制度，在乡村祠堂实行奖惩。虽然随着社会的进步，人们的权利得到不断维护和提高，社会主义法制已经取代了这种古老的乡村制度，成为乡村的主要运作机制，但在对乡村特定的社会制度进行设计时，还不得不考虑到这种特定文化制度的潜在影响。而且在乡村社会的管理中，有些社会活动还依靠制度之外的习俗或潜在的规则进行维护，这些习俗和规则就是乡村权力制度的反映。因此研究乡村的传统权力制度，剖析乡村的潜在运作机制，对于我国进行农村社会制度改革具有重要的意义。

2. 乡村礼仪文化

礼仪形成于人们的社会交往之中，受传统文化、风俗习惯、宗教信仰和时代潮流等因素的影响，为人们所认同和遵守，以建立和谐关系为目的，是各种符合交往要求的行为准则和规范的总和。我国享有“礼仪之邦”的声誉，而乡村礼仪在传统文化中又占有重要位置，在乡村的生产与生活中，形成了各具特色的行为标准和程序，并最终成为乡村人们的礼仪规范。在乡村社会生活中，礼仪文化具有其他社会要素无法取代的作用，许多礼仪具有凝聚、整合、同化、规范社会群体行为和心理的功能。新农村建设要求乡村地区建立起一种适合于新农村建设的礼仪文化观念，这种文化观念一旦形成并深入人心，就能够

① 邓碧泉. 2005-12-24. 论农村落后文化的改造. 中国文化报，第3版

② 赛江涛，马恩，等. 2006. 乡村旅游文化内涵的界定. 河北林果研究,（3）：343-345.

在思维方式和行为习惯的层面上发挥影响。许多中国乡村礼仪文化在历史上有效地发挥过规范社会成员行为的作用，在倡导乡风文明过程中，这些礼仪文化应当引起我们的重视，并要善于利用。其中最重要的工作之一，就是加强对传统乡村礼仪的研究，并结合新时期对社会活动的要求，对其进行有效的开发和利用，以倡导和谐的社会行为，重塑礼仪之邦。

3. 乡村村民自治

我国《宪法》第111条规定："村民委员会是基层群众自治性组织"。村民自治是农民群众直接行使民主权利，实行自我管理、自我教育、自我服务的一项基本社会政治制度。村民自治的核心内容是"四个民主"，即民主选举、民主决策、民主管理、民主监督。因此，推进村民自治，也就是要在村级全面推进民主选举、民主决策、民主管理和民主监督，让村民依法办理自己的事情，创造自己的幸福生活。目前在我国农村，由于受宗法观念的影响，村民自治实施起来并不顺利，效果亦不明显，这从一个侧面也说明传统的东西是根深蒂固的，对其的改造是一个漫长的过程。

随着城镇化的推进，我国的经济与社会结构也发生了重大变化。特别是在大量的农民进入城镇以后，社会的流动性大大加强，原来的户籍意义上的农民，已经不再是一个阶级整体，而是分化成了不同职业、不同利益与不同生活状态的亚阶层。社会转型的加快与市场经济的到来，改变了乡村生活原来的社会经济秩序，促成了农民生活模式的转变。生活的理性化与过去更具情感性质的生活（这恰恰是乡村社会生活的特点）形成鲜明对比。[①]因此，大量进入城镇的人们很难融入新的环境，特别是缺少文化的归属感，而原来宁静的乡村社会也在变迁中被打破，因此中国农村的问题其实还不只是"三农"，它还有另外一个层面的问题存在，那就是乡村文化的衰落，这样的社会状态显然不符合新农村建设目标，对于农村的和谐发展也极为不利。虽然实现农村社会新的秩序构建主要依靠法理的建设，但从根本上讲它还是需要一个文化理念上的认同，而离开了乡村社会独特的制度文化环境，显然又会割裂乡村历史发展的纽带。党的十八大报告第一次将社区治理写入党的纲领性文件，党的第十八届三中全会进一步提出要发展基层民主，开展形式多样的基层民主协商，推进基层

① 扈海鹂. 2009-6-4. 反思乡村文化的走向. 中国社会科学院院报，第6版.

协商制度化，建立健全居民、村民监督机制，促进群众在城乡社区治理、基层公共事务和公益事业中依法自我管理、自我服务、自我教育、自我监督。因此，支撑建设新的农村社会秩序的乡村文化，应该包括对乡村传统优秀文化的再认同，其中主要包括对制度文化的认同与吸收，对以差异性为基础的乡村社会多样性发展的认同。没有文化的新农村建设，不是真正的新农村建设。秩序的背后是文化，从这个角度讲，乡村制度文化就是乡村社会发展的关键性因素。例如，在河南濮阳附近的一些乡村，专门成立有红白事理事会，每逢村民家有红白事，便由该理事会出面组织村民义务帮忙打理。不管是红事还是白事，不管当事人是有钱人还是穷人，不允许任何人搞特殊化。理事会要求接待和招待一视同仁，同一标准，统一对待。这种自治文化不但省时、省力，而且省心，因此，非常受村民欢迎，不但穷人赞成，富人亦赞成。同时，还有利于乡村社会的和谐发展，非常值得推广。

（四）乡村意态文化

意态文化是人类在改造自然和社会过程中的思维活动或精神活动，主要反映为人们对客观世界的价值判断。乡村意态文化是指乡村人民作为一个稳定的社会共同体，所具有的共同心理结构与情感反应模式，通常表现为乡村居民的性格、道德观、价值观、审美观等，这种精神文化潜藏于物态文化、行为文化和规制文化之中，看似无形而又无处不在，只有经过身居其中的直接体验才能有所领悟。它是“几千年来反复思索的问题及由此形成的观念，依然影响着今天的思路，使今天的人仍常常沿着这些思路思索这些难解的问题”①。从这个角度讲，乡村意态文化是乡村文化的核心。

1．乡村宗法思想

乡村宗法思想与宗法制度有关，宗法制即宗教法规，始于周朝，它以嫡长子继承制为核心，是一种权利继承制度。宗法制下的等级尊卑观念非常严格，等级森严，它以血缘关系为纽带，以君臣关系为纲纪，保证了贵族在政治上的垄断和特权地位，维护了贵族统治和贵族集团内部的稳定和团结。宗法制对中国社会产生了深远的影响。时至今日，宗法制已经消亡，但中国传统文化中的

---

① 葛兆光．1998．七世纪前中国的知识、思想与信仰世界．上海：复旦大学出版社．

宗法思想影响仍然存在，而且在农村尤其突出，其积极作用是注重家庭建设，提倡尊老爱幼，易于形成强大的民族凝聚力；消极影响是强调家庭本位，过分重视人情关系，人为地划分远近尊卑，个人的自主意识和平等权利受到约束，这与现代的法制意识多少有些违背。

2. 乡村节日文化

乡村节日文化反映出乡村特定地域的宗教信仰、价值观念、生活习惯、风土人情，是乡村文化长期积淀所形成的结果。乡村的节假日不仅成为农民休闲娱乐的依托，还是乡村展示特色文化的舞台，许多节日已经成为国家的法定节假日，成为中华民族的盛大节日，在乡村社会生活更占有重要地位，对乡村社会发展起着重要的作用，而且这些节日在乡村中所包含的传统文化内涵更为丰富，对于乡村社会发展有积极的推动作用，还有重要的传承传统文明的功用。目前，国家和社会已经认识到保护这种传统节日文化的重要性，将清明节、端午节、中秋节也作为法定节假日。但民众（特别是城镇居民）对节假日的认识与乡村传统有一定的差别，现代人们更多的是将这些具有深厚文化传统的节日作为休闲和娱乐的机会，而没有意识到这节日所蕴涵的文化意义。相比之下，虽然乡村文化也受到了一些现代文明的冲击，但乡村人民对于这些传统节日的中所蕴涵的文化意义还是保持相对较好，在节日的形式上也较多地保持了传统。

3. 乡村艺术文化

中国乡村艺术文化是灿烂的中华传统文化的典型代表，它历经世事沧桑，日益彰显生机，是中国传统文化中的奇葩。中国乡村艺术文化异彩纷呈，积淀了中国几千年来浓郁的乡村文化，是世界文明的重要组成部分，它以其浓郁的乡土气息、淳厚的艺术内涵和生动的历史痕迹，在现代文化艺术中占据重要地位，成为人类共同的文化大餐。乡村文化艺术可以分成以下几类：民间游戏，如踢毽子、荡秋千、丢沙包、纸飞机、跳绳等；民间娱乐，如纸牌、民歌、戏曲、杂技等；乡村音乐，如传统乐器、乡村乐队、传统曲目等；民间文艺，如秧歌、腰鼓、坠子、鼓书、评书等；乡村艺术，如剪纸、编织等。乡村艺术文化带有浓郁的乡土审美特征，种类繁多，体现了朴实清新的乡村韵味，延续着中国农村淳厚的原生态文化，其独特的艺术魅力正日益引起世人的关注。但乡村艺术文化是以世家传统、口传身授的方式进行传播的，没有建立科学的教育培训体系，使得乡村艺术文化的传承面临严峻的形势，部分中国乡村艺术文化后继无人，正濒临失传。

4. 乡村民俗文化

乡村民俗文化是指乡村民众所创造和传承的生活文化，它起源于乡村人民群体生活和生产的需要，在特定的民族、时代和地域中不断形成、扩大和演变，它对人民的行为、语言和心理有较强的影响力量，为民众的日常生活服务，其中有很多是中华民族在经历长期生活后所积累的人生哲理，对于现代社会建设有重要的参考意义。我国地域辽阔，民族众多，不同区域不同民族有着不同的风土人情，反映在乡村人民的日常生活和生产之中如饮食、服饰、日常起居、生产活动、信仰、节令、集会等各个方面;有在乡村社会中广为流传的民间故事，像著名的愚公移山、精卫填海、大禹治水、后羿射日、四大传说等；有乡村人民在生活中所积累的医药文化知识，如一些民间土方、偏方，涉及身体健康的很多方面;还有乡村人民在生产和生活中所积累的民俗谚语、生活智慧，如“立春三场雨，遍地都是米”、“麦怕清明连夜雨”、“三伏不热，五谷不结”、“夏吃大蒜冬吃姜，不用医生开药方”等。乡村民俗文化是与农民的日常生活相统一的生活文化，它作为一个相对稳定的统一体，被人们完整地在生活中重复着，虽然其中有一些已经不适于现代社会发展的要求，但仍还有相当多的民俗是可以改造和传承的，它赋予人们生活的基本常识，对于形成人们的基本生活理念有着十分重要的作用。

总之，从文化的表现形式上看，乡村文化可以分为生态文化、物态文化、制度文化和意态文化四种类型。乡村的基本生产、生活方式与城镇存在着很大的差别，导致了乡村文化在表现形式上与城镇文化也有着天然的差异，而且还形成了各地千差万别的风土人情，从而使乡村文化表现出多元化状态，形成了各具特色的文化资源。因此，对乡村文化资源宝库的挖掘，将有利于传承、保护和发扬中国乡村文化这一中华民族的瑰宝，提高我国文化的核心竞争力，促进中华民族文化的发展。

三、乡村文化建设的意义

乡村文化建设是构造社会主义核心价值体系重要内容之一，是增强社会主义意识形态的吸引力和凝聚力主要平台，是推动文化大发展大繁荣的需要，也是社会主义新农村建设的基本要求和中心要素，对于乡村社会的全面发展有着十分重要的意义。

1. 乡村文化建设有利于提升农村的“软实力”

习近平同志在“全国宣传思想工作会议”上提出，中华优秀传统文化是中华民族的突出优势，是我们最深厚的文化软实力。乡村文化是中华优秀传统文化的重要组成部分，是构成乡村文化核心竞争力的要素之一，它决定着乡村居民的思想观念、思维方式和行为方式，影响着农业资源的运用与组合，构成了特定的生产力类型，是深层次竞争力的体现，是研究农业发展不可或缺的部分。“农业发展以自然资源为基础，而对其利用的深度、广度、角度，则更多依赖于包括区域文化观念在内的社会人文条件的发挥。”[①]乡村文化参与到农业经济活动的各个方面，表现出衍生性和渗透性，成为决定农业经济活动的重要因素之一，甚至能够影响农业的发展方向。在我国欠发达地区，乡村文化观念造成了农民思路单一、狭隘，在有限的土地上固守传统的种植农业，贫困延续了许多年，使农业这个基础产业成为最薄弱的产业；而在我国东部沿海地区，乡村文化因为改革开放和对外交流而焕发新生，传统乡村文化观念发生了很大变化，农业生产方式也得到了根本的转变，出现了农业的专业化生产和农产品的深加工，也为市场创造了更丰富的物质财富。在内地也有不少乡村抓住改革开放的机遇，转变文化观念，调整农业发展方向，走上了富裕之路。

因此，通过对乡村文化的建设，可以切实提高农民才智，帮助农民增加文化知识、增进致富技能、增强经营本领，还能更新农民的价值观念，使新时代的农民更能适应现代社会的需要，增强乡村人们对于现代市场经济的适应性，提高农业发展的市场化程度。此外，通过挖掘乡村文化，还能从文化资源中挖掘生产增长潜力，充分利用乡村文化中的生产力因子，将极大地提升我国农村发展的软实力。

---

① 余方镇．2005．乡村文化与“三农”关系研究．地域研究与开发,（4）：55-59.

例如，河南省西峡县一些山区村庄，在十年前还属于贫困山村，近年来，他们利用自身背山面水，靠近西峡县知名风景旅游景点之便，开发吃住一体化的农家乐项目，成为西峡深山沟中一道亮丽的风景线。其可圈可点之处更在于他们的管理，乡政府对其卫生条件、接待和服务的质量，以及吃、住价格都有严格要求，并有一套监管的措施，从而推进了其规范化发展，形成了面向普通民众的物美价廉的度假村庄，填补了山区大宾馆接待能力的不足。尤其在国家保护自然生态、限制破坏景区行为的背景下，这些离景区略有距离的农家乐，以其特有的田园情调、纯天然的饭菜、整洁安全的食宿条件、低廉的价位和相对方便的交通条件，吸引了越来越多的旅客，同时，也使他们很快脱贫致富，家家都是小老板。随着时间的推移，西峡县这类乡村农家乐的优势将更加凸显，越来越具有生命力。

2. 乡村文化建设有利于树立新农村文明风尚

早在党的第十六届中央委员会第五次会议通过的《中共中央关于制定国民经济和社会发展第十一个五年规划的建议》 中就提出：“要按照生产发展、生活宽裕、乡风文明、村容整洁、管理民主的要求，扎实稳步地推进新农村建设。”习近平同志提出，新农村建设是一项全面的建设任务，不但要推进经济建设，还要推进政治、文化和社会建设，要把“讲文明兴村”放到新农村建设的重要位置来抓。党的十八大进一步将乡风文明建设作为农村文化建设和精神文明建设的核心，乡风文明在新农村建设过程中，主要表现为农民在思想观念、道德规范、科学知识、文化修养、行为操守上的与时俱进。

乡村文化建设是农村社会发展的客观需要，随着我国农村的温饱问题已经得到基本解决，农民的物质生活需要也得到了一定程度的提高，在这种情况下，农民对文化生活的需要显得日益重要。但在我国广大农村，绝大部分农民劳作之余的生活非常枯燥，几乎没有什么像样的文化和娱乐活动。单调的生活方式难免造成精神上的空虚和落寞，也为一些消极文化的流行创造了条件，导致了部分地区农村社会风气低下。

因此，进行乡村文化建设有利于满足农民的精神需求，抵制低俗文化，使他们能够享受到丰富的文化成果，从中品味生活的乐趣，感受生命的意义，得到情操的陶冶、精神的寄托和慰藉，更重要的是它在提高农民的学习能力、充分开发农村人力资源、提高农村人力资源竞争力的同时，也树立起了农村文明风尚，这正是社会主义新农村建设的一项重要内容。

3. 乡村文化建设有利于保护挖掘民间乡土文化

习近平同志在2013年3月指出，中国传统文化博大精深，学习和掌握其中的各种思想精华，对树立正确的世界观、人生观、价值观很有益处。同年8月，习近平同志进一步提出，中华文化积淀着中华民族电深沉的精神追求，是中华民族生生不息、发展壮大的丰厚滋养。中国乡村文化是积淀深厚、蕴藏丰富的文化宝库，它蕴涵着独特的历史文化底蕴，有着取之不尽、用之不竭的文化资源，而且这些资源具有亘古不灭的魅力，也是当地不可替代、最具活力和取之不尽的经济资源。加强乡村文化建设，对乡村文化资源进行梳理，保护和发掘具有地方特色的民间乡土文化，能够丰富人们的精神文化生活，有利于在社会主义新农村建设中形成乡村特色、地方特色和民族特色。

第二节　乡村文化现状和基于创意的乡村文化建设意义

一、乡村文化建设现状

随着中国城镇化进程的加快，乡村文化正面临着现代文明的强大冲击，虽然乡村的经济条件有了较大的进步，但乡村文化建设仍然面临着困境，乡村文化不能满足乡村人民的文化需要，乡村的生态文化、物态文化、制度文化和意态文化等都不同程度地受到破坏。

1. 乡村生态文化建设的现状

乡村生态环境是乡村文化的基础，恬静幽旷的田园风光与嘈杂的城市环境形成了鲜明的对比，从而对城市人产生了莫大的吸引。但遗憾的是在市场经济的冲击下，人们出于对资源利用效率的追求，特别是部分农民为了尽快摆脱贫穷的局面，对乡村生态环境进行了无节制的使用，有时还违反土地资源的利用原理，进行了破坏性的掠夺，从而给乡村生态环境带来了灾难性的破坏。

1）乡村生态环境受到了一定破坏

传统农村的环境伦理是秉持天人合一的价值观，注重人类与自然界的和谐发展。但现时的农村很多却以种种不合理的方式进行生产与发展。例如，为了有效提升农产品的数量，农民往往使用过量的农药及化学肥料，导致乡村土地质量被破坏，有些农药长期残留在土壤中，并通过食物链威胁到消费者的健康，粮食食品安全问题层出不穷，纯粹的绿色食物越来越少；乡村的植被也遭到了较大程度的破坏，为了应对工业化与城市化对木材需求量逐步提升的压力，大量森林被砍伐，而且农村实行了土地家庭联产承包责任制以后，部分农户为了增加收入，还对一些公共土地加大了开发，大量的林地、湿地被开垦，导致乡村水土流失及地质灾害等严峻问题，甚至还造成土地日益荒漠化；水利设施也缺乏维护，大量湖泊、河道、沟渠破损严重，灌溉效率下降，渔业资源也因此骤降，农户又过量滥捕，甚至以毒鱼、炸鱼的方式无节制地消耗渔业资源，使得水域生物多样性面临极大的挑战，具有乡村特色的捕鱼垂钓情境已经从人们的视野中消失；还有部分农户、养殖户为求方便或节约生活成本，将未经处理的牲畜排泄物直接排入河川，其结果是造成严重的水资源污染问题，直接威胁到生态安全和人类健康。乡村生态环境的破坏造成了农村生产力更为低下，农村经济的核心竞争力也随之下降。

2）乡村人文原生态活动也日渐稀少

乡村人文原生态活动是农户与自然界和谐相处的直接体现，它是经过人类长期的历史发展所形成的，也是乡村的人文活动区别于城市人文活动的直接标志，是乡村生活的特色所在，其充满浓郁乡土气息的生活方式至今还受到很多旅游者的青睐。但在城市化的进程中，受工业化生产的影响，传统的乡村人文活动也受到严重的影响，具有特色的人文活动也日渐稀少。从内因上看，传统的乡村人文原生态活动大部分都建立在自然活动的基础上，无论是车水灌溉、猎禽捕鱼、采桑摘茶，还是耕作收获、衣食居行等，都依靠传统的活动。由于这些行为的效率较低，在社会化大生产的条件下，特别是与工业化的生产条件相比，它们都丧失了竞争力，因而很多原始的人文活动就被人们抛弃了。从外因上看，随着生活节奏的加快，以及大量科技与工业产品在农业生产上的应用展示出了强大的生产效率，将人们从繁重的体力活动中释放出来，从而实现轻松的生产，带给了人们更多的闲暇。当农户的空闲时间增多时，也就有了更多的机会进行其他生产活动，如进城务工等，以实现经济上的改善，因而相比乡村人文原生态活动，工业化的生产更易得到农户的认可。在这些因素的带动下，传统的人文活动越来越少，取代它的是电气化、机械化、自动化的生产方式，乡村的人文活动更加向城市靠近，甚至部分地区与城市并无区别，这固然是农村社会的进步，但作为活化的人文活动，却失掉了其文化之魂。

2. 乡村物态文化建设的现状

乡村物态文化是乡村文化中看得见、摸得着的物质形态的文化，也是乡村无形文化的载体，从某种程度上讲，它是乡村文化得以保存的基础。但在城市化的进程中，乡村的物态文化也逐步失去了往日的魅力，许多传统的物态文化也正在消亡。同时，乡村的文化设施建设也相对滞后于经济建设，与城市相比则更显落后。

1）乡村物态文化在城市化的进程中被遗弃和破坏

随着乡村生活方式与现代城市的趋同，乡村的物态文化也逐渐被人们所抛弃，各种形式的古代文物遗迹在乡村建设过程中被破坏，或被移作他用，承载着古人智慧的物态文物没有得到人们应有的重视。尤其是乡村的房屋建筑形式是因地域、气候不同而多种多样的，如骑楼、围垄、土楼、竹楼、窑洞、碉房、竹篱茅舍、弄堂等，这些建筑还被赋予了人文意蕴。但由于历史的原因，这些建筑风格已经被人们所遗弃，很少有人愿意对其进行必要的维修或改造，取代它们的是同样材质、颜色、样式的建筑群体，使得各地乡村的整体风貌大体雷同，让人无法产生文化上的认同。乡村的饮食也在与城市饮食的竞争中处于下风，更加难敌国外快餐的挑战。工业化的食品与国外快餐的广告已经占据了各类媒体，乡村的年轻人和小孩在这种现代化的宣传条件下，也以吃到这种快餐食品为荣，而传统的乡村食品，特别是基于各地风俗习惯而制作出来的乡村食品，大都是以家庭或小作坊方式进行制造的，许多制造技术又依赖于代代相传，无法形成产业，因而在市场经济的条件下，无法与工业制造相匹敌，特别是以往乡村每逢节日都要制作的食品现在已经很少出现，乡村的年轻人也不愿意掌握或学习其制作的工艺。乡村的手工艺品更是处境艰难，由于其制作主要依靠人们的智慧与想象，很多是手工制造，其传授主要利用意会与言传，导致了很多手工艺品制作技术失传。更为严重的是在城市生活的吸引下，年轻的一代纷纷外出，手工技艺的继承遭遇到了空前危机，许多技术正在加速失传。与此同时，工业用品却在大规模生产，并逐步挤占农村市场，导致了乡村手工艺品的进一步凋零。

2）乡村文化设施建设也严重地滞后于经济建设

由于受城乡二元经济结构及农业经济发展自身规律的影响，我国的农业经济发展较为迟缓，经济基础薄弱，没有财力为乡村文化建设提供经济支持，从而导致了乡村文化设施落后。虽然这些年国家号召新农村建设，不少乡村总算有了自己的文化站、文化广场等，但与城市仍然不可同日而语。同时，乡村文化设施的现代化水平也很低，现代化的高科技产品（如计算机、网络、多媒体设备等）尚未被广泛引入，尤其是乡镇文化站器材配备稀少，文化活动难以开展。文化设施建设的滞后，使乡村文化活动停留在自发的、散乱的无组织态势。这种情况在我国中西部地区尤为严重，导致了可供农民消费的文化资源总量偏少、质量不高，农民群众文化生活十分贫乏。

3. 乡村制度文化建设的现状

中国的乡村制度文化是在漫长的历史发展过程中，为维护乡村社会的稳定形成的一系列的道德伦理和礼仪规范。从某种程度上讲，它还残留着一些封建思想气息，是一种落后的社会控制技术手段，与社会主义新农村的建设目标极不适应。

1）乡村权力制度带有浓厚的宗族思想

宗族作为一种以血缘为基础的组织和社会团体，在我国的历史长河中一直存在，它深深地影响了乡村社会的政治制度安排与运作，其形成的家法族规和乡规民约等，在历史上一直得到官方的认可和批准，成为传统法律体系的组成部分，在某种意义上可以说，中国封建社会的法律是家法与国法并存的“二元法律结构”[①]。这种制度的形成与安排，在于封建社会对儒家伦理观念的强调、贯彻，是与一定的生产力发展水平相适应的，其长期存在有其合理性与有

---

① 田成有．1996．中国农村宗族问题与现代法在农村的命运．西北政法学院学报，(2)：3-8.

效性。但随着我国农村生产力的发展及现代思想的影响，这种制度已经出现了消退的迹象，但在农村社会还存在一定的影响，特别是在进行公共资源分配时，它直接支配着乡村居民的行为，致使公权力出现松动，村委会行使的权力在缩小，村委会功能的发挥达不到法律与现实的要求，村委会难以有效地组织农户间的联合和管理，这甚至导致了一些村委会瘫痪、软弱，失去威信。特别是当宗族势力凌驾在基层党组织之上时，农民在生产经营中遇到需要联合的事项时，“亲戚亲三代，宗族亲世代”，他们首先想到的是与自己有血缘关系的宗族，导致了农村资源安排的失效，严重地制约了农村经济的发展。

2）乡村礼仪文化在现代化过程中弱化

礼仪文化是中华传统文化宝库中的一颗璀璨明珠，是中国传统文化的精髓，是礼仪之邦、文明之邦的具体展现，如团结友爱、互助合作、尊老爱幼等就是中国传统德育的一大特色。作为与社会发展相一致的传统礼仪文化，应当被传承下来，成为社会所共同认可的价值观，但由于经济利益的驱动和外来文化的影响，传统的乡村礼仪文化正在弱化，一些反映中华民族优良传统的礼仪文化正被人们丢弃，甚至一些愚昧的文化还死灰复燃。部分农民没有正确的人生目标，在经济条件改善后，就追求腐朽糜烂的生活方式，还有些地方遇红白喜事，不顾有无经济能力，一味讲究排场，大操大办，给家庭造成了严重的经济负担。即使是部分地方所兴起的祭祀活动，从根本上讲还是对商业利益的追逐，而没有在礼仪文化上进行真正的传承。

3）“乡政村治”的治理模式已经不适合乡村社会制度的转型

中国农村具有自治的政治传统，中国传统乡村社会的政治特征是由保甲制度和宗族组织及士绅统治结合在一起的乡村自治政治。中国的乡村治理模式历经乡遂制、乡亭制、乡里制、保甲制的变迁，发展到民国时代的“乡村自治”模式。[①]在新中国成立以后，乡村治理模式也几经变化，形成了目前的“乡政村治”格局。这一模式是坚持党对农村的领导，遵循自下向上的发展思路，以经济建设为中心任务，逐步实现农村政治转轨，它的鲜明特色是仅在村一级实行群众自治，乡镇仍然保留政权性质。但随着农村社会结构的变迁和村民自治的发展，它在运行中已经显现出一系列的问题，如村民自治的行政化现象比较

① 于建嵘．2001．岳村政治-转型期中国乡村政治结构的变迁．北京：商务印书馆．

突出，行政权甚至取代自治权，村委会更像是一个行政机构而不是自治机构。其结果直接导致了村级组织大权独揽，把村民大会、村民代表大会等村级最高权力机关抛在一边，行使自治权的主体变成了村党支部或村民委员会。以“乡政村治”为特点的治理模式自实行20多年来，虽然极大地改变了农村基层的权力运作模式，推进了基层民主政治建设，但由于缺乏实质性的民主程序和相关制度的保障，它在运行中又引发出许多新的问题，民主决策、民主管理和民主监督还是难以真正实现，并不能有效促进乡村社会的发展。[①]

4. 乡村意态文化建设的现状

乡村的意态文化一直以来就是乡村文化中的核心，它们真实地反映了乡村人们的精神生活，透过它还能体会到乡村人们的淳朴与善良、智慧与勤劳，但在社会转型的过程中，乡村的意态文化也面临着整体失落。

1）乡村的基本价值取向发生扭曲

在市场经济的影响下，受拜金主义思潮的影响，部分乡村地区原来朴素的价值观都受到了不同程度的侵蚀。尊老爱幼、和睦相处、扶危济困等传统美德受到挑战，自私自利、个人主义思想流行，甚至于损人利己的思想也在滋生与蔓延，拜金主义、享乐主义滋长，消费攀比成风，传统的价值取向已经发生扭曲，个人主义膨胀；还有一些最基本的思想道德规范、社会公德准则也在逐步消失，尊长有序礼仪、和谐的家庭、睦邻友好等传统乡村关系也发生了变化。乡村价值观的扭曲，导致了一些不和谐的现象时有发生，一些地方民众法律意识淡薄，盗窃、赌博等违法犯罪活动十分猖獗，一些恶性事件也有所抬头。特别是在一些城中村、城郊结合处，传统的乡村文化价值损失，而新的文化价值观又没有建立起来，它们成为文化建设的盲区。

2）封建思想观念影响依然存在

由于受城乡“二元”教育体制的影响，乡村的教育从整体上要落后于城市，与城镇市民相比，地方农民群众受教育的程度整体较低，而且能够享受的先进文化更少，同时受根深蒂固封建的落后思想观念的影响，一些封建愚昧文化在乡村还没有绝迹。在少数地方，宗族帮派势力有所抬头，落后的文化活动也屡见不鲜。此外，农村还存在着严重的重男轻女思想，不仅体现在生育上，

① 南刚志．2010．构建乡村民主自治模式的理论前提和现实依据分析．当代世界与社会主义，(5)：14-16

还表现在教育方面，一些家长认为，女孩早晚是要嫁人的，因此，不愿在女孩接受学校教育方面多投资。加之当下就业形势的严峻，也使得“读书无用论”在农村重新抬头，从而严重影响了农民整体素质的提高，扰乱了农村社会经济发展秩序，长此以往，势必阻滞社会主义新农村建设。

3）乡村民俗文化几近崩溃的边缘

乡村民俗文化一直以来主要集中在农村市场，它以农村生活为题材，反映农民的日常生活和内心世界，因而深受农民的喜爱。例如，地方戏剧和地方特色文化艺术等都是乡村文化的典型代表，但喜爱戏剧者、表演者大多是农村老年人，青年人对此毫无兴趣，甚至很不以为然。由于缺乏民俗文化生存的土壤，许多民间民俗文化正处于后继无人的状态，其表演绝技正在消失。而在欠发达地区，在农闲之时，一些乡村的年轻人主要也是选择了外出经商、务工。老年人和小孩则留守在乡村，由于缺乏开展乡村文化活动的人力基础，乡村民俗文化活动的传承也出现了断层。

二、基于创意的乡村文化建设意义

1. 文化创意有利于乡村文化的传承

中国乡村文化是积淀深厚、蕴藏丰富的文化宝库，它蕴涵着独特的历史文化底蕴，有着取之不尽、用之不竭的文化资源，而且这些资源具有亘古不灭的魅力，也是当地不可替代、最具活力和取之不尽的经济资源。加强乡村文化建设，对乡村文化资源进行梳理，保护和发掘具有地方特色的民间乡土文化，能够丰富人们的精神文化生活，有利于在社会主义新农村建设中形成乡村特色、地方特色和民族特色。但乡村文化同时又面临着时代发展因素的影响，许多乡村文化在表现形式上不适应现代文化发展的步伐，导致了其传承面临着较大的困难。而文化创意则为乡村文化资源的传承提供了新的思路，利用文化创意有利于乡村文化以新的形式展现出来，并能符合时代发展的需要，满足人们对文化产品的需求。特别是在传统乡村文化表现形式落后的情况下，利用文化创意赋予乡村文化的时代特色，将会有利于保护日益枯竭的乡村文化，促进乡村文化的创新与传承。

2. 文化创意有利于丰富乡村文化表现形式

乡村文化是在农村的社会发展中发展起来的，并且在各地都已经形成了独特的表现形式，成为影响当地人们行为的文化符号。但由于受多种因素的影响，乡村文化在历史的进程中也表现出有较强的封闭性，特别是在社会快速发展的时代，乡村文化很难跟上现代文明发展的步伐，许多文化表现形式具有典型的保守和单一特色，造成了乡村文化的受众下降、市场萎缩。而文化创意则可以在保持文化内涵不变的前提下，将现代物质文明和科技文明与传统的乡村文化结合起来，使乡村文化具有更多的表现形式，以现代文明的成果促使乡村传统文化的变革，使乡村文化融入现代文明之中。保证在坚持个性文化特色的基础上，使乡村文化展现出更丰富的形式，以个性的文化特色满足不同个性文化需要的人们，特别是要利用现代文明成果，创新乡村文化资源，使农村青少年受众从内心接受传统乡村文化，加强文化自觉、自信、自强。

3. 文化创意有利于形成乡村的文化软实力

乡村文化要素是构成乡村文化核心竞争力的要素之一，它决定着乡村居民的思想观念、思维方式和行为方式，影响着农业资源的运用与组合，构成了特定的生产力类型，是深层次竞争力的体现，是研究农业发展不可或缺的部分。乡村文化参与到农业经济活动的各个方面，表现出衍生性和渗透性，成为决定农业经济活动的重要因素之一，甚至能够影响农业的发展方向。但长期以来，由于乡村文化的产业化发展程度不高，许多优秀的传统文化没有形成乡村的软实力，导致了乡村文化没有被开发出来。而将文化创意应用于乡村文化的建设，可以在基于地方文化资源的基础上，为文化产品提供灵感，让文化产品具有创意价值，使经过文化创意的产品具有地方特色的价值符号，并以全新的创意方式更好地表现产品的文化内涵。与此同时，经文化创意而再生的新产品中所蕴涵的特色鲜明的地域文化，也表明了该产品所独有的地域属性，具有极强的个性和不可复制性，形成地方文化软实力，可以促进文化资源附加价值的转换和实现。

4. 文化创意有利于树立新农村文明风尚

乡村文化建设是农村社会发展的客观需要，我国农村的温饱问题已经得到基本解决，农民的物质生活需要也得到了一定程度的提高，在这种情况下，农民对文化生活的需要显得日益重要。但在我国广大农村，传统的乡村文化缺乏与时俱进的表现形式，文化传承的脉络濒临中断，造成绝大部分农民劳作之余的生活非常枯燥，几乎没有什么像样的文化和娱乐活动。单调的生活方式难免造成精神上的空虚和落寞，也为一些消极文化的流行创造了条件，导致了部分地区农村社会风气低下、道德沦丧。因此，利用文化创意对乡村文化资源进行改造，赋予乡村文化资源现代气息，将有利于满足农民的精神需求，抵制低俗文化，使他们能够享受到丰富的文化成果，从中品味生活的乐趣，感受生命的意义，得到情操的陶冶、精神的寄托和慰藉。更重要的是它在提高农民的学习能力、充分开发农村人力资源、提高农村人力资源竞争力的同时，也树立起了农村文明风尚，这正是社会主义新农村建设的一项重要内容。

第三节　加强乡村文化建设保护乡村文化特色

一、通过创意加强对乡村文化的保护

在社会快速发展和转型的过程中，乡村文化需要通过创意加强保护，“如果我们在地域性、个别性、差别化方面整合乡村文化资源，予以优化配置，形成市场竞争力和文化竞争力，就能打造出独特的文化品牌”①。这样将有利于开发乡村优秀传统文化资源，保留传统的优秀文化品质，形成独特的个性。在具体措施上，要根据乡村文化的表现形式，采取有针对性的保护措施。

1. 乡村生态文化的保护

乡村生态文化是乡村生存的基础，承担了乡村生产与生活的资源供应，它与喧哗的城镇形成鲜明对比，这也正是乡村的比较优势所在。乡村生态文化还是乡村文化的载体，如果乡村生态文化遭到破坏，则乡村的发展就要受到严重制约，要恢复起来也就更加困难。因此保护乡村的生态环境和农业生产的人文

① 李明泉．2005．乡村文化的产业化发展道路．小城镇建设，(10)：18-19.

活动已经成为当务之急，要在推进农业生产现代化的同时保护农业生态环境，通过绿色农业发展农业生产，既要采用现代科学和生产技术，又要倡导自然耕种，提高优质和天然的农业产品比重，坚决杜绝那种以损害生态环境而获取短期收益的做法，更不能以损害生态环境为代价。对于一些即将退出历史舞台的生产方式和工具，也不能完全抛弃，那些对研究农业发展有重要意义，或者具有一定文化价值的生态文化，应该有选择地保存一部分作为农业生产发展的活化物，以保留历史的记忆，便于人们了解农业发展的历史，加强人们对于传统农业生产的认识，同时也便于人们通过这些记载而感受乡村的魅力。

以乡村文化为题材的旅游市场正日益受到人们的青睐，旅游者可以与大自然进行充分接触，并让自己融入乡村生活之中，来亲身感受人与自然的和谐关系。由于意识到乡村生态环境对于人们生活的重要性，已经有越来越多的人在旅游休闲之余选择了乡村的线路。为此，不少地方捕捉到了乡村生态环境在旅游市场中的商机，通过对乡村生态环境进行一定的运作，利用现代企业的管理原理，结合当地的田园生态特色，建设了富有浓厚特色的生态园区，充分地体现了所在区域的生态文化，让乡村生态环境以原汁原味的方式呈现给广大消费者，从而受到了旅游者的欢迎，生态园也因此获得了成功。

2. 乡村物态文化的保护

乡村物态文化由于其特有的生产模式，具有效率低下、创新能力不足的特点，导致了其竞争力的下降，甚至出现了大量的遗失。但这并不意味着乡村物质文化缺乏价值，事实上，它是现代文化的重要补充，具有很高的艺术价值，它以其独特性而占领了部分高端市场，因而是一些乡村的核心竞争力之重要因子。为丰富文化产品市场，更为增强我国文化核心竞争力，需要根据乡村物态文化的形态，采取合适的保护措施，而创意可以为乡村文化的传承植入强有力的手段，实现优秀乡村物态文化的传承。

首先，对具有重要历史人文价值的古村落（村寨）要进行整体保护，对具有重要建筑学价值的历史民居要重点保护，对于已经出现破坏的且具有重要意义的建筑文化应加大投入，并按照修旧如旧的原则进行修复，使这些物态文化保持原有的形态。同时在修葺的过程中，针对古代建筑在抗震、防火等方面存在的不足，还可以在不破坏传统风格的基础上，在一些重点的建筑构造部分，利用现代的建筑材料和建造技术，以增强这些建筑应对各种灾害的能力，从而达到保护的目的。

其次，乡村的饮食文化都是经过千百年锤炼流传下来的，虽然有些饮食的制作过于复杂且其制作的技艺也不易被人们所掌握，但它是中国文化的一个缩影，它们的存在，使中国菜在世界上享有非常高的知名度，并且由于各地菜系所存在的差别，还使顾客可以有不同的选择，更加增强了中国饮食文化的适应性。因此，在人们的生活水平逐步提高的背景下，饮食文化更应该成为乡村文化建设不可缺少的部分。在传承乡村饮食文化的思路上，可以根据人们的喜好变化，利用创意吸收现代文化的表现方式，提高乡村饮食的竞争力；还可以将一些现代设备应用于其加工制作过程中，从而提高生产效率，实现传统饮食文化的特色与现代科技相结合。

最后，乡村的手工艺文化是乡村文化的重要组成部分，也是活跃乡村生活的主要方式。乡村手工艺品是乡村人民智慧的结晶，反映着乡村人民的文化价值观念，而且许多手工艺品制作精良，具有较高的艺术欣赏性和适用性，它极大地丰富了人们的生活质量，许多乡村手工艺品还受到了城市人民的喜好。但随着工业化的发展，大量工艺品进入了人们的生活，给乡村手工艺品造成了极大的冲击。为了有效地保护和传承乡村手工艺品，可以通过现代文化的创意，将传统的乡村文化与手工艺品结合起来，利用乡村文化增强手工艺品的文化品质，以手工艺品为乡村文化的实现形式，特别是要通过手工艺品实现乡村文化的传承与革新。同时还要加强对于这部分手工艺品的保护，一方面要将其制作方式传承下来，并保留好其样本，便于将来对乡村文化的研究；另一方面，也需要将现代的加工制作技术充分地应用于其中，提高其制作的效率。

3. 乡村制度文化的保护

乡村制度是中国农村社会制度发展的产物，其本身所蕴涵的文化也是对乡村人文的真实反映，在历史上对维护乡村社会的稳定起到过积极作用。虽然它已经不能适应合社会主义法制建设的要求，但在乡村的行政制度改革过程中，不得不考虑乡村特定的人文状况。现代乡村的社会管理还是可以从传统的乡村治理模式中吸收部分文明成果，有些制度的设计还应当考虑到特定乡村权力制度的影响，这样才能更好地对农村制度文化进行改造。同理，乡村的礼仪文化也是我国农村在长期的历史发展过程中所形成的，其中一些优秀的传统礼仪对于丰富农民的精神生活有着重要的意义，因此，可以利用现代的表现方式对这部分礼仪文化进行改造，通过它来引导乡村人民的日常行为，以培育乡村的文明风尚，促进农村精神文明的建设。同时随着社会发展，对于其中一些的落后的礼仪文化，可以以文化遗迹的方式加以保存，并以此对后代进行教育，使人们从中获得启发。

自治式管理是乡村传统制度文化的特色之一，它是在长期自给自足式的农业经济运行方式基础上产生和发展起来的，是我国农民独立生产方式的集中反映，它从潜意识上影响农民的日常行为，对现行的农村事务管理也有一定的影响。随着社会的发展与变迁，农村的经营方式发生了巨大的变化，统一的市场运作对农村产生了深刻的影响，农村的组织管理形式也从根本上发生了重大的变化，导致了自治式管理日渐退出了农村社会舞台。但即便如此，也不能忽视自治式管理影响的存在，在新农村的建设过程中，可以在传统自治式管理的基础上，通过对其进行持续的改造，向“民主自治”和“村民自决”的现代管理方式转变，这样还能避免制度运行的突变性，在制度建设上实现科学发展，最终建立新型的社会主义法制体系。

4. 乡村意态文化的保护

乡村的意态文化是我国农民在长期的生产和生活经历中所创造出来的艺术精品，特别是其中的艺术文化、民俗文化更是乡村文化中核心部分，是彰显乡村精神风貌的重要载体，从某种程度上讲，乡村意态文化是乡村文化的代表，是决定乡村文化核心竞争力强弱的关键因素。时至今日，虽然乡村社会有了全面的进步，但宗法思想在乡村中还存在一定的影响，并在很大程度上决定着农民的思想和行为，对乡村制度安排有着一定的制约。因此，必须对乡村的宗法思想进行全面客观分析，需要根据社会主义新农村的建设要求，尽量地消除其中的一些消极因素；同时对宗法思想中的一些合理因素进行适当改造，利用其积极的一面，使其成为构筑和睦相邻的平台，为实现农村社会的和谐发展发挥作用。

乡村的节日文化、习俗文化是乡村在历史发展过程中的文化缩影，它有一定的人文和艺术价值。在乡村文化生活日趋凋零的状况下，乡村意态文化对于丰富农民的精神生活、塑造良好乡村风尚有着不可替代的作用。因此，需要加大对乡村意态文化的挖掘与保护，对传统的文化表现方式进行梳理，以具有典型意义的节日文化、习俗文化为重点，以各农村为基础，将这些文化因子用现代的表现方式进行打造，使其既保留传统文化特色，又能符合现代人们的审美意识，形成各具特色的节日文化和习俗文化。这些文化活动的开展，将极大地丰富乡村人们的精神生活，还能使乡村形成特色文化符号，增强乡村文化核心竞争力。

二、利用创意挖掘乡村文化的商品属性

文化产品注入了文化事业者的劳动和汗水，满足了人们的精神需求，有着商品属性的一面，因而通过市场交换实现文化产品的商品价值，才能弥补生产者的损失，并能使劳动者得到物质承认而增加收入，以保护文化产品生产者的积极性。另外，文化产品也只有从实际出发，按照商品生产的规律，以市场为导向，为消费者而生产，才能促成文化事业的兴盛。乡村文化保存着中国农业文明的文化因子，极具中国传统文化特色的文化价值和文化魅力，不仅具有很高的文学、艺术和历史价值，而且还具有商品价值属性。但由于乡村文化市场化不足，造成了乡村文化产品商品属性没有得到体现，严重制约了乡村文化事业的发展。而文化创意则可以为乡村文化的市场化运作提供强大的资源支持，促使乡村文化更能适应市场机制的要求，这首先需要根据乡村文化的特点，挖掘乡村文化的商品属性。

1. 理清乡村文化所蕴涵的商品价值

现代社会物质水平逐渐提高，商品中“文化”的价值也随之增长，文化因而也具有了商品的价值，通过一定的运作手段，文化产品也就可以在市场上实现其价值。与普通商品不同，以文化为创意而形成的商品往往具有可持续发展的特点，可以循环利用，因而在新经济时代，它具有更强的竞争力。加之文化具有多样性，蕴涵了文化因素的产品也就各具特色，避免了与普通商品的同质性，从而使文化的商品价值得以体现，形成了各自的竞争特色。

培育乡村文化的市场竞争力，最为重要的基础在于人们对“乡村文化”价值的诉求，其实质是为人们提供独特的文化，因此文化的多样性、独特性在乡

村文化核心竞争力中具有决定意义。特定的农业生产方式，造成了乡村文化发展的市场化严重不足，其蕴涵的商品价值没有得到有效的开发。因此，要挖掘乡村文化的商品价值属性，就要根据市场的特点对乡村文化的特色进行仔细梳理，在这个过程中，要区别对待乡村文化的价值属性：对于商品价值属性较强的乡村文化，可以将其打造成乡村文化特色商品，并以其为核心产品，开发系列文化产品；对于一些蕴涵着个性的乡村文化，同时其商品价值属性不高，难以凭借其自身开发成为文化产品，对此可以进行文化创意，将其依附于其他物质产品之上，使文化成为商品的卖点，从而实现商品经济价值与文化价值的双重目的；而对于那些暂时不具有商业价值、但具有重要意义的乡村文化，要投入一定资金保障，并做好市场的培育，挖掘市场潜力，为它们今后的市场化运作奠定基础。

2. 推动乡村文化产业化发展

文化产业是指为社会公众提供文化、娱乐产品和服务的活动，以及与这些活动有关联的活动，它是以“文化创意”为核心，通过技术的介入和产业化的方式制造、营销不同形态的文化产品的行业。尽管从物质资源角度看，我国并不富裕，但是从人文资源的角度看，我国具有6000年不间断发展的文明史，拥有极其丰富的文化遗存物与独具特色的文化风俗，这些文化资源将会越来越具有经济开发的价值。但如果要将文化资源转化为经济优势，就必须使文化资源成为产业发展的主导力量，这正是世界进入“后工业化时代”后我国所具有的独特优势。

发展乡村文化核心竞争力，就要积极转变文化事业观念，将乡村文化推向市场，建立与社会主义市场经济相适应的体制，积极主动实行乡村文化产业化发展，并结合时代需要，将丰富的传统文化资源和民间艺术资源的价值体现出来，这是乡村文化发展的根本途径。但由于乡村文化产业基础不强，自身独立运作能力不足，因此不能直接将其推向市场，需要国家、各级政府和有关部门加强扶持力度：要通过多种形式的财政补贴、转移支付、政策支持、行业合作等方式，推动和帮助乡村文化产业的成长，直到乡村文化产业能够在市场上独立生存；还应该建立城镇与工商业同乡村文化结合的平台，建立城乡联动机制，加强乡村与企业的联系，用现代的经营管理理念来开发乡村文化产业，形成文化资源的合理开发与有效使用，促进乡村文化核心竞争力的形成。例如，本山传媒集团以辽宁民间艺术团为核心，是集演艺、影视、艺术、教育于一身的大型文化产业集团，集团以乡村文化为主要题材，成立至今，集团已经向社会奉献了大量脍炙人口的文化艺术作品。集团董事长赵本山首倡“绿色二人转”，将乡村文化艺术搬上了舞台，创立了“刘老根大舞台”，在沈阳、哈尔滨、天津、北京等地开设了7家连锁剧场，演出时场场爆满，在中国演艺界具有很强的影响力。本山传媒集团先后制作了《刘老根》、《马大帅》、《乡村名流》、《乡村爱情》、《樱桃》等电视剧，而且都是以乡村文化为素材。尤其是《乡村爱情》系列电视剧在央视播出以后，取得了良好的收视业绩。《乡村爱情》系列电视剧真实再现了社会主义新农村普通百姓的生活，反映了当代农村日新月异的变化，其题材均以农村生活为源泉，引起了人们对传统文化的共鸣，成为本山传媒集团的品牌电视剧。目前《乡村爱情》系列电视剧已经上演到第7部，深受观众们的喜爱，创造了系列电视剧制作的奇迹。

三、推动乡村文化与文化产业的联合

尽管文化事业和文化产业的社会任务和历史使命不同，文化事业继承和弘扬优秀传统文化，同时吸收优秀外来文化，提高人们的思想道德，纯化社会风气，规范社会秩序，并能给人的全面发展和社会的全面进步提供精神动力与智力支持；而文化产业则按照经济规律，采取市场化运作的方式，以赚取利润和发展经济为目的，由此可见，它们各自所具有的特点和发挥作用的方式与途径也是不同的。但它们的终极目的却是相同的，都承担着促进人的全面发展和社会的全面进步的责任，同样负有一定的审美、教化、启悟和激励的责任。

1. 加强乡村文化与文化产业的联动

文化的性质决定只有在文化事业与文化产业相结合，共同发挥积极作用的情况下才会实现两者的相互渗透、相互促进，它们也只有在形成合力的情况下，才能充分显示自身的特征和发挥自身的作用，从而使文化既成为经济发展和社会进步的精神引导与智能支撑，又成为经济发展和社会进步的直接构体和有机体。文化事业与文化产业的联合要求文化产业在按照价值规律运作的同时，要兼顾经济效益和社会效益。乡村文化是新农村建设中的重要内容，承担着为乡村人民提供精神文化生活的重任，更是构造和谐农村必不可少的条件。但一直以来，乡村文化和文化产业的却没有联合起来，它们之间缺乏有效的联运机制，特别是以艺术文化为代表的乡村文化长期都是独立于文化产业，没有必要的产业资源投入，更没有形成文化产业。因此为了促进乡村文化的发展，需要在发展模式上进行创新，将乡村文化事业与文化产业结合起来。一方面，要将文化产业引入乡村文化事业的发展，通过文化产业的模式保护和传承乡村文化，为乡村文化的发展提供强大的资源支持和有力的保障，改变乡村文化的投入不足；另一方面，乡村文化事业又可以为文化产业的发展注入更多的源泉，使文化产业拥有更多的题材，可以通过乡村文化发展更多的满足人民文化生活需要的文艺作品。

2. 推动乡村文化产业链的发展

文化事业的发展依赖于文化产业的形成，而文化产业的强大又必须建立在文化产业链的基础之上，这样才能做大文化市场，给予文化事业强大的物质保障。因而从某种程度上讲，产业链是现代文化创意产业的重要特征，它使得文化事业可以从横向和纵向上进行产业链延伸。横向延伸就是把一个品牌做成不同的产品形式，如可以将某种文化品牌做成电影、电视剧、游戏等，以增加文化的展示方式，达到传播文化的目的，以“花木兰”为题材的影视作品就是横向延伸的案例。而纵向延伸则是指在一个产业链条中，通过产品授权制造衍生品，如演艺业就可以授权给制造业，生产出与文化有关的文具、服饰、食品等，“喜羊羊”系列文具、服装产品就是纵向延伸的例子。对于乡村文化而言，需要根据乡村文化的特点，梳理乡村的文化核心竞争力，并以具有独特个性的乡村文化为核心，将核心文化资源打造成众多的文化品牌，以更多的形式展现出来，能够满足不同文化的需求；同时，还要从纵向上开发乡村文化产业链，要形成乡村文化的创意开发、融资、培训、传播等事业，促使乡村文化的整体壮大。

四、加强科技创新与乡村文化的融合

科学技术已经融入到现代生活的各个方面，传统文化借助于现代科技手段来传承、保护、弘扬是时代的必然选择。加强文化与科技紧密结合，实现创意与创新是文化繁荣的基本特征。乡村文化作为中国传统文化的重要组成部分，由于缺乏足够的表现形式，更要借助于现代科学技术，以实现乡村文化的跨越式发展。因此，二者必须有机结合。

1. 利用现代科技保护乡村文化

充分利用现代科技保护乡村文化，既是传统文化自我发展、自我完善的需要，更是向国外展示中华传统文化魅力的需要。我国乡村文化历史悠久、遗存丰厚，数量众多，并从不同侧面反映了各地乡村的人文活动、社会关系、意识形态，以及利用自然、改造自然和当时生态环境的状况，但因历经沧桑，以及保护技术的落后，其保护效果都不甚明显。当前急需用现代科技保护传统文化，并全面地对文化形式进行改造，促进文化的传承。利用现代科技对乡村文化的保护涉及多个学科，包含有化学、生物、物理、环境、地质、矿物、材料等不同方面，如通过现代的工程技术和建筑材料，在不破坏原来风貌的基础上加固乡村建筑；针对古迹木质材料较多的现状，推广现代防火防水的应用；利用现代的计算机技术，建设乡村文化数据库、制作多媒体材料；利用数字图像处理技术、制作动画、虚拟现实技术、数字音频视频编码解码等。总之，要通过多种手段对乡村的传统文化进行现代信息技术处理，以保存乡村文化的精华。

2. 借助现代科技实现乡村文化的创新

当前，中国的民族民间文化正面临着全球化和现代化的冲击，乡村传统文化必须面向未来，充分借助于现代科技，实现传统文化创新，才能更好地促进传统文化的发扬光大和广泛传播。例如，结合艺术表演的特点，创造适合于艺术的高科技产品，创造不同的艺术演示渠道，特别是将网络技术应用于艺术事业之中；可以拓宽艺术的表演平台，培育文化市场；还可以将信息技术与乡村文化结合起来，使濒临失传的传统内容通过网络的存储及传播而得到延续。很多传统的文化内容一旦和信息技术结合，还可以衍生出全新的文化产品。例如，民间传说《花木兰》是乡村人民家喻户晓的故事，而与现代视频和数字技术结合以后，就开发了许多以其为主题的衍生产品（如电视剧、电影和游戏等），成为教育人们和弘扬传统文化的优秀题材。当下各地展现其文化特色的大型实景演出如《梦回大唐》、《风中少林》等文化艺术精品，都是以现代艺术手法，配以全新的视听效果，通过流光溢彩的灯光、绚烂的服饰、天籁般的音乐，表现其壮丽恢弘、大气磅礴的个性文化主题，令人震撼。

第四节　创意农村与农村文化核心竞争力

创意是创新的源泉，农业科技的创新离不开创意的指导，创意农业目标是增加农产品附加值，构建农村创意生活的生产方式和生活方式。

一、创意农业的概述

创意农业以知识产权为先导，以农业生产为依托，以农业企业为主体，以创意生产为核心，以美学经济为基础，以市场需求为指引，以科技创新为手段，以质量效益为动力，以农产品附加值为目标，以持续利用为目的，指导人们将农业的产前、产中和产后诸环节联结为完整的产业链条。①创意农业将农产品与文化、艺术创意结合，使其成为具有“四高”（高文化品位、高知识化、高盈利性、高附加值）、“五化”（智能化、特色化、个性化、艺术化、景观化）、“五型”（审美型、文化型、娱乐型、科学型、观赏型）的新型农产品。②建设新农村要求我们以新理念实现新发展，走人和自然和谐发展之路，而在世界经济步入创意经济时代的今天，通过发展创意农业，可以实现农业发展模式的转变，是实现社会主义新农村建设的一个新引擎。

1. 发展创意农业，实现创意文化与农业生产的结合，增加农业附加值

伴随着创意时代的到来，创意经济在我国各行业都显示出强大的竞争力，形成了许多经济增长点。相对于传统的“研发、生产、加工和销售”农业产业模式而言，创意农业具有鲜明的优势，它能够构筑多层次的全景产业链，它通过创意把文艺活动、农业技术、农耕活动与市场需求有机结合起来，形成良性

① 许亚东．2010．服务创意农业产业发展办出农业类高职学院特色．农产品加工，(1)：70-71.

② 章继刚．2009．让创意改变农村．企业研究，（9）：58-60.

互动的产业价值体系，为农业的发展开辟了一条全新的途径。

（1）以创意的理念构建新农村建设。

新农村建设意味着农村的发展将呈现出新的发展道路，建设新农村需要有新理念，以新的行动实现新变化、新发展。在创意经济时代，通过发展创意农业，可以在很大程度上改变我国农业发展模式，在我国农业资源，特别是人均土地资源较少的条件下，可以实现农业科技和农业生产经营管理的创新。这将是未来我国新农村建设的一个新引擎，是推动农业持续发展的动力。通过产业融合，提供创意农业发展的新模式。党的十八大要求，建设社会主义新农村必须“要深入推进新农村建设，全面改善农村生产生活条件”；第十八届三中全会进一步提出，促进城镇化和新农村建设协调推进，鼓励社会资本投向农村建设。这就要求新农村建设要以发展农业生产为核心，建设一个可持续发展的生态农村产业体系，而创意农业为新农村建设提供了一个全新的视角和路径。

（2）以创意产业的渗透融合功能建设农业产业链。

创意产业具有很强的渗透力，能以多种形式与不同的产业相融合。通过创意农业，可以带动一批围绕农业的新型产业的诞生与发展，进一步挖掘农业生产的潜在价值，让人们充分享受农业价值的创新成果。就创意农业而言，以特色农产品和农业园区为核心，可以形成包括核心产业、支持产业、配套产业和衍生产业的产业群。其中，核心产业是指以特色农业生产和农业园区为载体，实现了农业生产和文化相结合的创意活动；支持产业则是直接服务于创意农业生产的活动，它涵盖农业的研发、生长、农产品的深加工、农产品销售等活动，支持产业包括参与这些活动的企业群体，如科研机构、种子公司、农业设施租赁公司、各类策划企业、农产品深加工公司，以及金融、媒体、广告等企业；配套产业则是为创意农业提供良好市场环境的企业群体，如旅游、餐饮、酒吧等行业；衍生产业是以特色农业和文化创意成果为要素投入的其他企业群体，如服装、箱包、食品、纪念品等生产企业。在创意农业产业体系中，建立了第一、第二、第三产业的互动机制，实现了传统农业和现代产业的有效结合，促进了文化与科技的融合，传统的功能单一的农业及加工食用的农产品成为现代时尚创意产品的载体，引领了消费潮流，农业活动也因此开辟了新市场，产业价值的乘数效应十分显著。

（3）以创意的思维整合资源农业生产服务，提升农产品的附加值。

现代农业的发展离不开科技的服务与支持，通过将科技元素植入农业生产，是提高农业价值的强心剂，而科技与农业的结合则需要以创意思维来实现。例如，利用生物科技改变农产品形状、色彩等物理功能的同时，通过创意融入文化元素，可以增加农产品的文化价值，还可以根据市场需求把农产品变为艺术品，生产代表原生态、健康、绿色的农产品，这对于深受食品安全烦扰的人们来说，就具有非常强烈的吸引力。例如，上海奉贤创意农业园生产的一篮五颜六色的小南瓜、茄子和西葫芦，产品色彩斑斓，而且形状奇特，这些产品组合被命名为“缤纷年华”，原来非常普通的瓜果、蔬菜因为创意元素的加入，而实现了“身价百倍”，每篮价格高达300多元。此外，通过艺术点化，也可将农业生产中的一些废弃物，如麦秸、玉米壳、蛋壳等变为工艺品，实现变废为宝。

（4）以创意产业的手法将资源转化为推动农村发展的资本。

农业资源不仅是其他产业的原材料投入，通过创意对其开发也可以实现农业生产朝广度和深度方向发展，从而实现农业生产的延伸，推动农业的发展。例如，农业在生产、生活、生态中所产生的“三生”资源，可以通过创意，充分发挥创新构思，设计出具有当地文化特色的创意农产品和农耕文化活动，从而扩大市场影响力，促进农业生产的发展。例如，在我国大连某地，为了增加玉米种植的附加值，在田间设计好迷宫图案，按图种植玉米，玉米长高以后，便形成为国内首创最大的玉米迷宫。当地还将玉米迷宫与“农家乐”旅游结合起来，从而吸引了国内外大批旅游者，也大大提升了农业种植的价值。我国历史文化源远流长，农业生产一直以来是经济活动的根本，农产品品种齐全、农耕活动丰富多彩，可以编撰、演绎多种故事。发展创意农业不仅可以用故事来活化文化资源，将其转化成能为农业带来增值的资本，还可以结合节庆活动、纪念活动、生产活动等，展现别具特色的农耕文化，引起人们的情感共鸣和文化价值认同，从而实现增值。例如，都江堰在农历二十四节气的清明这一天都要举办放水节活动，便是将农业生产活动与节庆活动、纪念活动结合起来，从而引发了人们对水文化认同，并衍生出一系列的产业活动。

2. 创意农业与乡村文化核心竞争力

从宏观上看，我国国土辽阔，各地农村的情况千差万别，有许多种发展农村经济进一步解放和发展农村生产力的途径，如发展集约型、科技型、特色型农业，发展加工业、发展流通业、发展服务业等。而通过发展创意农业，带动农民致富，则是一条立足国情、大胆创新、具有广阔市场前景和深远社会意义的道路。

（1）因地制宜，塑造乡村个性。

因地制宜，发展创意农业，将可促进农村产业结构的升级，充分开发农村文化资源，可少耗能源，实现低污染或者无污染，稳定增加农民的收入。中国许多的农村，虽然耕地稀少、劳动生产率不高，但是，它们拥有丰富多彩的自然地理、民俗风情、传统资源和大量劳动力，恰好构成了开发创意农业的良好条件。例如，在2007年10月的北京创意农业精品农交会上，来自门头沟的一对麻核桃顶级精品“狮子头”引起了参会人们极大的关注，这种野核桃以前生长在山上，完全依靠天然环境生长，但加入当地文化和创意元素后，其价值倍增，标价达到1.8万元。而在农交会上，还有许多农产品创意产品引发人们喜爱，如用麦秸做成的梅兰竹菊图，用各种豆子做成的长城游览图，还有用蝴蝶翅膀粘成的古代四大美女肖像等，这些原本并不值钱的原材料经过京郊农民的创意加工，都成了热销的产品。

（2）创意农业通过文化核心竞争力，创造价值。

党的十八大报告提出，全面建成小康社会，实现中华民族伟大复兴，必须发挥文化引领风尚、教育人民、服务社会、推动发展的作用，并强调建设优秀传统文化传承体系，弘扬中华优秀传统文化。我国农村所面对的问题包括农业生产、农村建设和农民增收，新农村建设的任务就是要以农村建设为龙头，带动农业生产的发展和农民的增收，要按照现代化农业的要求，通过改变农村的生产力布局，调整城乡生活布局，全面推动农村社会进步。在新农村建设中发展创意农业，可以利用工业反哺农业、城市反哺农村的方式，加快城乡一体化建设，按照“生产发展、生活宽裕、乡风文明、村容整洁、管理民主”的要求，打造新型的农村社会发展格局。

（3）创意农业能够开发农民创意，提高其文化素质。

习近平同志指出，建设社会主义新农村，人是最活跃的因素，最关键的内容，最基本的前提。新农村建设是一项全面的建设任务，其核心就是人，归宿也都是人，城乡统筹发展不仅是物质的，而且是精神文化的。一直以来，二元的教育体制导致农村教育落后于城市，农民的文化素质与城镇市民的差距也在不断扩大。而教育的发展又离不开经济基础的支持，创意农业项目可以在一定程度上改变乡村的经济基础，增加农民的收入，更能够给予农民文化创造的平台，由此推动农村的教育，提升农民的素质，促使他们逐步从粗放型的体力劳动者，转型为技能型的智力劳动者。而创意农业还能够形成以农业生产为中心的产业链，形成人才流和资金流的汇聚，这又会进一步提升农民生活品质，营造文化活动丰富的农村社区。

3．创意农业的特征

（1）创意农业是科技文化与农业相结合的产物。

创意农业是通过创意灵感，使科技与文化融入农业生产之中。它是技术、文化与农业相互交融、协同创新的产物，具有个性化、特色化、艺术化的特点。一方面，创意农业具有高科技性，它创造性地将现代科技运用于农业生活与生产之中，而且许多好的创意也要通过一系列的科技手段才能实现，使农业活动具有现代科技气息；另一方面，创意农业突破了单纯产业概念范围，具有一定文化品位，能够将农业生产与文化结合起来，为农产品和农业生产过程赋予文化的内涵和价值，超越了物质的享受，而具有精神方面的追求。创意农业通过科技创新与文化创意相结合，是现代农业的科技发展新思路，开拓文化生产力在农业发展中的潜力和价值，也是推动我国新农村建设的重要引擎。

（2）创意农业是农业、工业与服务业相融合的新型业态。

创意产业强调了全新的创新理念，突破了传统产业边界，将各产业资源整合起来，组成新的发展模式，激发产业间的融合发展。从根本上讲，农业产业的发展需要重构产业体系，而创意的思维方式为重塑农业的产业体系提供了便利条件，创意农业可以拓展农业的生产、旅游、文化、教育等综合功能，促进创意农业产业链和产业集群的实现，建立了现代农业整体发展的全新模式。利用创意农业概念，使传统农业突破单一生产功能，推动了农业、工业和服务业融合发展。在整个创意农业产业体系中，第一、第二和第三产业相互融合，实现了传统产业和现代产业的有机结合，引领新型消费潮流。

（3）创意农业是具有高附加值的产业活动。

创意农业改变了传统农业单纯依靠自然资源投入、劳动力投入和其他生产资料投入来提高产值的模式，通过依靠智力等新的要素，加入文化、科技资源，通过将设计、生产、加工、营销等节点融为一体，并向横向延伸，构筑多层次的农业产业结构体系，因而增加了农业的附加价值。总体而言，创意农业不仅能够提高农业综合效益，极大地增加农民收入，而且能够拓展农业产业，为农业的发展提供广阔的空间。

（4）创意农业是对特色资源的再整合。

创意农业并不是简单地对农业资源再创造，而是以一种全新的资源使用方式，实现对现有资源，特别是特色资源整合的过程，以创造更高的农业附加值。这一整合过程虽然以原本存在的资源为载体，但由于利用了创意的思想，在农业生产过程中加入新的辅助资源，实现了对农产品的重新开发、设计、包装，使其具有独创性，因而具有更高的价值。

4. 欧盟创意农业的发展经验的借鉴

创意农业于20世纪90年代后期在发达国家率先发展起来，并且成效显著，其中以德国、荷兰、英国等几个欧洲国家表现最为突出。创意农业在欧盟内部具有许多成功的经验，发展了许多卓有成效的模式。例如，德国、荷兰、英国等一些欧洲国家发展创意农业的实践表明，创意农业不仅是一种经济活动，还是一种高度的农业文明展示。从创意农业的发展本质上讲，其根本目标就是通过创意，将丰富的文化内涵赋予农业生产过程，让体验者从中感受农业生产过程的美妙。这种将农业自然资源与农民的智力资源相结合，通过创意转化为动力，成为推动农业与农村发展的力量，这是欧洲国家发展创意农业的共同途径。

二、创意农业与创意农村

1. 创意农业的概念

创意农业来源于创意产业，是创意产业在农业发展中的延伸。近年来，人们对创意农业的研究逐渐增多，但没有明确界定创意农业的概念，学者的定义主要集中为以下几种。

一是指对农业生产过程、形式、工具、方法、产品进行创意设计，从而创造财富和价值的活动。该概念结合农业自身特点，强调是对农业生产经营过程的创意设计。

二是创意农业是指利用农村的生产、生活、生态资源，发挥创意、创新构思、研发设计出具有独特性的农产品或活动，提升农业的价值和产值，创造出新的市场。这种概念强调了农业生产活动的文化活动创意和产业形态创意。

三是创意农业是指通过创意思维，将农业生产、农村生活、农村生态等资源要素重新组合，或将这些要素与工业、科技、艺术、民俗文化等其他要素重新组合形成全新的农业产品或产品链，实现农业生产生活全部环节市场化及其价值增值的农业开发模式①。这种概念的创意农业强调以市场为导向，指导人们将农业的产前、产中和产后诸环节联结为完整的产业链条，将农产品与文化、艺术创意结合，通过资源优化配置，使其产生更高的附加值，促进农业增效、农民增收，是建设社会主义新农村的一种新型农业生产方式。

综合上述三种具有代表性的创意农业概念，本书认为创意农业就是将科技、文化、知识、创新力等资源通过创意的方法，使其变成生产要素投入到农业产业体系之中，实现资源优化配置，以提高农业产业附加值，是一种全新的农业发展模式。

2. 创意产业，是创意农村发展的基础和强大支撑

山东工艺美术学院“手艺农村”课题组关注了农村手艺产业发展问题，该课题研究阐述了手艺产业在传承文化、创造财富及改善民生等方面的价值。“留住手艺”专题节目从手艺作为非物质文化遗产的文化传承意义角度引入，以山东菏泽鄄城土布、临沂柳编、潍坊杨家埠年画等具体手艺案例的历史渊源、工艺流程、生产销售状况、手艺人生活等内容，生动揭示了传统手艺作为一种农耕社会遗存下来生产形态所隐含的丰富文化内涵，以及手艺重新融入现代生活的多重意义。手工艺的文化价值体现在技艺本身所承载的历史文化信息中，民间文化与其他文化形态的不同之处在于，它本身是劳动者的生活方式所

① 王银芹．2010．创意农业与村镇特色景观旅游业开发．农业现代化研究，(3)：321-324.

创造的文化，因而具有乡村文化的基因。

如何让传统手艺以可持续的健康的方式发展传承下去，是一个亟须解决的时代命题。传统手工技艺生产性的保护方面具有代表性，农民艺人从事手艺劳动，不但能够创造出较高的收益，而且也形成了良好的社会效益。如何使传统手艺与时俱进，在个性化的消费时代，只有通过创意的手段，将现代设计理念介入手工艺品制造之中，创新手工艺品的产品形态，使传统手艺品走进人们的生活空间，融入当代生活时尚，手艺才有生命力。

三、我国农村创意产业发展的问题及障碍

1. 以民间手工艺品制作为主导的农村文化产业发展困难重重

（1）心血结晶卖不上价钱。

杨红卫是山东潍坊风筝世家的第三代传人。记者见到她时，她正埋头描绘一只彩色蝴蝶风筝。这样一只普通大小的风筝，包含60多道工序，全部都是由手工制作，两三天时间才能做一个。但慢工出细活，杨红卫制作的风筝，线条流畅、色彩鲜艳、竹条强韧、骨架均匀，据说一级风就可以起飞，五级风折不断。只是在谈到收益问题时，杨红卫觉得有些不尽如人意：“一般简单的风筝40元钱一只，小一点的就20元钱一只。”在不少手工艺人看来，心血结晶卖不上价钱是“家常便饭”。

在中国（深圳）国际文化产业博览交易会上，来自临沂郯城红花乡的手艺人花半个小时才能编好一个巴掌见方的中国结，仅仅卖 5 元钱，去掉材料费，所赚不多。在杨家埠制作了 30 多年木版年画的杨成业老两口体会更深，刻一个制作年画的母版需耗时 1 个月左右，然而一张年画才卖四五元钱。“虽然刻版可以重复使用，但是碰上不畅销的时候，一个月功夫就白费了。”费时多，又赚钱少，为了降低成本，保险起见，杨成业只好不断重复使用一些已被市场普遍接受的刻版。“其实我有很多好的想法，刻出来效果肯定差不了，但万一卖不好，时间加上成本，我们消化不起。”

临沭县柳编手艺人王夫敬曾多次随山东“手艺农村”展团四处表演绝活，成为山东柳编手艺红人。他告诉记者，在家乡，几乎家家户户都有编柳制品的传统。“一般人从早编到晚，一天能赚三四十元。我这样的熟手，农闲时每月

能赚 1000 多元。”在农村，这个收入尚可。但王夫敬摊开双手说，为了保持柳条韧性，编织时候需不断喷水，常年下来，双手干燥开裂，长满厚茧，视力也大受影响。

（2）“来样加工”压缩利润空间。

收入低，做活又辛苦，愿意学做手艺的人越来越少。“男孩子觉得做这个没出息，家长也认为没前途。做刻版要截竹片，有时要用锯来锯开，女孩子做也嫌脏嫌累。”杨红卫说。

手艺人数量的不断减少，让一些手工艺品制造企业十分头疼。临沭金柳公司总经理邱丙强介绍，以前农村家里闲人多，公司往下派活，大家都排队来抢，现在愿意做、能做的人越来越少，而订单越来越多。

为什么不增加手艺人的收入，提高积极性？邱丙强介绍，现在企业大多订单都是采取来样加工模式，尤其是国外的订单，“他们设计了款式，我们提供材料和手工，这么多年的合作下来，利润点已经压得非常低了。但拿到市场上一卖，价格就翻了十几倍甚至几十倍，钱都被他们赚了”。

金柳公司的生产模式代表了山东省内大多数手工艺品企业的生存状态。省文化厅有关负责人表示，山东在对手艺传承人的帮扶过程中，逐渐摸索出“生产性保护”模式，但大多数企业仍停留在“别人创意我来做”的阶段，多年来仍没有实质性的突破。

2. 创意人才缺乏

对于手工艺品而言，创意是产品创新的源泉，更是产品保持竞争力的根本。但手工艺品的制作又是一种艺术活动，它没有统一的标准，其价值体现在产品的创意设计之中，取决于手艺人的思想观、价值观，表现在产品的结构设计、制作过程和外在形态上。这导致了手工艺人的培养成本巨大，一方面是掌握手工艺品的基本原理与制作方法较难；另一方面是设计具有创意的手工艺品更有较大的风险。

没有创意导致手工艺品制作只能选择简单的来样加工，或者粗糙的模仿制作，造成了市场萎缩和利润下降，收入过低，导致手工艺从业者数量萎缩，多数企业长期受困于来样加工的简单低端模式。农村文化产业还停留在简单的加工贸易阶段，卖的是手艺，创意含量不多，农村文化产业必须及时转型。

从2010年开始，国内柳编市场需求量首次超过了国外，很多手工艺品企业嗅到了商机，希望能走出简单的来样加工时代，为农村手工艺品注入创意，自己设计、自己制造。“创意人才太少了。再说，公司里设计人员的工资比一线工人多不了多少，愿意来干的不多。”金柳公司的一位手艺人说。[①]

四、创意农村发展路径选择

1. 城乡实现对接，开展乡村创意活动

乡村创意活动的市场主要在城市，因此，必须实现城乡对接，直接了解城市需求，结合乡村资源禀赋进行创意设计，并对该创意进行推广，达到市场需求与创意设计的完美结合。

案例：崇明“耕读堂”：打造创意乡村

机会识别：城市居民对绿色产品的需求，文人对“半耕半读”生活的向往、农民对收入增加的追求。

当地农民收入现状“尚不及市区平均线的一半”。抱着“为当地农民增收”的初衷，经过一年多的准备，80后海归女生孙杨欢拿出当初18岁勇闯英国的勇气，从约60户农民那租来50亩田地，雇佣当地农民种植有机绿色蔬菜，开展面向城市消费群的配菜销售。招聘配送会员，50个名额很快招收满了。

“想吃到新鲜无害蔬菜的人们会自发交流，关心健康饮食的圈子内部凝聚力也很强。”一年3000元、40次配送、总量300多斤的蔬菜才输送3个多月，会员相继惊呼：“终于吃到有番茄味道的番茄了！”“总算尝到小时候的感觉了。”翌年，孙杨欢再增加了100亩地。不过她知道，种菜不是最终目标。青蓝耕读合作社的经营团队几番头脑风暴后，决意探索“第三条道路”：既有别于专业从事生态农业种植的北京“小毛驴”模式，也不做纯商业化运作的有机农业公司。“现在，专门做有机农业

① 赵林．2011-6-6．农村文化产业难掩生存困境，多数企业缺乏创意．大众日报，第3版．

项目的团队、公司太多了。他们的专业基础、农田规模、资源人脉，我们并不完全具备”。利用口碑相传的机制，建立自己的客户群，形成稳定的供销关系。

身边不少从事文艺工作的朋友常提及“向往半耕半读生活”，孙杨欢细细一琢磨，这不也是她的生活理想吗。把乡村变成一块创意生活的实验场，这么有意思的事情好像还没有别人做过。孙杨欢决定，不妨从旧建筑再利用着手，制造乡村创意的新鲜体验和冲击，吸引更多城市的艺术力量聚集于此。这个时候，青年建筑设计师黄开权热情加入进来。于是，有了眼前的“耕读堂”：五六个不同功能的房间里，分别刷上了一整面墙的中国红、田园绿、嫩鹅黄和全白色。吊扇、壁灯风格统一，从村民家低价淘来的古朴老式木桌椅、各地搜集收购的旧物、艺术家朋友的书法画作等装饰穿插其中。后院种植的桂花树、毛豆等正随风摆动，在二楼的露天台则能眺望田园风光。

正打造申城首个农村创意集聚区的青蓝耕读合作社把办公室搬了进去。站在搭着瓜藤架，用稻草、秸秆围织的小院里，青蓝耕读合伙人孙杨欢、黄开权笑脸盈盈：“半年多前，我们从当地农民手中租下这栋已废弃的房子，琢磨着要变废为宝。”将眼前一幢占地近200平方米的两层小楼房，外墙、窗格均漆成了统一的咖啡色，掩映在村里绝大多数珊瑚红外墙的房子中，显得有些“另类”①。

2. 加大外部力量注入，提升农村创意产业的水平

应加强产学研相结合，在有关农业学科的高等院校、事业单位成立农村手艺创意研发中心，在产品创意层面对农村手艺产业进行扶植，使农民手艺能够跟上时代步伐。创意设计教育是文化产业发展的助推器，应以设计教育为先导，充分做好文化挖掘、传承和创新，以此激发传统文化的活力，以推动当代文化产业得到更好的发展。例如，山东工艺美术学院在农村手艺文化产业方面的深入研究，就是体现了企业、高校和研究机构在“产学研”模式方面的探

① 徐俊．2010-11-8．崇明“耕读堂”：打造创意乡村．文汇报，第2版．

索，是高校服务于社会的意识体现。

创意设计可以实现点石成金，能够变腐朽为神奇，山东工艺美术学院院长潘鲁生给记者举例，一个柳编纸篓、簸箕按照传统的做法，只能卖几十元钱，但根据山东工艺美术学院的学生提供的设计图纸，王夫敬编出了太极图案的餐桌椅，在国外市场很受欢迎。“我的想法是，让学生创意融合农村手艺，通过大型展览整体打造山东农村手工艺品牌、知名手艺传人，做大做响农村手工艺产业。过去，农村手工艺品的创意设计都体现在手艺人的生活体验中，现在随着人们生产生活方式的改变，需要更加时尚的设计。传统手工艺要想在困境中求得新生，实现传统与现代、文化与产业的有效对接，需要跟上时代发展的新理念，和创意接轨。”农村文化产业要实现转型，必须融合创意，让手艺人、创意人、生意人结合创造力，打造文化品牌。

3. 以核心创意为支持，构建创意发展体系

除了政策扶持、财政支持外，还可以尝试参照农业合作社的模式，成立农村手艺合作社，手艺人自愿加入，合作社提供免费技艺指导，艺术院校的学生以微利提供创意，设计符合市场需要的手工艺品。产品最后以统一的品牌、统一的商标投放市场，减少中间环节，最大程度让利于艺人。“只有保护他们的积极性，传统手艺才能继续传承。”同时潘鲁生也坦言，学生创意只是“权宜之计”，真正市场化的运作必须由企业来完成，农村文化产业转型亟须了解市场，需要富有创意的设计人才，而这样的人才已长期缺失。

模式一：通过引入外部成熟的模式，来发展农村创意产业。例如，由欧盟委员会资助的甘肃省通渭县农村创业创意中心开业。创建农村创业创意中心是法国沛丰协会和通渭县人民政府在通渭实施欧盟委员会资助的“从孤立的农村到市场一体化项目”的重要项目活动，项目总投资约93万欧元，合人民币约930万元，分3年实施，主要包括创建农村创业创意中心和小额贷款两个子项目。

模式二：通过引入创意水平较高的组织，来提高农村创意的技术水平。

通过创建农村创业创意中心，将在该县建成培育新型农产品试验室和品牌概念设计室，成立环境保护、新能源利用、绿色种植养殖知识库，小额信贷与可再生能源信息中心，以及为来通渭县发展的投资者提供相关服务的咨询中

心。并按资金到位情况，分阶段在义岗、华岭、北城、马营等乡镇的27个项目村投放250万元的小额贷款，主要用于发展农村可再生能源及种植、养殖业。

五、农村创意产业发展的基本思路

实现农村创意产业的转型升级，关键要在产业发展理念、设计创意、运行模式、经营方式等方面突破常规，推陈出新，探索一条可行的产业发展之路。

（1）实现生产模式的转型：从作坊式制作向集团创新型转变。

传统的家庭制作在农村创意产业中仍然占据主导地位，原始作坊式加工和小生产意识，影响了生产标准、工艺流程、检验检测等生产规范的推行和实施，阻碍了人才和技术工艺的交流和合作，制约了农村创意产业的发展规模和技术创新的活动力，不利于长远的发展。而组织化和集团化生产方式，能够有效整合人力资源和生产资源，培育创意产业的核心竞争力，规避经营风险，弥补资金不足；并有利于在艺术创作、管理方式、市场营销和出口贸易方面，打造出具有竞争力的产品。

（2）实现产品定位的转型：从工艺型向艺术型转变。

我国农村创意产品的产量较大，但从制作水平和制作工艺上看，都属于低端产品，不具有很高的艺术水平，在区域小范围内有一定的市场，不能扩大市场。在创意产品消费市场上，越来越偏重工艺品的文化艺术价值和收藏价值，对设计创意的高端化、加工制作的精细化已经成为创意产品的主流倾向。而由艺术家设计的创作构思巧妙，比普通农村手艺人制作更具价值。因此，在推动农村创意产品制作由工艺型向文化艺术型转变，对于促进设计、制作的合理分工，创作出更具附加值的产品具有非常大的意义。

（3）实现经营理念的转型：从产品经营向品牌经营转变。

品牌是一个企业丰富的文化信息，同时也可以承载一个地区丰富的文化信息，是核心竞争力的重要方面，品牌经营可以使一个地区产品在市场竞争中长久保持优势，获得理想的经济和社会效益，因此，品牌经营是财富经营，通过地方特色创意产业的发展，推动地方品牌的构建，在一定的产业层面上建立一系列能够在市场上获得持续竞争力的品牌产品。

（4）实现文化理念的转型：促使传统文化向多元文化转型。

创意作品是文化的载体，文化是产品的灵魂。人们购买创意产品，很大程度上是对创意产品所蕴涵的文化看重和认同，在当今世界，文化呈多元加速趋势，满足多元文化需求对于农村创意产品具有十分重要的作用，农村创意产品过多地偏重传统文化的挖掘，对于多元文化的融合发掘不够，抱残守缺、墨守成规的现象严重，应顺应文化多元化趋势，促进不同民族、不同地区的文化融合，推进多元文化创新研究，碰撞出智慧的火花，激发无穷的创作灵感，从而焕发农村创意产业的无穷活力。

（5）实现销售方式的创新：从传统的门店销售向现代营销转变。

从事农村创意产品销售的手段和渠道落后，大多仍采用单一的门店销售方式，没能充分利用现代营销方式和营销手段，如网络销售、电子商务方式。这种传统的营销方式在一定程度上限制了市场的开发和拓展，制约了农村创意产业的规模和水平的提升。因此要运用现代的营销手段，如品牌营销、特许连锁营销、网络营销、微博营销、文化营销等策略，把传统的创意产品销售和现代营销理念和营销方式结合起来，使农村创意产业有更大的发展。

（6）实现人才培养的转型：从师徒相传向学院教育转变。

目前农村创意人才的培养还是基本沿袭“父带子”和“师带徒”的方式，这种方式不利于高素质、大批量的人才培养，容易造成人才的断层。因此，应该采用专业化的人才培养模式，充分利用现代的教育理念培养创意人才，在高等院校建立创意人才专业，学院教育有利于培养视野开阔、素质全面的人才，实现人才由技能向智能方面转变，为农村创意产业的发展提供人才保障。

六、农村创意产业发展的重要措施

要加快农村创意产业的转型步伐，全面提升创意产业的水平，必须坚持以科学规划为导向，以改善环境为基础，以人才培养为支撑，以产业链互补为基础，全面提升农村创意产业的建设水平，为创意农村发展提供保障。

1. 制订行业发展规划

政府应加强地方特色创意产业的规划，并以此为导向，发展地方特色的农村创意产业，并召集一定的专家进行充分论证，确定未来的发展方向、发展重点、发展目标和产业布局，制订符合实际、富有导向性的产业发展规划，推动农村创意产业的转型。

2. 打造良好的发展环境

首先，在工艺标准方面，制定地区统一的标准，方便提高消费者的认知程度，并且推动不同生产者之间的交流。其次，加大政府的扶持力度包括针对地方龙头企业的扶持、针对小规模生产者的扶持，制定优惠的信贷政策，筹集各方面的资金投入到农村创意产业的发展中。最后，规范市场竞争秩序，推行标准化连锁品牌经营，打击不正当竞争，规范经营行为，防治以次充好、以假乱真、随意定价、欺诈消费者的现象。

3. 实施人才带动战略

建立人才培养的职业学院，并使之成为农村创意人才的培训中心，并激励创意大师、设计者在培训中心进行指导，鼓励其传授先进的创意经验。并且引进高层次人才，推动地方高等院校、科研机构实施“产学研”模式，为农村创意产业发展提供人才支撑。

4. 建立互补的产业链

通过项目带动产业链的发展，并构建具有地方特色的互补产业链体系，推动产业链之间的融合和交叉，弥补产业链单一，缺乏互补链条的缺陷，推动创意培训、教科研、生产、设计、销售和旅游为一体的产业链体系。

5. 加强地方品牌的传播力度

利用好媒体、展销、奖评等平台，加大宣传力度，提高推广的有效性，加强与全国性的媒体中介的联系，不断创新宣传形式，扩大农村创意产业宣传的覆盖面的影响力。推动高层次人员的学术交流，建立专业的研究群体，扩大影响，提升形象。

6. 提升农村创意文化的研究水平

要对地方独特的文化创意产品的深厚底蕴进行挖掘、研究和整理，促进文化与产业之间的融合深度，通过整合地方个性化的研究机构，开展有针对性的形式多样的文化研讨活动。并在研究内容上，注重传统文化与现代文化并举，推动东西方文化交流，艺术性和实用性兼顾。并且体现在选材定料、构思设计、生产加工、包装宣传和营销策划上，引领时尚文化效应。

第七章

基于创意的文化传播与交流

本研究认为文化核心竞争力是一种文化以其特有的、难以复制的、能形成持续竞争优势的个性特色为依托，通过整合其他方面能力而形成的影响文化发展全局的系统竞争能力。文化发展包含着动态竞争的因素，一种文化要想获得持续的竞争优势，就必须能够不断地进行时间和空间上的传播，在时空传播过程中求变异、在变异中求发展，以适应环境的不断变化，并不断扩大自身的影响力。历史古国（如腓尼基王国、楼兰古国等）都是因为文化灭失而走向消亡的；玛雅文明、西夏文化也是因为自然、交通不便等因素，缺乏与其他文化的交流而走向消亡的。文化传播是引起社会变迁的重要原因之一，文化传播能力是助推文化核心竞争力的重要因素。2008年北京奥运会开幕式“用世界语言讲述中国故事”[①]，不仅是传播中华文化的成功作品，而且是中国文化扩散能力的集中体现，它以中国特有的“绘画长卷”为轴线，利用现代艺术表现形式，通过中国传统美学中的写意手法，展示了中华文化的深厚底蕴和勃勃生机，标志着文化中国的正式复苏。

第一节　中华文化充满魅力

一个伟大的民族必然有自己伟大的民族文化。民族精神是民族优良传统的历史积淀，是民族文化的深层内涵，是一个民族在漫长的历史进程和磨难中表现出来的思想精华和坚定志向。[②]中华民族之所以能够创造出光辉灿烂的文明，并且长盛不衰，就在于它有伟大的中华民族传统文化。中华民族在五千年

① 保琳．2009．论“八五美术新潮”中国元素的作用及影响．扬州：扬州大学硕士学位论文．
② 于沛．2003．民族精神、先进文化和历史研究．史学理论研究，（4）：20-27．

历史发展中创造了灿烂的文化，形成了自己伟大的民族精神。中华民族精神作为一种不可替代的群体意识，反映了中国各民族人民共同的思想意识、价值观念和道德规范，它是向世界展示中华民族形象的重要内容。

新文化运动兴起后，国人一度失落，一度迷惘，一度认为中国传统的民族文化、传统的民族精神已经淹没在工业文明的汪洋大海中。然而，2008年这个不平常的年度震撼了国人，更震惊了世界，漫天的飞雪在国人的团结中融化，大地震时温家宝同志的一句话——“我是温家宝爷爷”更是让别有用心的人对中国的指责成为了笑话。实践再次证明，中华民族越在危难时刻，越能显示出强大的凝聚力；越是灾难深重，越能挺起不屈的脊梁。而其中折射出的中国文化的魅力重新唤起了世界对古老又年轻的中华文明的欣赏。

一、中华文化独特的魅力令世人折服

英国著名历史学家汤因比认为，中国古代文化是美好的，它蕴涵着无与伦比的伟大力量，它将在未来的世界中作出更杰出的贡献。20 世纪 90 年代以来对中国文化的研究更成为西方文化研究的焦点，1988 年，全世界 75 位诺贝尔奖获得者会集法国，并在发表的《巴黎宣言》中称：“如果人类要在 21 世纪生存下去，就必须回首 2500 多年前，去汲取孔子的智慧。”在今天，中国要构建的社会主义和谐社会包含了人与人的和谐、人与社会的和谐、人与自然的和谐、人与自身的和谐等，民族精神是建设这一切和谐关系的基础。[①]中华五千年的人文光辉，正是建设各种和谐关系的不竭源泉，美国著名学者费正清、赖萧尔和克雷格在他们合著的《东亚文明：传统与变革》一书中写道：“可以这样说，东亚人在群体生活经验方面要远远丰富于其他各民族”，“个人适应群体，家庭适应社会，与其他民族的所谓经验相比较，这些关系很少产生摩擦，也很少产生孤独感”。北京奥运会期间来自美国的一名观众对记者说：“我简直看得目瞪口呆，我惊诧于中国还保有如此精致、如此悠久的艺术。”一名来自墨西哥的记者说：“如果说以前我们对中国的印象只是几个代表性的事物，那么这次我们看到和感受到的中国文化更全面了。而看到的越多，越为其博大精深所折服。

① 郭建宁．2007．关于和谐文化的思考．新长征,（1）：9-11.

现在一股‘中国热’正在全世界掀起。”伦敦奥委会观察员米歇尔在参观北京奥运期间的文化活动时更是认为，中国根基如此深厚的文化底蕴“对于我们2012年来说，的确是个挑战”[①]。

二、中华文化强烈的凝聚力令世界震惊

我国综合国力不断增强，在世界的影响力不断提高。在改革开放后的30多年中，新中国经受了“八九风波”、亚洲金融危机、洪灾、雪灾、“非典”疫情、拉萨“3·14”破坏活动、2008年金融危机等恶性事件的重重考验，然而这些事件并没有成为中华文化蓬勃发展的绊脚石，反而成了中华文化茁壮成长的助推剂，大灾大难面前中华文化所表现出的强烈凝聚力令世界震惊。美国的一位著名军事家在报纸上发表评论员文章说道：“中国人一瞬间由一盘散沙凝聚成钢板一块，真是太可怕了！”更有军事家感言：“以前总弄不明白朝鲜战争为什么会失败，通过‘5·12’汶川地震，这个答案真是清清楚楚了。”“中国军队反应速度之快、集结速度之快、到达速度之快、战斗力之强令人胆战心惊。”赖斯在访问灾区时感言：“我看到中国政府和官员十分用心，我看到了他们在重建工作上付出的努力。然而没有哪个国家能独自应对强度如此大的地震。”在2008年北京奥运会开幕式上，9万人自发同唱国歌的场面绝非刻意安排，中华文化强烈的凝聚力在2008年彻底震撼了世界。三峡大坝的落成、南水北调宏伟蓝图的逐步实现等，都证明中华文化强烈的凝聚力使得中华民族成为一个敢于干大事、能够干大事的民族。

三、中华文化顽强的生命力为世人称奇

英国历史学家汤因比研究发现，在近6000年的人类历史上，出现过26个文明形态，只有中国的文化体系有古有今，长期延续而从未中断。当代传播学大师、美国已故教授施拉姆曾表达过这样的向往：“我们在西方文化背景下学习科学研究方法和理论的人，看到中国长盛不衰的文化，以及她悠久的传播艺术传统，总免不了会肃然起敬。我们常想，中国人那种深邃的智慧与洞达，要是

① 侯珂珂．2008-8-17．中国故事讲述文化传承．光明日报，第5版．

有一天能用来帮助西方人了解自己的工艺知识，增加我们在实验方面的体会，该是多么好的事。”①

四、中华文化的整体性思维令系统学家推崇备至

中华文化不仅为世人带来举世瞩目的“四大发明”，现代科学发展大多也可以从深邃的中华文化思想中汲取营养。候风地动仪是被后人尊为“科圣”的南阳人张衡于公元132年发明，是人类历史上最早的测震仪器，2008年5月12日汶川大地震发生后12分钟，由南阳青年吴迪复制的精铜候风地动仪已准确获得地震方位。计算机理论基础也可以从阴阳学说中探寻到根源。虽然在以还原论为基础的西方科学体系中我们处于劣势，但西方科学并不是万能的，目前它遇到了太多的难题，如在生态方面的环境、资源、人口三大危机，又如在社会方面的犯罪、堕落、空虚三大危机，面对这六大危机，西方科学至今尚未找到有效的解决办法。再如，生命的本质是什么？目前，西方科学尚无正确的认识。在系统科学发展的过程中，有关贝塔朗菲一般系统论、信息论、控制论等简单系统理论，中国以引进为主，但作为“21世纪科学”的复杂性系统理论，在其发展过程中，该理论的先驱们逐渐意识到中华文化的重要性。协同学的创始人哈肯（Haken Hermann）教授、耗散结构理论创始人伊利亚·普里戈金(Ilya Prigogine)教授、复杂自适应系统理论创始人霍兰（Holland）教授等对中华文化所隐含的整体性系统思想都推崇备至；分形、突变、复杂自适应理论等都可以在中华文化中找到哲学源头；国内著名学者朱时清教授在谈到中华传统文化时认为，科学发展到今天，作为对“还原论”方法的补充，还需要从整体上研究复杂性事物的方法，而中国传统文化在这一方面做得最有成就。中国传统科学文化最精髓的内容之一就是从整体上研究客观现象，对中国传统科学文化去芜存菁，再加上对西方以还原论为基础的科学文化的学习和借鉴，中国的科学文化一定会以一个更完善的姿态呈现出来。

总之，在21世纪，历史最悠久、生命力最强劲的中华文化，正以其优秀、美好的特质，越来越显示出独特的价值和魅力。虽然因各种历史原因，中华文

① 张西明．2004．中国先进文化的力量来自何处——兼论发展文化产业的巨大作用.东南学术，6:4-11.

化曾一度被国人所怀疑，但是河流有明流，亦有隐藏的暗流，中国文化的厚度一直就存在着，从来没有消失过，只是有一部分被隐藏着。作为一种文化，中华文化一直以来以其独有的精神价值对世界文化作出自己的贡献，同时也得到了越来越多有识之士的认可。这正是我们的信心所在，我们应该加大中华文化传播和跨文化交流的力度，力求在交流中获得滋养，在碰撞中创新自我。

第二节 文化传播的基本理论

文化传播是一种时空扩散现象，哈格斯特朗 (Hagerstrand) 于 1967 年在 *Innovation Diffusion as an Spatial Process* 一文中奠定了空间扩散理论的基础。目前空间扩散现象的研究主要集中在知识和创新两个方面，研究的视角也呈现多样化，如常荔等[①]从知识链视角出发研究知识的扩散；Marilyn(2002) 和 Piergiusepp(2004) 从网络视角研究知识扩散；另一个常用的视角是通过场论研究空间扩散现象。“场”是现代物理理论的一个基本概念，主要用来描述物理量的空间区域分布，虽然文化属于社会经济学科的研究范畴，但知识系统也同样满足“场”的基本要素：一是拥有特定的空间区域；二是在空间区域存在若干元素 (即特征量)；三是各元素有特定的分布规律、运动规律并相互联系、相互作用。对于文化系统来讲，“文化场”属于社会空间，陈国宏等（1995）提出的技术势差，康凯等 (2000) 提出的技术创新空间扩散的梯度、散度及吸引力等概念都属于场论的研究视角。虽然物理学中场论的数学基础已经比较完备，但基于场论的社会分析理论框架，却被认为是“知识的死胡同”[②]。Newcomb（1953）主张群体动力学研究应该从主客观混淆不清的“社会空间”转向“社会群体结构”，研究对象从个体心理向人际关系研究转变。随着系统理论的不断发展，社会网络分析方法逐渐兴起，复杂网络的相关研究逐渐渗透到社会学科中，“弱连接”、“小世界网络”、“六度分割”、“根植性”、“结构洞”等新理

① 常荔，邹珊刚，李顺才. 2011. 基于知识链的知识扩散的影响因素研究. 科研管理，(9)：122-127.
② 吴令飞. 2007. 寻找“意见领袖”：应用Page Rank算法处理社会网络数据的尝试. 北京：北京大学硕士学位论文.

论不断出现，社会网络理论与人工生命理论相结合，已开发出类似传染病模型等经典的空间扩散可视化模型。目前，从复杂系统理论视角出发研究文化传播的专门成果并不多见，本节从复杂系统基本理论出发，分析文化传播过程的相关问题。

一、文化系统的复杂自适应性分析

我们所面对的整个自然界形成一个体系，是各种物体相互联系的总体①，文化作为一种人化现象本身也是一个系统。如前文所述，由于自然条件和各种偶然因素的影响，在人类发展的漫漫长河中形成了各种各样的文化类型，如贵和尚中的儒家文化和强调个人主义的欧美文化等。这些文化相互作用、相互影响，如中国在改革开放初期，嬉皮士文化和摇滚文化对中国文化的影响至今仍然存在，并影响着中国的文化建设。这些相异的文化之间依存共生，从而避免了因缺乏与其他文化交流而走向消亡的命运，因此可以认为人类文化现象本身就是一个系统。

文化包括物质文化、制度文化和精神文化三个层面，属于大文化范畴，亦即一切人化现象，人类文化系统的演化发展是人类与自然，以及人类与自身相处过程中的智慧结晶，并没有一个万能的“上帝”来主导文化系统的发展。因此，文化系统是一个自组织系统。同时人类文化系统也需要在与自然系统的交互作用过程中不断修正，以期能与自然系统和谐相处，由此，文化系统又是一个开放的系统。文化系统在发展过程中具有典型的非平衡相变特征，历史告诉我们，人类文明的每一次重大进步都与科学技术的革命性突破密切相关，原始文明、农业文明、工业文明及知识文明时代的每一次文化进步都带有与前期文明截然不同的特点，据此可以认为文化系统是一个满足非线性要求的非平衡系统。另外，文化系统的另一个重要特征是具有层次性②，文化最小、最基本的单位是文化特质（如中国人吃饭用筷子，欧美人吃饭用刀叉），文化特质表示一种具体的文化现象。相关文化特质的有机耦合形成文化丛，文化丛是在一定自然条件下随着人们社会实践的深入和扩大而形成和发展起来的，体现了不同

① 魏洪森,曾国屏.1995.系统论——系统科学哲学.北京:清华大学出版社.
② 赵秀玲,付廷臣,姜长宝.2005.城镇化进程中的文化支持研究.北京:人民日报出版社.

文化之间的差异和联系。文化特质和文化丛积累到一定程度将会形成结构比较稳定的文化模式，文化模式是超越个体价值观念的社会群体共同的价值观念和价值模式，文化模式具有排他性和区域性，具有相同文化模式的区域就形成了文化区，各文化区之间相互作用，形成了人类文化系统，文化系统的层级结构如图7-1所示。由此可见，人类文化系统本身是一个复杂自适应系统。

二、文化传播的含义分析

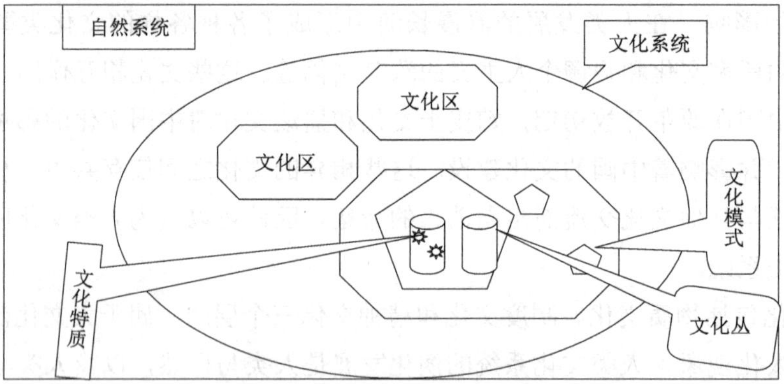

图7-1　自然-文化系统示意图

传播，从某种意义上讲，正如亚历山大·戈德所言，是“使原为一个人或数人所独有的文化为两个或更多人所共有的过程”。文化传播作为传播学的一个重要分支，目前学者们从不同角度对其含义进行了见仁见智的阐述。刘正发认为文化传播是文化变迁的重要机制之一，是指一个文化发明创造出来的文化元素乃至文化结构、体系向该文化之外转移或扩散，引起其他文化的互动、采借及整合的过程，是一种普遍现象，它的内容包括对文化的全盘接受、部分接受、重新解释或刺激产生某种新事物的替代或拒绝等方面的内容①。窦文章认为文化传播是指，人类文化由源地（中心）向外辐射传播信息流或由一个社会群体向另一个社会群体的扩散过程，文化传播是智能信息流及其物化过程的

① 刘正发．2007．试论文化传播对教育的启示．西北民族大学选报（哲学社会科学版），02: 128-133.

扩散，是信息的积累过程[①]。郑海中认为文化传播又称文化传通或文化传扬，是指一定的主体通过言语或姿势、表情、图像、文字等符号系统，传递或交流知识、意见、情感、愿望等信息，并使一定的受播者受到影响的过程[②]。冯霞和尹博认为文化传播是文化创新与发展的动力系统[③]。武斌认为文化传播是一种沟通人与人共存关系的文化交往活动，是人们社会交往活动过程中产生于社区、群体及所有人与人之间共存关系之内的一种文化互动现象[④]。朱浩对文化传播、文化扩散和文化传承的含义进行了区分，认为文化传播是指文化事物或现象从一个地区传到另一个地区，或从一代人传给另一代人的过程[⑤]。其中，文化从一个地区传到另一个地区的传播过程称为文化扩散；文化从一代人传到另一代人的传播过程称为文化传承，文化传播是文化扩散与文化传承共同作用的结果。

综上所述，文化传播是文化通过语言、器物、行为等文化载体所进行的时空扩散。在朱浩的分析中所用到的“地区”概念，其实是一种文化区位概念，文化扩散和文化传承虽有区别但从文化传播的过程出发，二者在本质上仍是一致的。后文在分析文化传播过程时不对二者进行区分。

文化传播是文化系统的一种宏观特征，依据复杂自适应系统理论，系统宏观特征是系统主体与环境相互适应的结果，文化系统的主体是什么？前文在分析文化系统的复杂自适应性时，曾提到文化最基本的单位是文化特质，它是人类智慧和实践创造力的具体表现[⑥]，可见，文化系统的主体仍然是人，传播学相关研究成果表明，群体态度的形成，归根结底是一个在人际关系网络中的传播过程。据此，本书认为文化传播是在人际关系互动过程中，随着人际文化特质的相互影响，导致接受某种文化模式的人群数量逐渐变化的过程。

福德认为，文化是一种学习过程，……以其有效性而为社会成员所普遍接受。克鲁伯认为文化是概括各种外显和内隐行为模式的概念。[⑦]由这两个概

① 窦文章．1996．文化传播的空间基础及模式分析．人文地理，12：60-63.
② 郑海中．2005．关于文化传播的几个问题．湖南社会科学，04：133-134.
③ 冯霞，尹博．2007．北京奥运文化传播与城市推广．广州体育学院学报，01：19-21.
④ 武斌．1998．文化传播论——以中华文化在海外的传播来讨论．社会科学辑刊，05：41-47.
⑤ 朱浩．2006．文化扩散类型的判断.地理教育，03：15.
⑥ 赵秀玲，付廷臣，姜长宝．2005．城镇化进程中的文化支持研究．北京:人民日报出版社.
⑦ 赵秀玲，付廷臣，姜长宝．2005．城镇化进程中的文化支持研究．北京:人民日报出版社.

念可以看出，文化之所以成为文化，关键在于它是一种被社会成员普遍接受、具有一般性的行为模式，而其一般性形成的前提就是传播，一种行为模式只有通过传播，而且能被社会成员广泛接受后，才能称之为一种文化。需要说明的一点是，本书所研究的文化属于广义范畴，凡是显化人的思想的事物均属于文化，包含有生态文化、物质文化、制度文化、精神文化四个不同层次，各层次之间相互作用形成文化系统。文化发展就是某一区域文化中的生态文化、物质文化、制度文化、精神文化在外部环境影响下不断进步的过程。精神文化是在社会实践过程中形成的、对人的行为具有支配作用的意识力量，是文化系统发展的动因，在一定意义上讲，生态文化、物质文化、制度文化都是人类与自然和自身相互作用过程中精神文化的外在表现，因此，精神文化是文化发展的动因。本书在研究文化传播问题时，主要探索精神文化的传播问题。

三、文化传播的类型分析

由于全球各区域自然条件和文化起源的差异，文化差异是客观存在的，从系统论视角来看文化差异是形成文化传播的主要原因，文化传播从不同的角度出发可以分成不同的类别。郑海中从文化内容角度将文化传播划分为意识形态的传播、文化模式的传播、生活方式的传播、经济模式的传播等①。窦文章在总结L.富劳宾尼奥斯和T.乔丹等的研究成果的基础上将文化扩散的空间形态概括为六种类型：浸染扩散、随机扩散、等级扩散、位移扩散、辐射扩散和波状扩散②。虽然窦文章没有明确指出其分类的依据，但通过对此六种文化扩散类型的内涵进行分析，不难发现，窦文章主要考虑的是文化传播的媒介方式和传播方向，浸染扩散的主要媒介方式是渗透和接触，如麦当劳、肯德基等洋快餐文化在中国的传播；随机扩散的传播媒介是偶然事件，如汶川地震对中华文化的传播；位移扩散主要考虑人口迁移所产生的文化传播，如基督教在中国的传播最初就是通过传教士传教的方式进行的；等级扩散、辐射扩散和波状扩散主要描述文化从文化极核中心向文化低势地区传播。

文化传播作为一种客观存在的文化现象，从不同视角出发可以得到不同的

① 郑海中．2005．关于文化传播的几个问题．湖南社会科学，04:133-134.
② 窦文章．1996．文化传播的空间基础及模式分析．人文地理，12:60-63.

分类结果，本书研究的重点不是文化传播理论本身，而是探寻如何提升文化传播效能，因此，后文在研究过程中不再区分文化内容，主要考虑如何提升文化传播效能。

四、文化传播微观过程分析

虽然文化传播包含行为、认知、理解等不同的模式，且在不同的文化传播模式下，文化传播的速度、程度和效果会有较大差异，但不论哪种文化传播模式，其微观传播过程都是基本类似的。文化人类学家R.林顿将文化传播过程划分为三个阶段：第一个阶段是接触与显现阶段，在该阶段某文化的一种或几种文化元素在另一种文化中显现出来，被人注意；第二阶段是选择阶段，被传播区域对显现出来的外来文化元素进行批判、选择，并作出接纳与否的抉择；第三阶段是采纳融合阶段，被传播区域将外来文化元素融合于本区域的文化之中[①]。林顿的理论已揭示了文化传播的基本过程，本书从复杂自适应系统和人际互动视角进一步丰富林顿的理论，为提升我国文化传播效能提供理论依据。

1. 文化传播基本阶段分析

人际互动指的是主体之间通过语言、文字、行为举止、器物等信息传播媒介实现信息传播的过程，此处所讲的人际互动与人际关系理论中的人际关系有一定的区别，不仅包括一对一的人际互动，还包括一对多、多对一的人际互动和多对多的人际互动。依据前文所述，文化传播的基础是人际互动，在人际互动过程中，每个主体所体现出的文化特质会被对方注意，这一阶段类似于林顿的接触和显现阶段。此过程如图7-2所示。

一个文化特质的传播过程至少包含两个主体，源文化主体和受众文化主体，两个主体通过媒介联系起来。在同一文化体系中，虽然所有人都遵循相同的文化模式，但由于每个个体所体现出的具体文化特质并不完全相同，因此文化特质的传递过程不可避免地与文化本身存在偏差。例如，中国人将红色作为喜庆的颜色，但并不是每个人在喜庆的情景下都以红色作为表现喜悦心情的主色。另外，文化特质经过编码通过中间媒介传递的过程还会进一步吸收外部环

① http://baike.baidu.com/view/1081808.htm.

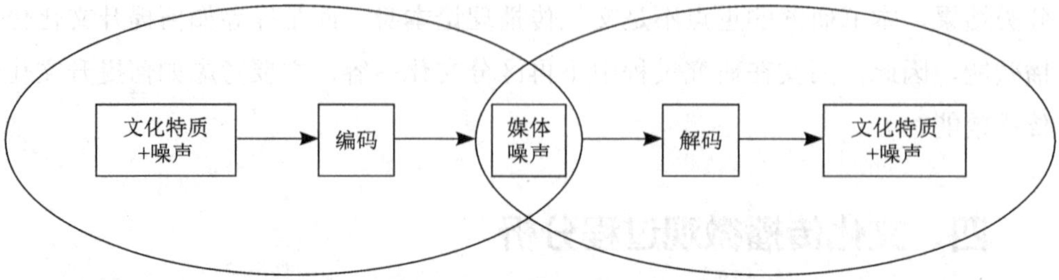

图7-2 人际互动过程的文化特质传播

境中的噪声。因此，受众主体通过中间媒体接受到的文化特质信息将包含各种各样的噪声，受众主体必须根据自己的文化习惯等对接收来的文化特质和噪声通过自己的主观理解进行解码。由于文化特质传播过程中存在的种种噪声，源文化中某一文化特质向受众文化的传播需要重复多次，方能被受众文化中的个体所准确理解。由此可见，一种文化特质传播的效能受以下因素影响。

（1）源文化中主体所发送的文化特质与该文化模式的吻合程度。源文化中个体所传递的文化特质信息与整体文化模式差异越小，传播效能越高，反之亦然。

（2）噪声的影响程度。

（3）媒体传输信息的效率。工欲善其事，必先利其器，媒体的传播效率直接影响着受众文化主体所接受到的信息的强度和准确性。本书将文化传播定义为人际互动过程中，随着文化特质的相互影响，源文化文化模式被更多人接受的过程。人际互动不仅包含面对面的人际交流，也包含通过通信工具所实现的人际互动，虽然文化传播载体多种多样，但依据人际互动的特性，可以划分为物化载体和人化载体，典籍、器物等属于物化载体，双方通过可见的实物形式进行文化交流，语言、行为等属于人化载体。[①]随着生产力的不断发展，文化传播载体也在发生变化，从结绳记事、鸿雁传书到信息高速公路，文化传播载体也从具体的实在走向抽象的虚拟。虽然物化载体的技术手段不断改进，但物化载体需要对文化进行抽象，传播的文化特质也是静止的、片面的，文化传播最为有效和直接的方式仍是人化载体。随着人类文明程度的逐渐提高，每个

① 刘宽亮．2003．关于文化传播规律的思考.运城学院学报，04：9-12.

自然人所承载的文化内涵也逐渐丰富，在跨文化交流中，语言、思维方式、行为举止等人化载体仍是最能直接体现一种文化内涵和特征的传播方式。

（4）传播的强度。文化传播仍属于信息传播的范畴，是各种信息的时空流动，在信息传播过程中，信息强度直接决定着受众个体对信息的接受和理解程度。在文化传播过程中，如果每个具体的文化特质仅对受众个体进行少数几次的刺激，就很难引起共鸣。

文化传播的第二阶段是受众文化中的个体在理解源文化中某一文化特质后作出是否接受该文化特质的评判。受众个体是否接受源文化中的某文化特质主要受到受众文化文化模式的影响。如果源文化的文化特质并不能适应受众文化的文化模式，则该文化特质的传递将以失败告终。例如，中国人虽然早认知到西方居民用刀叉吃饭的饮食文化特质，但鉴于中国居民的饮食结构，这种饮食文化特质并没有完全得到中国居民的接受。即使源文化特质与受众文化的文化模式并不抵触，在文化传播过程中仍将受到以下因素的影响。

（1）心理定势。受众文化个体习惯于自己国家或民族的文化解读方式，在源文化模式下看来是天经地义或理所当然的事物、观点或思维方式就有可能违背了受众文化个体的心理定势，如在中国人看来谦虚与低调是美德，而西方居民往往推崇个性张扬。

（2）偏见。文化最核心的内容是其所带来的群体共同遵守的价值观和行为规范，受众文化个体对源文化中文化特质评判的依据是受众文化所带来的价值观。以好友聚会的付费方式为例，多数中国居民以自己能在好友聚会时支付相关费用为荣，而接受AA制方式的居民却认为这是一种“傻”。

（3）文化品位。一种文化的文化特质是否会被受众文化个体所接受，与文化风格有很大关系，外向型文化风格充满激情、催人向上、充满活力，在全球化的背景下，开放型、外向型的文化信息传播强度大，与其他文化交流、碰撞的机会更多，也更容易被人接受；内敛型的文化平和、内向，进而导致保守、封闭、缺乏扩张性，信息传播强度小，被人接受的概率较小。另外，积极向上，适合时代发展需要的文化也更容易传播，如共产主义思想以其理论的科学性、目标的崇高性在世界范围内产生巨大影响，全世界无产者不分国度和种族，掀起了波澜壮阔的共产主义运动。

文化传播的第三个阶段是文化融合阶段。文化是众多文化特质的集合，仅有少数几种文化特质的传递尚不能被称为文化传播，如果有数量足以充分代表源文化特征的文化特质被受众文化中的个体所接受，且受众文化中接受源文化的个体的数量能够达到影响受众文化中所有个体价值观和行为规范的阈值，我们称源文化成功传播到受众文化区域。第三阶段的成功实现需要源文化中的个体不断重复第一阶段和第二阶段，将各种文化特质传向受众文化区域中的个体。

2. 文化传播过程的特征分析

文化传播作为一种扩散现象，满足扩散模型的一般特征，如文化传播也必须有传播者和接收者两个主体，同样也包括传播者对传播对象的理解和编码，接受者对信息的解码，以及接收者对传播对象的接受和理解，整个传播过程同样也受到外界环境噪声的影响，传播过程的效率也受到传播者和接收者的共同影响。但是文化传播有其特殊的地方。其一，文化传播的方向不是信息的单向流动，在文化传播过程中双方是相互影响的，在传播关系建立后，传播的主体和客体并不是一成不变的，由于传播是双向互动的，所以，客体和主体之间没有显著差异。其二，文化传播的结果不是一个简单的信息传递，而是双方相互影响，且转移至一个新状态，因此，简单的信息传递过程尚不能有效描述文化的传递过程。其三，在一般的信息传递过程中，信息接收者对所接受信息采取接受的态度，而在文化传播过程中，双方对所接收到的信息要进行评判，以判断是否将该文化融入自身已有的文化体系中。其四，在一般的信息传递过程中，信源的信息总量不会增加，而信宿的信息量增加，由于文化传递的双向性和相互影响性，在文化传播过程中，包含文化信息与功能的异化和衰退。

广义文化下文化载体本身也是一种文化现象。例如，文字是一种精神文化，在我们的研究中，认为文化传播的终极目的是文化价值观的传递，因此，我们把文化载体视为文化传播的信号，把媒介视为传播的渠道。本书在研究文化传播时，对于传播媒介的研究范围不仅包括电视、报纸、网络、图书、手机媒体、文化传播团体等文化信号传播媒体，而且包括语言、文字、器物等文化价值观载体。

五、文化传播过程中的基本原理

文化传播看似随机自然，但绝非人之愿望所能左右，在其内部包含着一定深刻的规律。20世纪后半叶，F.拉采尔首次使用（地理）扩散一词，从“生存空间”学说着手，通过种族、语言、宗教等文化要素的地理分析，探索了文化地理区的形成和特征；哥瑞波纳以文化特质的传播序列为出发点，对文化扩散理论进行了进一步的深入研究。目前相关研究一直认为：①文化系统是一个不断运动的动态系统；②文化扩散不是简单地文化输入，而是不断形成新的文化形态的过程；③文化扩散过程虽然是交互的，但从优势文化向劣势文化扩散是一个占优的方向；④文化扩散的基本过程是：注意→兴趣→评价→试验→采用。[①]在此基础上学者们探索、提炼出了文化传播过程中的几个一般原理，学者们探索出的文化传播原理主要有以下几个。

1. 文化的圈层原理

在文化圈层的众多划分方法中，以地域为标志进行划分是最重要的一个分类方式。[②]由于文化产生于人与自然及人与人的交互作用过程中，每个区域都会形成具有较强自我特色的区域文化，不同区域文化的文化特质各具特色。虽然文化来源于人类的生产实践，但由于文化演化速度较慢，在该区域生活的人，其思想和行为势必受区域文化的影响和限制。

2. 文化的维模与适应原理

文化维模原理是指文化圈层对外来文化起到一种选择和自我保护作用，当所传播的内容有利于原来文化的维模时就很容易被接受，而且在接受的过程中把它作为一种新的营养进行接受，补充到原来的文化体内，但是当外来文化不利于原来文化维模时就产生抵制和排斥。[③]

由图7-1可知，文化作为人化自然的结果，任何区域的任何一种特殊文化都是区域居民不断适应外部环境的结果，其存在具有必然性和合理性。同时作为区域居民思想和行为的外部约束，任何一种文化的要素、结构、风格等都是为了满足主体的需要，因此，文化也存在质量与品位，满足主体需要的方式和

---

① 窦文章．1996．文化传播的空间基础及模式分析．人文地理，12:60-63.
② 刘鸿，杨继光．2006．文化传播对电视台本土化过程的影响．采写编，02：41-42.
③ 刘鸿，杨继光．2006．文化传播对电视台本土化过程的影响．采写编，02：41-42.

程度不同，文化的价值就不同：能够不断适应外部环境变化，不断满足居民需求变化的文化，其价值就越高。作为居民适应外部环境的结果，文化价值具有一定的空间性，因此，文化传播不仅仅是一种文化输入另一区域的过程，还包括受众区域对外来文化的选择和接纳过程。选择和接纳的前提是受众区域对外来文化价值的肯定，在某一区域表现出较高价值的文化，在另一区域却不一定能表现出相同的价值，因此，一种文化的区域适应范围越广，其传播过程中被接受的概率就越大。

3. 文化的优势扩散原理①

文化传播的优势扩散原理是指先进、发达、文明程度较高或在某些方面具有相对优势的文化，容易得到传播。

不同区域的居民适应外部环境过程中的初始状态不同、区域外部环境不同，以及文化特质选择过程中的不确定性，导致不同区域文化存在较大差异，这种差异既包括文化发展水平、发展层次等质的差异，也包括文化区域风格等量的差异。文化质的差异不仅导致在一定时间点上满足主体需求的程度存在差异，也导致不同文化满足主体需求的潜力存在差异，文化量的差异仅导致同一时间点上主体需求的满足程度存在差异。文化是不断发展进化的，那么文化势必存在时代性和阶段性，另外，同一时期不同区域的文化也存在质和量的差异。这就造就了区域文化间存在强势和劣势之分，亦即不同区域文化价值不同，但居民追求美好未来的愿景是一致的，这就造成优势文化容易在较广范围内得到传播。

4. 相似相溶原理②

“相似相溶”原理是指：①异质文化间含有相同或相似的“文化因子”或“文化基因”，尽管彼此不同，但在文化的生成、发展或表现形态上有部分相似性，即使整体差别较大，在跨文化传播中也具有“异性相吸”的特征和倾向，有包容、吸收、联姻、融合等“兼容性”，至少不会产生“排斥”。②如

① 刘宽亮. 2003. 关于文化传播规律的思考. 运城学院学报，04：9-12.

② 李相成. 2007. 跨文化传播伦理建构的“相似相溶”原理——以《刮痧》为例. 郧阳师范高等专科学校学报，(8) :47-50.

果异质文化在跨文化传播过程中具有相似的文化语境、政治气候、心理预期、时代“谋和”等文化传播的“胚胎”和土壤等条件，跨文化传播一般都会得到双方的尊敬、理解和转化。其实“物以类聚，人以群分”揭示的就是跨文化传播中异质文化的“合并同类项”现象，即“相似相溶”现象，“近朱者赤，近墨者黑”则是跨文化传播中极端化“相似相溶”状态，即被“同化”。“同是天涯沦落人，相逢何必曾相识”反映的也是跨文化传播中文化背景的“相似相溶”心理默认。

5. 表层文化易于传播原理

文化有不同的层次。在本书中，我们认为广义文化可以分为生态文化、物质文化、制度文化和精神文化，生态文化中同时也含有物质文化、制度文化和精神文化，在此处我们仍把文化分为物质层面、制度层面和精神层面。

精神文化涉及人生原则、人生信仰、人生价值、生活方式、思维原则、行为习惯等方面，它一经形成，就具有一定的地域性、民族性和持久性，不同文化区的精神文化经常表现出一定的排他性，会发生文化理念和价值观念的冲突。制度文化和物质文化随着其与人生观、价值观等精神文化层面的距离越来越远，其民族差异性、情感特征和价值冲突越来越少，是一种普遍适用的文化，或者说是一种中性的文化。正是由于不同层面所具有的这种不同的特征，文化在传播过程中表现出不同的特点，精神文化因其形成的长期性，表现出较强的稳定性，发生改变的难度较大；制度文化和物质文化因其在满足主体需求过程中的工具性，在传播过程中受限制较少，发生改变的难度低于精神文化。例如，中国古代的四大发明在很早的时候就传到欧洲，并对欧洲文明的发展起到巨大的作用，美国的电脑技术在短短几十年就传遍全世界，被各个国家所接受，就充分证明了这一点。①

六、增强文化传播力是提高文化核心竞争力必要内容

民族文化是一个民族的精神魂系，是构成一个国家和民族文化核心竞争力

---

① 刘宽亮．2003．关于文化传播规律的思考．运城学院学报，04:9-12.

的核心要素。一个国家或民族文化特色能否传承下去，不仅关系到其民族的生存与发展，还关系到国家的前途和命运。[①]历史古国（如腓尼基王国、楼兰古国等）都是因为文化的僵化、灭失而走向消亡；玛雅文明、西夏文化也是因为自然、交通不便等因素缺乏与其他文化的交流而走向消亡的。因此，文化需要传播，文化传播能力对一种文化的延续和发展具有决定性作用。随着东西方意识形态对抗的结束和全球化进程的进一步深入，国际文化传播成为“最大限度地利用国际传播的方法（人际的、组织的和大众传播等方式）传递本国的文化信息，以获得外交、政治、经济等方面的国家利益”[②]的工具。我国目前正处于社会经济发展的转型期，纵向地说，面对着如何古为今用，在与传统文化对话中提升自我；横向地说，面对着如何洋为中用，在与外来文化的碰撞中创新自我等问题。如何充分利用两个市场、两种资源传播中华优秀文化，对我国在国际社会文化竞争中的可持续性起决定作用。由于文化软实力具有无限的扩张性，而文化传播能力正是衡量一个组织文化核心竞争力强弱的重要标准之一，因此，增强文化传播能力对于提高我国文化核心竞争力具有举足轻重的作用。另外，文化传播表现为文化的时空扩散，本书在研究增强文化传播效能的对策时也主要从这两方面出发。根据文化传播的一般过程中影响文化传播的因素，依据文化传播过程中的基本原理，其一是研究如何增强我国优秀民族文化的传承能力，其二是研究如何增强我国民族文化的空间扩散能力，亦即研究如何增强民族文化的跨文化交流能力。

第三节　文化创意传播与文化核心竞争力

21世纪是一个“创意风暴”[③]时代，何为创意？一般认为创意即创立新意，提出创造性的见解、方案和意境[④]。理论界对创意的研究多集中在文化创

① 姜淼．2005．全球化背景下的我国民族文化建设．广西社会科学,（1）：181-183
② 王涛，王海林．2006．国际文化传播与“和谐”外交．中北大学学报（社会科学版），(6）：49-53.
③ 蒋正均．2011．创意时代的呼唤：开办创意学院．民办高等教育研究,（1）：101-102.
④ 徐仲伟，周兴茂，谈娅．2007．关于文化创意产业的几个基本理论问题．重庆邮电大学学报（社会科学版），(11）：60-66.

意产业，认为文化创意产业是把传统产业与创意完美结合，任何创意必须以一定的文化积淀为基础，在充分利用已有文化的基础上进行文化创新，文化创意产业就是将创新的文化观念通过物的实在体现出来。因此，文化创意产业产品既具有传统商品的经济属性，又具有文化属性。从文化创意产业的视角来看，创意的根本作用在于充分发掘传统生产要素的经济价值，提升产品消费品位、提高传统要素利用效率，在满足人类物质消费需求的同时满足人类的精神需求，解决人类在现代化过程中物质生产与精神生产失衡所带来的精神危机，并借此促进区域经济发展，虽然已有学者认识到文化创意产业是弘扬民族文化的重要方式，但最终的落脚点仍在于如何通过创意促进经济发展。本书研究的是如何通过增强文化传播能力，提升文化核心竞争力，而如何通过创意提升民族文化传播能力，仍是一个值得探讨的问题。

一、当前文化传播媒介发展特点分析

1. 传播媒介的边沿逐渐模糊化

传统的文化传播媒介包括以人的面对面交流为基础的人化载体；以符号为载体的电视、图书、广播、报纸杂志、电影等，以实物形态为载体的有形产品经济系统等。随着文化创意产业的逐渐发展，以实物为载体的文化传播越来越受到人们的重视，前文在文化创意产业部分已有相关论述，此处不再赘述，重点分析以符号为载体的电视、图书、电影、报纸杂志等和以人际交流为基础的文化传播。

传统传播媒介之间具有一定程度的互补性，如图书、报纸杂志主要以静态的文字和图画进行文化传播，广播以声音进行文化传播，电视和电影以动态的图像和声音进行文化传播。图书、报纸杂志、电影光碟具有可存储性，而电视、广播虽然信息量远高于图书、报纸杂志和电影，但可存储性较差。随着互联网技术的发展，电子图书、电子报纸杂志、电影的图像、声音实现了综合传播，同时所有的信号都能够实现存储，在互联网技术发展之前，传统媒体间各有优势、竞争不强，而互联网技术的发展导致各种类型传统媒体所具有的相对优势消失殆尽，传统媒体之间出现以互联网为平台的惨烈竞争。

2. 传播主体多元化

在互联网技术出现之前，利用传统媒体进行文化传播的传播者主要是各种机构和文化精英，传播的主导权控制在少数个体手中。虽然随着文化产业的不断发展，传统媒介在文化传播过程中越来越注重受众的文化需求，但传统媒体易于审核的特点，导致传播内容仍掌握少数精英个体的手中，受众始终处于被动的地位。随着互联网的发展，所有人都可以成为一家“没有执照的文化传播机构”，所有机构、组织、个人都可以在互联网上进行平等的文化交流，每个个体既是文化传播者，又是文化接受者，不同层面之间形成错综复杂的文化传播网络，所有机构、组织和个人都处于文化传播的第一线。在以互联网为基础的新的传播环境中，所传播的文化内容并不是有某一组织、机构或个人指定的，而是由用户之间相互交流创造出来的，传统媒体的文化垄断优势荡然无存。在复杂的多元化传播主体环境中，如何使得传播内容引起受众的“围观”，成为提高传播媒介效率的当务之急。

3. 空间无限制化

在互联网技术出现之前，传统传播媒介的传播空间范围具有区域限制性，如各种图书、报纸杂志和电影都需要进行运输，电视和广播也受到信号传递技术影响呈现区域性。同时传统媒介也很容易受到文化传播精英的控制，各种禁书、禁播电影、禁播电视剧层出不穷，每种文化尚可以在文化精英控制的温土上独立发展，亦即容易实现文化的地方保护传播。而以互联网为基础的新传播环境中，凡是实现互联网覆盖的地方，文化信号都可以到达，所有的文化信号实现全球共享，文化传播出现空间无边界倾向，文化系统的“地球村”现象远高于经济系统。

在全球传播的背景下，任何承载文化的信号都可能影响文化传播结果。以互联网为基础的传播环境是一把双刃剑，一方面，给文化传播带来了广阔的传播空间，文化信号可以摆脱传统媒体的限制，除非出现人为限制，文化信号可以实现全球传播；另一方面，互联网的出现导致全球互联互通，各种文化之间的竞争日趋激烈，一种文化不在这种竞争中取胜，就会消亡或被同化。

4. 时间凝固化

依据前文所述的文化传播基本理论，文化传播需要通过众多文化现象对受众进行反复刺激，方可引起受众的注意，并作出是否接受文化的决定，因此文化传播信号的可持续时间对文化传播效能也具有很大影响。在传统的传播媒介中，电视、广播的信号具有瞬时性，在同一时间点上，受众只能接受媒体发布的单一信息，没有可供选择的空间，处于被动的地位；图书和报刊虽然将信息固定下来，但由于其容量有限性，也只能将某一有限时间段的信息固定下来，如果文化受众需要了解更长时期的信息，就需要积累数量巨大的图书和报纸杂志，这样导致图书和报纸难以实现时间上的连续传播。而以互联网为基础的传播环境中，所有信息均被固化在互联网平台上，受众可以随时掌握所需要的信息，信息组织方式实现了时间性和空间性的有机统一，形成了时间和空间有机结合的立体信息。

二、文化传播新趋势

在新的传播环境中，各种文化透明化直面竞争，从对传统传播媒介的认识出发，文化在传播层面的噪声要远大于传统媒介，且似乎难以避免这些由于新媒介环境的边沿模糊化、时间凝固化、空间无限化和传播主体多元化所带来的噪声。由于新媒体环境正在蓬勃发展，各种以互联网平台为基础的传播新媒介不断出现，QQ、MSN、博客、微博等层出不穷，认识新媒介环境下文化传播的趋势，有助于针对性地提供提高新媒介环境下文化传播效能的相关对策。

1. 新传播媒介爆炸式增长，成为促进文化传播的重要推动力之一

自有人类之日起，文化现象随之而生，文化传播亦随之而出现，从最初的结绳记事到语言的形成，从文字的发明到互联网平台的广泛运用，人类传播文化的媒介不断进步。几千年的人类历史中，所形成的传统传播媒介也只有图书、报纸杂志、电影电视、广播等少数几种经典的传播媒介，而互联网技术的出现，QQ、MSN、电子图书、电子报纸杂志、博客、微博、网站、论坛等以互联网技术为基础的传播媒介喷涌而出，文化传播媒介出现爆炸式增长。

传统媒体的传播以人力资源为基础，通过人的创造性完成文化传播的研究、策略、创意、制作和传播，而在新的媒体环境下，是数字技术成就了新的传播环境，解决了传统媒体时间和空间的对立统一。新的传播媒介环境中，信

息搜索、文化信息载体内容的制作和信息传输成为主要内容，传播效果受到人的创造能力和数字技术发展的双重影响。

2. 组合型传播组织形式逐渐形成

新传播环境形成的主要平台是由数字技术发展所形成的新的文化信息信源和信宿之间的沟通结构，在新的传播环境中，传统的文化传播媒介、人际面对面交流及各种依托互联网技术发展起来的新的传播形式将纵横交错，实现无缝连接。各种传统的传播媒介形式将实现网上和网下的同步传播，并在网上通过受众的回帖评论、留言、博客、专题网站、微博等形式实现与文化受众的互动，并进一步影响网下的传播，传统媒体虽然传播模式不再唯一，但通过与其他传播手段的组合，传统媒体的传播效能将得到进一步的提升。在传统媒体成熟发展之前，人际交流曾是文化传播的主要形式之一，中华民族中有的少数民族没有自己的民族文字，他们民族文化的传承主要靠本民族人民的口口相传。另外，很多非物质文化遗产并没有清晰的语言文字记载，它们的传承也主要靠代际交流。虽然图书、报纸杂志、电视和电影等传统传播形式的出现，表面看来使人际交流文化传播的功能下降，但实际上人际交流仍是文化传播的基础，如儿童教育主要还是靠家长和老师的说教。随着互联网的发展，人类生活实现网络虚拟化，日常的人际交往当然也实现网络虚拟化，并进一步延伸和拓展，聊天、社区讨论、博客、微博等人际虚拟交流手段不断出现，在新的传播环境中，人际交流由少数人之间的隐私形式，逐步发展为显式交流，各种议题讨论主动扩散，逐渐形成舆论，这种网络形成的舆论会自动考虑从网上走向网下，并影响人们的价值观和日常行为。例如，关于老年人摔倒是否帮忙扶起来的话题的讨论，逐渐形成了袖手旁观的主流潜意识。虽然从传统的道德观念来讲，我们应该扶老携幼，但通过多起事件的网络讨论，在面临同样问题时，潜意识中就需要考虑是否敢于立即伸出援手。

在新的传播环境中，由于交流的便利性和信息的可存储性，各种传统媒介在保持原来的传播模式继续存在的同时，需要进一步加强网上传播创新。另外，各种传播手段的有机结合、形成立体传播媒介也是增强文化传播能力的重要手段。

三、新传播环境中文化传播面临的主要问题

在利用传统媒体进行文化传播时，有关部门很容易控制传播内容，有选择地进行信息传播，便于文化传播朝着文化精英希望的方向发展，而在以互联网为基础的新传播环境中，文化信息分散于所有能够接触互联网的机构、组织和个人手中，传播主体的复杂多样化，使得文化信息很容易淹没在信息海洋中，增加了文化传播过程中的噪声，难以达到预期的传播效果，很容易形成文化多元化，进一步增大了文化传播的难度；同时由于传播主体的复杂多样性，在新的传播环境中，各种文化的代言人都可以表达自己的声音，且很容易通过无限的舆论放大，造成主流文化信息传播难度增加。

在新的传播环境中，各种各样的文化信息集聚在一起，且不同历史阶段的文化信息完整地呈现出来，使得各种文化几乎赤裸裸地进行竞争，在这种透明化的环境中，如何控制文化传播的各种信息，如何接触受众，如何使受众在海量的文化信息中注意到该文化的文化信息，是新环境中文化传播需要思考的首要问题。

四、文化创意传播分析

1. 文化创意传播的内涵

“创意传播”一词最早出现于北京大学新闻与传播学院陈刚教授2008年提出的“创意传播管理”理论中，该理论的研究对象为新传播环境下的企业营销管理，重点分析在互联网背景下，企业如何实现有效的营销管理。在文化传播领域，鲜有研究文化创意传播问题的相关成果。由于互联网信息的海量化，信源如何引起受众的注意，并对其产生影响，成为新环境下文化传播的核心。如果没有创意，在新传播环境中将无法实现文化传播，创意成为新传播环境中文化传播的重中之重。在新的传播环境中。创意不仅仅体现在内容方面，而且渗透到文化传播的各个阶段和各个方面。所谓创意传播，简言之就是依托创意提升信源和受众之间的信息交流机会，通过创意增强传播内容的可接受性，利用创意提高文化传播形式的吸引力，进而提升文化传播效能。在新传播环境中，创意传播的主要资源是人的智慧与现代技术。

2. 文化创意传播的主要内容

1）传播内容管理

要进行文化传播，首先必须明确需要传播的内容，这就需要文化信源对所传播的本文化的内容有明确的理解和认识。中华文化虽然历经磨难，但仍蓬勃发展，自新文化运动以来，一度出现全盘西化的文化倾向，虽然传统文化的根基并没有动摇，但目前中华文化的精髓到底应该是什么？这是一个在文化传播过程中，首先需要澄清的问题，前文在谈到中国文化核心竞争力时，曾对此问题作出解答。

在明确传播内容的基础上，还需要了解当前各种文化的现状，关注各种文化的发展趋势，并对影响本国文化发展的危机性信息作出敏捷反应，充分利用有利信息，知己知彼地展开文化传播活动。

2）传播接触

在明确传播内容的基础上，下一项重要的工作就是如何与目标对象进行沟通，这就需要有效的与受众进行沟通的渠道。在传统的传播媒介中，信源通过单项的信息传递影响受众，而对受众接受信息后的反应无从知晓。在新传播环境中，传播渠道实现网上网下和全时空的立体化，各种各样的传播媒介碎片化，必须通过强有力的整合方能实现文化的全方位传播。

文化创意传播管理就是在明确文化传播内容的基础上，借助创意整合文化传播媒介，改善文化传播形式，创新文化信息编码方式，提升文化传播效能的相关活动。

在本书中文化传播既包含文化传承，又包含文化扩散（文化的跨文化传播），从提升文化核心竞争力的视角来看，文化传承与文化扩散对于提升文化核心竞争力具有同等重要的地位，只有实现有效的文化传承，才能构建文化对外扩散的“大本营”；同时只有实现有力的跨文化传播，才能提升文化的竞争力。文化竞争的内涵主要指的就是一种文化在与外来文化并行传播过程中，被同时受到各种文化信息影响的受众接受的可能性大小。在当前的环境中，各种文化都在积极进行跨文化传播，任何一个自然人在自身文化品格的塑造过程中都同时接受本民族文化和外来文化的双重影响。由于任何一个自然人都必须首先处于特定的民族文化环境中，因此相对来讲，民族文化传承的难度要低于扩散的难度，后文在研究如何提升我国民族文化的核心竞争力时，分别从文化传承和文化扩散两个角度进行。

第四节 中华文化传承与民族文化特色的凝练

如前所述，文化核心竞争力是以文化竞争力中那些极具个性特色的、极难复制的要素为基础，通过整合其他方面能力而形成的极具可持续竞争优势的系统能力。其中，极具个性和极难复制的特点不是一朝一夕就能形成的，它需要历史的沉淀。中华传统文化是中华民族在长期历史发展中形成并保留在现实生活中的具有自身特色的相对稳定的文化，保持中华民族这一文化特色是形成中华民族文化竞争力独特性、难以复制性的前提。胡锦涛同志提出：中华传统文化是中华民族生生不息、团结奋进的不竭动力，是我们文化创造力的主要来源。因此，要弘扬中华文化，建设中华民族共有精神家园。[①]这告诉我们传承中华文化是当代文化人肩负的重要历史使命。越是民族的越是世界的，批判地继承传统文化的优秀因子，并积极融进现代社会的文化内涵，赋予传统文化以时代意义，是中华传统文化不断创新自我、长盛不衰的根基。因此，传承优秀传统文化、延续历史文脉，是形成文化核心竞争力的首要工作。

一、加强教育创新，保持中华文化的独特魅力

教育是人类特有的文化传承活动，具有选择、传递、创造文化的特定功能，在人的教化和培养过程中始终扮演着重要的角色。教育首先通过教育者的“传道、授业、解惑”将民族文化一代代进行延续，随着教育方式的不断变革，教育的文化传承功能不断得到强化。保持一种文化的原生态，就是形成民族文化之魂和保持文化个性的重要手段，而教育特有的文化传承功能不仅保证

① 纪宝成．2008．中华文化的优秀传统．http://www.cnci.gov.cn/content/20081020/news_13260.shtml［2013-2-13］．

了文化的延续性，而且能在保持民族文化纯洁性的基础上，在延续中不断创新，保持着民族文化的相对独立性和民族个性。因此，重视传统文化教育是形成文化核心竞争力的重要手段。

教育的文化传承功能一方面表现为师生间的文化传播，另一方面表现为学校这一文化高地对社会大众文化的影响，后文的对策也主要从这两方面出发，探索如何利用教育这一文化传承媒介传承民族文化价值观。

（一）推动青少年形成民族文化学习和传统价值观念践行的自觉性

青少年时期是世界观、人生观形成的重要时期，世界观、人生观一经形成，就具有相对确定的稳定性，并对人的综合素质和终身发展产生深远而持久的影响，“泰山可移、秉性难改”就是对这一问题的经典写照。因此，在积极文化引导下形成青少年的民族文化自觉，对于形成我国民族文化的核心竞争力具有不可替代的作用。就当前情况看，要着力做好以下工作。

1. 加强史书典籍的诵读，保持传统文化整体的延续

史书典籍是中华文明一脉相承的重要标志，中华民族自古以来就非常重视历史经验，重视保存历史资料，我国史书编纂规模之大、存留之丰绝世仅有。青少年时期是人生记忆力发展的高峰期，这个时期教育工作者要抓住青少年学生的学习特点，加强史书典籍的阅读，增强青少年传统文化知识存量。目前我国在幼儿园和义务教育阶段已经认识到传统文化知识学习的重要性，不少学校已经专门开设有经典诵读的课程，尤其是我国目前正在国内外进行的孔子学院建设，这对传统文化的延续起到弥足珍贵的作用。但是开设课程仅限于四书五经等一些经典传世著作和一些名句，这些著作固然反映了民族文化的特色，但是并不能反映传统文化的全貌。因此，教育主管部门一定要在保持学生适当课业负担的基础上，加强青少年传统文化的系统诵读工作，为民族精神的延续奠定坚实的知识存量基础。

2. 通过反思日常行为，成为自觉的传统价值观践行者

我国目前思想教育课程贯穿整个教育过程，这也是我国教育体系的一大特色，纵览我国思想教育课程几乎是清一色的爱国主义政治教育。青少年时期由于其知识结构和对世界认识的局限性，对国家这种宏观概念的认识相当模糊，

孔子曾讲君子要修身、齐家、治国、平天下，这不仅是对君子的要求，同时也是君子成长的基本过程。在青少年时期我们要从日常生活着手，通过引导学生对日常行为进行反思，结合诵读的史书典籍，形成传承传统文化的自觉性。随着我国计划生育政策的实施，中国出现“小皇帝”一族，他们在父母、爷爷奶奶、外婆外公的呵护下成长，缺乏与人相处的能力，在生活中形成了极端个人主义。一则故事讲，一个“小皇帝”在老师的指引下逐渐意识到父母之不易，有一天，操劳过度的父亲晚饭后躺在沙发上睡着了，“小皇帝”悄悄端来热水为父亲洗脚，醒来的父亲感动得热泪盈眶。“小皇帝”这看似不起眼的举动已经在践行中国传世几千年的孝文化。

3. 大力推进国民优秀价值观塑造工程，为年轻一代创造良好的成长环境

随着我国市场经济不断向前发展，居民物质生活水平不断提高，物质财富的追求似乎也成了衡量一个人成功与否的唯一标准，居民奋斗目标的一元化也导致了“留守儿童”、“留守妇女”、“空穴老人”等一系列社会问题的出现，从农村到城市，大街小巷随处可听到的不是“风声、雨声、读书声”的欢愉，而是哗哗的麻将声所带来的吵闹。三字经中说:“养不教,父之过;教不严,师之惰。”随着教育社会化程度的不断加深，“养不教”已不仅仅是“父之过”，而是社会之过。目前我国整体已进入小康社会，但“仓廪实而知礼节”并不是一个自发形成的社会现象，“仓廪实”只是一个基础，全社会“知礼节”的文化习惯需要进行国民教育方可形成。因此，需要大力推进国民优秀价值观塑造工程，为年轻一代创造良好的成长环境。

（二）创新高校文化传播环境，降低民族文化传承的噪声

高校不仅仅是一个人才培养、科学研究、社会服务的高地，同时也是一个知识传承的高地，随着经济全球化趋势的不断加强，文化竞争愈演愈烈，扬弃民族传统文化、唤醒国民的传统文化自觉是高校责无旁贷的重任。

1. 提高教师的传统文化素质

教师在传统文化传承中有着重要的作用。教育作为一个知识传播过程，包括教师和学生两个参与主体，在一个完整的知识传播过程中，教师通过对知识进行编码，然后将信息通过媒介传递给学生。在此过程中，教师的知识水平对整个传播过程的有效性具有决定性的意义，同样，教师的思想品德、治学态

度、行为规范、价值取向是否体现着传统文化观念，对于高校能否建立有效的传统文化氛围及传统文化的有效传播都起着重要作用。因此，提高教师民族传统文化素养对于提高教育传承民族传统文化的能力具有基础性的作用。目前，我国高校对教师的学历、职称有很高的要求，繁重的科研教学工作使得很多教师自身传统文化素养很低，不妨以汉字书写为例。文字是文化的基本载体，记载着文化发展的历史轨迹和丰富成果，数千年来，汉字这种独具特色的“方块字”，为书写中华文化，传承中华文明，发挥了巨大作用，汉字内涵丰富，是中华文明的重要标志。但是很多教师在上课过程中经常出现错字、别字。教师术业专攻的同时传统文化素养缺失的现象可见一斑。因此，需要采取措施提高教师的传统文化素质，如对教师进行系统的传统文化知识培训或讲座，或者开展传统文化知识竞赛等。

2. 构建以传统价值观为基础的校园文化

文化传承作为信息传递的一种，其传播过程同样受到外部噪声的影响，构筑良好的校园文化环境，有效减少外部噪声的影响，对于提高文化传播的效果具有很大的帮助。

（1）建设富有传统文化特色的校园物质文化环境。根据文化传播中的表层文化易于传播原理，物质层面的文化易于被人接受，构建富有民族文化特色的大学校园环境，有利于在潜移默化中提升学生的传统文化素质。目前我国正在进行高校教育质量评估，很多高校在软件质量不高的情况下高强度地进行校园硬件建设，全国各高校目前建设的新校园几乎是清一色的高楼大厦，这种校园建设理念对于传统文化的发掘和保护十分不利。以千年学府湖南大学，百年名校北京大学、河南大学等为例，这些学校的老校区都有丰富的古建筑群，一走进校园，传统文化气息就会扑面而来，虽然我们可能对这些充满文化气息的物质文化并不十分了解，但我们能感觉到它的厚重，感觉到它的历史并对它肃然起敬。而他们的新校区建设几乎没有差异，从而可能出现其历史文脉的中断。因此，在高校这个传统文化传播的圣地，尤其需要寻找历史与现实的共生空间，为传统文化的传承营造良好的物质环境。

（2）构建保证厚德博学的大学价值观形成的运作机制。文化自觉作为一种文化习惯，它的形成一开始需要制度保障。大学作为传播、研究和应用高深学问的场所，在知识传承、创新等方面发挥着无法替代的作用。积极为社会培养具有文化自觉的优秀人才，是大学的首要功能，“厚其德、博其学”是高等教育永恒的使命，不仅表现为厚人之德、博人之学，还要表现为厚社会之德、博社会之学。而人的意识的形成需要规范的约束，康乃尔大学校长帕金斯博士曾经指出：“大学的本质就是有关知识的制度、知识的获得、传播和应用，三者间的关系也是通过大学而加以制度化。”①因此，大学需要建立相应的配套机制，保证传统文化和传统价值观念的有效传承。在学科建设、专业建设、师资队伍建设和人才培养活动等方面贯彻厚德博学的要求，以课程与教学改革为突破口，在课程设置上开发传统文化模块，在教学活动中要求教师首先要厚德博学，在教学过程中坚持做人教育、做事教育和做学问教育相结合，以保证培养中华民族的优秀人才。

（3）在校训的提炼中凝聚传统文化观念。校训既是一个学校对学生要求的精炼，也是一个学校的学校精神，是规范师生员工行为和影响其价值取向的重要精神力量。我国高校在办学过程中，依据学校传统、时代要求和学科特点，形成了各具特色的校训，如河南大学的“明德新民、止于止善”，江西财经大学的“信、敏、廉、毅”。这些校训在总结学校专业特殊要求的同时也很好地传承了相应的传统文化。

（4）建设优良校风，营造良好的传统文化氛围。一所学校的校风是该校精神的具体化，反映了一所学校师生的精神状态，集中表现为校园内的集体信念、集体舆论、集体导向、集体凝聚力等。加强优良校风建设有利于营造良好的校园文化环境。这是学校整体工作中的一项根本性的基础工作，是关系到人才培养和学校文化传承、创造功能实现的重大问题。

（5）追求和而不同的大学品格。和而不同作为大学组织文化取向，是基于对现实的深刻反思所作出的抉择。不同学校的校园精神在其形成过程中深受国家、民族发展大背景的影响，深受学校当地历史沿革、文化渊源、地理环境的影响，尤其当前我国经济持续快速发展的同时，社会呈现价值多元化、文化多元化的格局，各高校在认识到自身文化传承功能的同时，应该充分认识到自身在传统文化的传承中的优势所在，以博大的理论胸怀包容不同学者、不同领域

① 宣勇，鲍健强．2004．现代大学的分层与管理模式的选择．美中教育评论，（11）：52-55.

的学术观点，为传统文化发扬光大奠定坚实的价值基础。

3. 构筑隐性传统文化价值观念传播的平台

显性文化可以通过适当的媒介进行传递，而隐性文化传播的主要途径是亲身体验，其过程必须经历观察、模仿、思考、参与、练习、交流、共享、领悟、创造等。为了让学生亲历这些过程，在传统文化传播过程中应构筑传播平台，创造一个隐性文化信源和信宿共同活动的情景场所，让每个人都参与，在轻松的活动氛围内为隐性知识的传递创造有利条件。

（1）进行团队学习。隐性文化由于难以编码形成能够有效传播的信息，可以通过文化传播者全程参与的团队学习形式，相互启发、相互质疑对方的观点，深化对问题的理解，在团队学习中达到醍醐灌顶的隐性文化传播效果。例如，组织与传统文化内容有关的辩论赛，让正方和辩方在积极准备和参与中，加深对传统文化的理解和传播。

（2）言传身教、潜移默化。按照是否可以编码，知识可以划分为显性知识和隐性知识，隐性知识因其可编码程度低，需要通过面对面交流进行学习；传统文化价值观部分可以通过编码形式进行传播，但也存在不可编码、需要通过面对面进行交流的部分。另外就价值观的形成来讲，教条式灌输的效率低于具体事件给人带来的觉醒，教师的“身教”可能更有利于学生传统价值观的构建，但其前提是教师也是民族文化与传统价值观的倡导者和践行者。

（3）充分利用社会资源，在社会实践中提升学生的传统文化素养。目前我国很多以民族文化底蕴为基础的旅游景点、博物馆、图书馆等都可以采用与高校共建的方法，一方面可以进一步通过传统文化的充分挖掘，提升这些部门的文化价值，另一方面也可以为学生提供一个直观感受民族文化的平台。2008年北京奥运会期间，文化部与北京奥组委联合举办的大型文化活动“中国故事”，一方面为了实现北京申奥时的承诺之一“世界给我十六天，我还世界五千年”，同时也是一个展示中国文化的平台。上海世博会更是一个浓缩的世界文化地图。有条件的高校应该把握机会，在一些文化场馆建设及文化项目的运作上争取与地方共建，实现资源共享，既保证地方文化活动的进行和场馆的管理，又能组织学生进行参观、学习，让学生在参观中领悟中华文化的魅力，达到以最小的投入实现最大效益。

（三）积极发挥高校的文化权威作用，加强高校的传统文化社会传播功能

高校作为我国文化的集散地，有大批通贯古今、融汇东西的文化大家，他们在文化研究领域具有相当高的权威性，高校因而成为中国传统文化的一块高地。根据先进、发达、文明程度较高或在某些方面具有一定相对优势的文化，容易得到传播和扩散的文化优势扩散原理，高校在致力于精英文化建设的同时，必须注意提升大众文化，加强对大众文化的引导和灌注，致力于提升其文化品格、思想内涵和科学价值，保持两者良性互动，均衡文化生态，以此来达成当代文化生态的平衡协调发展，满足不同层次的当代文化消费者的需求，促进传统文化传播。

同时，高校还应该积极参与文化市场的法规体制建设，以维护优秀文化价值观的纯洁传播。目前大众文化市场受到外来文化冲击而畸形膨胀，良莠不齐、秩序混乱，很大程度上是由于政府调控不力所致，高校作为传统文化的高地，要积极参与文化市场法规体制建设，帮助政府制定文化发展战略和文化市场管理规则，尤其要形成系统的传统文化传播保障机制和配套的政策法规，通过法律的武器为民族文化传播构筑良好传播平台。同时高校也要深入进行实践调查，对文化传播场所的传播失衡状况进行深入研究，以有效协助政府进行文化传播环境控制和文化时空发展规划。

另外，鼓励专家参与媒体传播，提高媒体从业人员综合素质。高校一方面要为传媒输送大量优秀人才，致力于提升从业人员素质，另一方面也要创造条件，促进学者专家广泛参与和利用媒体，激励他们不仅成为传统文化的继承、创新者，同时成为优秀传统文化的传播和实践者，不断扩大优秀民族文化传播源的扩散能力。例如，近年来央视的《百家讲坛》节目，就是传播中国传统文化的一种方式。

二、加强媒体文化传播创意，营造传统文化环境

随着互联网技术的发展，信息传播的方式不断地发生改变，手机短信、彩信、彩铃、手机二维码、楼宇电视、电梯广告、车载电视、卖场电视、WAP广告、WAP PUSH、博客、MSN、QQ等信息传播形式不断涌现，对于新媒体和

传统媒体的划分也成为传播学研究的热点，但目前学界对此问题并没有共识。鉴于本书不是对传播理论的研究，在此我们不去重点研究新旧传媒的划分，仅根据信息传播的交互性、平等性把传播媒体分为以电视、广播、报纸、图书等为代表的传统媒体和以网络技术为基础的网络媒体。一般来讲，传统媒体的信息传播具有单向性，同时传统媒体在进行信息传播时传播者和受众间具有不平等性，而以互联网技术为基础的媒体在进行信息传递时传播者和受众间具有交互性和平等性。

1. 增强传统媒体文化传播功能的过程创意

虽然互联网发展极大地冲击着传统媒体的地位，但大众传媒仍是在“碎片化”中生活的人们保持与社会整合一致的主要途径。①伴随着传媒行业市场化程度的不断加深，娱乐至上的传播价值取向掩盖了传媒的文化认知、教育和审美功能，导致传媒的文化传承功能弱化。重塑传媒的文化传播功能，通过创意，在实现文化传播的同时实现传媒的经济价值，是提升传统媒体文化传播功能的有效途径。

（1）以地方优秀传统文化为基础，传承传统文化价值观。

电视、广播、报纸、图书等本身就是一种文化现象，它的存在和发展是根植于一定的文化环境之中的。我国幅员辽阔，中华文化大体系下有很多地方文化，而且这些文化体系对地方居民的精神意识仍有很大的影响，依据文化传播的维模原理，各地方广播、电视台、报纸和图书出版单位在进行优秀民族文化的传播过程中首先要根植于地方传统优秀文化的传承，以提高文化传播的效率。另外，依据文化传播过程中的相似相溶原理，在选择传播其他文化圈的优秀传统文化时，也要优先选择与自身文化圈最接近的文化圈优先传播，借以提高文化传播的效能。例如，杭州电视台的《阿六头说新闻》、温州电视台的《百晓讲新闻》、齐鲁电视台的《拉呱》、宁波电视台的《来发讲啥西》等地方方言类电视节目，都取得不错的收视成绩。

地方传媒立足地方优秀文化，除了可以提升文化传承效能外，还可以保护中华民族文化的多样性，优秀的中华儿女在漫长的历史长河中，形成了差异较大的区域文化，这既是中华文化发展壮大的表现，也是中华文化安身立命之

① 王仁忠，李建晟．2008．传统文化视野中的电视创意传播．当代传媒，(2)：35-36.

本，正是由于民族文化的多样性，中华文明才能够在历史长河中不断地发展变异，立于不败之地。

（2）创新文化传播的形式，增加文化传播过程的可欣赏性。

传统文化传播的最终目的是保持民族精神的持续性，对于传播过程可以加入现代的元素，提升整个文化传播过程的可欣赏性。例如，山西新闻综合广播(原山西人民广播电台)的《文化强省大家谈》是一个以大家谈为主要形式，介绍三晋文化、纵横讨论地域文化对经济社会发展的推动作用及文化产业发展的节目；河南电视台的《梨园春》栏目，以选拔赛的形式传承优秀的民族戏曲文化；湖南电视台的《新青年》、《背后的故事》等栏目以对话的形式根植于湖湘文化的沃土之中；中央电视台的《开心辞典》节目充分融合了《谁想成为百万富翁》、《21》、《猜词游戏》等节目的精华，通过节目改造融合进了中国传统文化，家庭梦想的概念充分挖掘了中国人的家庭观念和亲情挂念，安静的节目风格也符合中国人内敛平静的人生态度，深受观众喜爱。目前电视剧中以传播优秀传统文化为基础的剧目比较多，广播也可以借鉴这种剧的形式，来传播优秀民族文化。例如，可以把优秀民族文化的产生过程制成情景剧或纪实广播等。另外图书报纸在进行民族文化传播时也要注意作品的可欣赏性，以《三国演义》为例，原著固然保持了原汁原味，但是古文的写作方式令很多读者难以接受，所以易中天的《品三国》由于可读性大大增强而深受读者欢迎。

（3）以现实生活作为节目话题，增强传统文化与现实文化的相融性。

一个地方的现实文化虽然植根于本地区的传统文化，但它是由传统文化演进而来的，在传统文化演进的过程中不可避免地存在漏损，这也是我们需要进行民族文化传承的主要原因。根据文化传播的相似相融原理，如果我们能探索到尽可能多的传统文化与现实文化的结合点，就可以提高传统文化传播的效率，而通过现实生活话题，寻找已经被遗失的传统文化就是一个不错的对策。以河南电视台的《情感密码》和《故事聚乐部》为例，这两个节目都是以讲述现实故事为基础，通过对故事的点评来发扬优秀民族文化传统，起到了事半功倍的效果。

（4）积极探索文化传承节目与市场的结合点，增强节目发展的后劲。

文化传承类节目一方面要找到与观众的结合点，提升节目的收视率，进而扩大传统文化的影响范围，另一方面也要找到与市场的结合点。目前我们仍处于市场经济阶段，文化节目的运作也需要以经济为基础，文化传承类节目在传播优秀民族文化的同时，也必须具有保证节目正常运作的经济基础，因此找到文化传承与市场的结合点也是保证文化传播顺利进行的基础。河南电视台《梨园春》栏目的做法就具有很大的借鉴意义。

2. 利用互联网实现我国优秀传统文化和价值观的创意传承

网络文化传播是建立在现代信息技术基础上的文化传承现象，与电视广播和报纸图书相比，文化传播载体发生了革命性的变化，报纸、图书的文化载体是文字或图片，电视、广播的传播文化载体是声音或图片，但互联网的文化载体是数字信息，这种文化载体的变革导致了传播效能的本质性变革，使得网络文化传播具有很强的开放性、交互性、自由性和平等性。同时，网络数字信息再现形式的多样化也使得接收者受到多感官的刺激，进一步提升了传播的效能。但网络是一把双刃剑，它高效的传播速度也使传统文化处于外来文化的包围之中。下面探讨如何利用网络有效传播优秀传统文化。

（1）坚持正确的舆论导向，营造良好的舆论氛围。

正确的舆论导向事关人心背向，网络以其特殊的信息传播方式极大提高了信息的传递速度，能否营造良好的网络舆论氛围直接影响到广大网民的价值取向。构建良好的舆论氛围，可以直接降低文化传播过程中的外部环境噪声。网络信息的传递一定要在良好的舆论氛围中进行，积极传播健康的网络信息和主流意识与价值观，疏导公众的文化情绪，在以传统文化和价值观传递的基础上用时代的声音占领网络阵地。

（2）加强政府在网络信息传递中的职能，依法办网，提高网络信息传递的规范性。

目前，我国政府在传统媒体的信息传递中占主导地位，能够很好地利用传统媒体进行优秀文化和价值观的传递，但是在互联网信息传递中政府的声音显得薄弱。1999年曾是我国的“政府上网年”[①]，但是十余年的建设并没有本质性地提高政府在互联网中的信息传递功能，很多地方政府的门户网站甚至多年来就没有进行过更新，很多政府在网络信息传递中甚至出现失语状态，政府的

① 杨绍兰．2004．网络文化传播中的冲突与理性思考．情报杂志，（1）：5-7.

舆论导向功能在网络中的作用可见一斑。传统民族文化的网络传播仅依靠民间力量是很难达到预期效果的，因此各级政府一定要加强在网络中的信息传递功能，充分利用网络传递政府的声音，加强网络立法建设，提高我国网络媒体的权威性和影响力，胸怀大局，着眼长远，办出权威、办出特色、办出水平，树立起我国主流网络媒体的良好形象。鼓励网络新闻媒体多出精品，建议有关部门把网络新闻作为单独的品种纳入到一年一度新闻的评比中，以提高网络新闻宣传的整体水平。

（3）提升从业人员素质，提高产品的传统文化价值含量。

网络从业人员可以说是文化传播过程中源文化场向外传播文化的第一道关卡，良莠不齐的从业人员素质、泛滥的网上假新闻、不良信息等使得很多网民仅把网络视为调侃和发泄不满的工具，网络信息的可信度大打折扣。弘扬优秀民族文化是网络新闻媒体义不容辞的责任，广大网络媒体从业者一定要提升自身的传统文化底蕴，用专业化的精神劳动提高网络产品的号召力和凝聚力，以积极的姿态吸引网民共建以传统文化价值观为基础的思想文化家园，把富有民族特色的中国优秀传统文化传向世界。另外广大网站也要注意富含民族文化产品的市场吸引力，目前很多网站为了赚取点击率，不惜以粗俗的产品为噱头赚取网民的眼球，这种短视的做法也许可以获得一时的成功，但并不能支撑网站的持续发展。中华文化在绵延数千年的人类文明史长河中从未中断过，其顽强的生命力既是中华民族生生不息、代代相传的力量所在，同时也反映了中华文化强烈的吸引力和凝聚力，各网站要充分认识到传统优秀民族文化的魅力，用富含民族文化特色的精神产品在陶冶网民心灵的同时获取相应的经济回报。

（4）加强网络人文教育，构建网络伦理道德，提升网民传统文化素质。

网络媒体与传统媒体相比更注重个人的传播，美国麻省理工学院媒介实验室主任尼葛洛庞帝指出："在网络上，每个人都可以是一个没有执照的电视台。"传统媒体的从业人员大多是经过专门训练的新闻工作者，且都受各国制定的新闻职业道德规范和相关法律法规的约束，群体行为在一定程度上趋同。网络媒体虽然在一定程度上也受新闻规范约束，但因处在初级阶段，网络又是海量信息的存储地，网络传播使得信息的发布更为简便，这种简便也使得信息的发布者不加选择地体现为多元化态势，其身份、教育程度、民族、信仰等都不尽相同，人性善与恶的释放程度也不尽相同，因此其伦理道德观也必然表现出多元化态势。[①]要加强网络人文教育，特别是对青少年一代，要培养其以传统价值观为基础的判断是非美丑的素质，使其能在海量的网络信息中选择最有意义、最有价值的信息。以传统价值观武装网民的头脑，以优秀民族文化浸润网民的心灵，提高网民的社会责任感和民族自尊心，对维护和发展民族文化就显得尤为重要。

（5）加强以汉语为基础的网络语言建设，营造良好的网络民族文化环境。

语言文字是人类信息交流的基本载体，更是文化的重要载体，它不仅体现一个民族的文化内涵，更是一个民族历史延绵和文化独立的标志[②]。尽管从理论上讲网络信息的交流是平等的，但英语文化在网络上的霸权，使得文化帝国主义在网络上暂时具有一定的进攻性。网络对我国民族文化也造成了一定的冲击，目前网络系统工具大部分来自国外，我国亿万网民所获取的信息很多是从国外传输进来的。我们要抓住网络为我们提供的有利时机，大力开发有自主知识产权的计算机技术和网络软件系统，将更多的优秀传统文化资源放在网上，弘扬中国优秀的传统文化，营造良好的网络民族文化环境，增强优秀民族文化对广大网络用户的影响。

除了教育、传媒等文化传播媒介外，旅游、体育赛事、图书馆、博物馆等富含文化因子的媒介也应在民族文化的传承中被充分重视起来。

第五节　对外文化交流与民族文化核心竞争力的提升

人类文明的起源、发展都离不开各种文化的交流融合，历史上任何一个社会的发展，表面上看是经济的发展，其背后的实质都是文化问题，季羡林先生

① 王培岭．2007．浅议网络媒体对传统新闻传播方式的冲击．魅力中国，(1)：124-125.
② 王书道．2000．网络传播与民族文化．理论与现代化，(6)：33-35.

认为文明的起源是多元的，不能说世界上的文化是一个民族创造的，也不能认为一个特定的国家或民族创造一种特定的文化。文化圈固然存在，但不同文化圈层之间也是不停地相互学习、不停的交流，通过文化交流能促进交流双方文学、艺术、宗教、哲学的发展，能增进双方科学技术的兴盛。一个民族自己创造文化，并不断发展，成为传统文化，这是文化的民族性；一个民族创造了文化，同时在发展过程中它又必然受别的民族的文化的影响，要进行文化交流，这就是文化的时代性。[①]民族传统文化固然具有其独特性，难以复制，但竞争的概念本身就蕴涵着与时俱进的元素，优秀民族文化在传承的同时，还必须不断地与其他文化进行交流，提升民族文化的变异发展能力，在发展中赋予民族文化时代性和新的民族特色，进一步增强民族文化的持续竞争能力。

对外文化交流与民族文化传承具有很大的区别。相对来讲，文化传承是在同一文化圈内进行的，微观文化场间具有较强的相似性，传播过程中噪声相对较低，传播相对比较容易。而对外文化交流要么是在两个文化圈内进行，要么因两个微观文化场间具有很大差异，传播过程中噪声相对比较大，与文化传承相比提高文化交流效能的首要工作是降低传播过程中的噪声，其次才是如何充分利用传播媒介提高传播效率。另外由于文化传播受文化实力、文化品格等因素的影响，这些对文化传承影响不大的因素在文化交流时往往起决定性作用，因此后文的对策主要集中于如何降低跨文化交流的噪声、如何增强我国传统文化被接受的概率和如何提高我国民族文化的对外传播量及通过对外文化交流提升民族文化的核心竞争力等方面。

一、培养跨文化传播创意人才，为我国民族文化对外交流提供智力保障

不同文化有着不同的语言表达方式、行为和生活方式、风俗习惯、文化传统、价值观念、制度体系，以及形成这种不同文化的自然条件、气候因素等。所以，不同文化之间的差异性是一种客观的存在，这势必导致不同文化圈层间交流的障碍。因此，跨文化交流时首先是将本民族文化编码为相应的信息，经

① 秦维宪．2007．“21世纪东方文化必将全面复兴”——季羡林对中印两国文化交流的思考．学术界，(3)：118-122.

过信息转换为对方的文化表述方式，这不是简单的翻译就能解决的问题，以下面简单对话为例。

“Thank you.”

“It is my duty to do so.”

这是中方陪同外宾参观后，外宾表示感谢以及中方的回答。“Thank you”，是出于礼貌，中外双方都能接受。但中方则用“It is my duty to do so”（不用谢，这是我应该做的），这个句子，在汉语中是谦逊的回答。但是外宾容易误解，其含意可能是：不用谢，我是没办法才这样做的，因为这是我的职责，不然的话，我是不会做的。因此跨文化传播不仅是简单的语言交流，而是文化习俗、价值观、思维方式、情感、行为系统的交流，我们必须培养既能正确理解本国文化，又能理解异国文化的跨文化人才，为我国对外文化交流提供充足的智力支持。

跨文化交流人才要精通两种语言区的文化差异，具备国际化视野，摒弃本土情结，能够在两种文化差异中游刃有余。目前我国普遍存在的现象是外语专业的人才以充分学习外语表达为主，忽略民族文化研究，专门研究中国民族文化的学者外语水平较低。要提升中华文化的传播能力，在激烈的文化竞争中获得一席之地，就必须培养既具有深厚民族文化功底，又具有较强外语表达能力的复合型人才。

改革开放以来，我国加大了外文经典作品的翻译工作，大量外文文献被翻译为中文，极大提高了外国文化的输入，而我国大量典籍，翻译成外文的不足千分之二①。海量的中国典籍是中华文化的历史浓缩，是中华民族思维方式、价值观念等精神文化的重要载体，而我国典籍翻译现状的形成一方面与国家对人文科学的投资力度不足，以及市场经济下典籍译书市场竞争力较弱有关，另一方面典籍翻译人才不足也是一个重要的制约因素。中国典籍的翻译过程需要经过语内翻译和语际翻译两个阶段，翻译者首先需要将古汉语翻译成现代汉语，然后用外语表达典籍内涵，这就需要学贯中西、博古通今的复合型人才。

随着创意产业的不断发展，创意人才的重要性日渐引起人们的重视，创意

① 周秀兰，李长江. 2011. 从文化传播视角析典籍翻译. 作家,（7）：158-159.

人才培养问题也引起了学者们的关注，李程骅和赵曙明分别从“创造性教育”、“创意生活圈”、“创意环境”和“创意激励”四个方面探索了创意人才的培养战略，认为创造性教育可以提供创意实现的基础①。蒋正均提到了创意教育的重要性，提出了开办创意学院的设想：创意的灵感来自头脑风暴，需要智慧的碰撞，通过构建创意生活圈便于交流，有助于创意人才的发展；创意工作是一件风险极高的工作，需要宽容的文化环境，既能包容失败，也能包容个性的张扬；同时创意的发展也需要完善的利益激励机制，让创意人才直面市场竞争②。

二、提升国民素质，为民族文化传播构建良好文化氛围

随着全球化的不断加深，国际人员流动越来越密切，我国文化属于复杂语境文化，很多文化特征是不能通过符号表达出来的，要想完整地向国外传递优秀民族文化，很多情况下要依靠居民的行为举止，因此，提高国民的文化素质是全面传递优秀民族文化的基础工作。虽然我国经济实力已得到大大改善，但是有相当一部分居民物质生活水平还比较低，在这种情况下，期待全民素质在短时间内有较大提高并不现实。三聚氰胺、瘦肉精、地沟油、皮革奶、苏丹红等层出不穷的道德事件已经证明，单凭发展经济无法从根本上解决人口素质问题。提高民族素质需要在全社会培养一种良好的风尚。近些年来，我们国家大力提倡诚实守信，以及树立社会主义荣辱观，就是期望从宣传和教育入手，在全社会营造一种良好的风气。提高民族素质还需要有制度和规则的约束，制度和规则不应当仅仅是一些抽象的原则，还应当包含具体的行为准则。③奥运会前我们曾进行一系列的国民素质教育工程，奥运会期间，中国国民所表现出的强烈凝聚力和我们对郎平、栾菊平所表现出的宽容，都令世界人民对崛起中的中国刮目相看，对刘翔因伤退出赛场所表现出的宽容和安慰也是中国“以人为本”的文化思想的展现，这样的工作应该持续进行下去。

① 李程骅，赵曙明．2006．发达国家创意人才的培养战略及启示．南京社会科学，(11)：1-5.
② 蒋正均．2011．创意时代的呼唤：开办创意学院．民办高等教育研究，(3)：101-102.
③ 孙绍玲．2007．跨文化交流与文化影响力．青岛职业技术学院学报，(6)：44-46.

三、大力发展经济，为民族文化发展奠定坚实物质基础

在世界政治经济与国际关系中，一个国家处于什么地位，扮演何种角色，往往取决于国家的综合国力。文化与综合国力紧密联系，虽然一个国家综合国力的强弱与该国的文化发达与否不是绝对的正比例关系，但是综合国力的强弱与文化传播力度是成正比例关系的。综合国力强大的国家，在国际关系中处于核心的地位，其他国家的民众在关注这些国家的政治、经济的同时，必然会关注其文化，而且综合国力强大的国家在利用政治、军事、外交等手段对世界施加影响的同时，往往还把文化传播作为重要手段，把其文化及价值观推向世界。另外，综合国力强大的国家往往更有能力为其文化传播搭建更有效的传播平台，以2008年北京奥运会为例，奥运会是中国的百年梦想，同时它也是中华民族得到世界认可的一个标志，而这一切不能不说是源于中国综合国力的增强。“同一个世界，同一个梦想”，这不仅仅是体育运动之梦，更是人类文化交流之梦。那一刻，全世界都感受着美丽的“文化中国”。中国拥抱世界，世界拥抱中国。中国传统、现代的文化元素通过奥运会这一巨大平台，进一步走向世界。土耳其体育联盟的阿金说：“我们看到一个开放自信的文化大国，感受古代文明的灿烂悠久，也看到现代时尚的文化，北京作为古都又紧贴国际文化潮流，这太神奇了！”国际奥委会时任主席罗格表示，2008年奥运会将不仅仅是一场高质量的体育盛会，还将成为中国人民和世界人民进行文化交流的舞台。97岁的季羡林先生曾这样诠释“人文奥运”的内涵：“人文奥运”就是两句话，一句是宣传中国优秀文化，另一句是吸收外国优秀文化。中国人民大学人文奥运研究中心执行主任金元浦认为：“北京奥运会是历史悠久的奥林匹克运动与源远流长的中华文明的一次伟大握手，是世界各国文化与中国文化的一次热烈拥抱，也是东方文明与西方文明的激情对话。”[①]于平则指出了它的深远意义：“北京奥运会的举办，将为我们留下一批体育场馆和基础设施等物质遗产，而留给我们的精神遗产将更为持久、更为宝贵。推动世界各国文化的相互交流、相互借鉴，将会是这笔精神遗产的重要方面。”在世界进入21世纪的时候，随着中国综合

① 李舫．2008．北京奥运彰显中华神韵．http://cpc.people.com.cn/GB/64093/64387/7739457.html［2008-08-28］．

国力的日益增强，中国在国际事务中扮演的角色越来越重要，中国语言、文化也越来越被世人所重视，我们一定要抓住难得的历史机遇，在复杂的国际环境中始终把握经济发展的主题不放松，奋力增强硬实力，为软实力的发展奠定坚实的基础。

四、发掘民族文化优势，增大民族文化被接受的概率

如上文所述，综合国力强的国家民族文化不一定先进，虽然我国综合国力目前并不算强大，但是我们的民族文化中有很多优秀的成分。西方文化从文艺复兴以来把社会生产力提高到空前的水平，人类社会也因此获得巨大进步，但在今天西方文化背景下产生了许多威胁人类生存的弊端，如生态严重失衡、新的疾病不断出现等。而这些弊端出现的根源主要来自于西方的文化基础——分析型思维模式为主导，这种思维模式下往往忽略世界是一个整体，而东方文化的思维模式是综合性的，讲究事物的联系，接近于唯物辩证法。基于此季羡林先生就坚信21世纪东方文化必将取代西方文化，20世纪末季羡林先生就曾提出过“送去主义”的主张。我国民族文化中有许多优于西方文化的部分，我们要充分挖掘我们的文化优势，依据先进、发达、文明程度较高或在某些方面具有一定相对优势的文化，容易得到传播和扩散的文化优势扩散原理，以这些优势点为突破口，增大我国民族文化被接受的概率。

虽然中华民族文化具有种种的优势，但文化传播不能单纯依靠教条化的说服，需要从一个个的文化现象入手。在本书所分析的四个层次的文化中，精神文化处于核心地位，精神文化对社会成员的行为具有很强的约束性，且在一段时期内保持稳定，文化现象则是文化系统与外部环境的作用过程中的某种状态，具有一定程度的个别性和直观性。精神文化影响着文化现象，文化现象是精神文化的直观体现，偶然的、个别的文化现象与精神文化相违背并不意味着精神文化的变迁，当一种文化现象反复出现，并经过实践检验符合文化发展潮流时，将引起精神文化的发展。在我国文化实行对外传播的过程中，应重视文化现象的传播。

五、采取逐步推进策略，渐进扩大民族文化的影响力

文化传播不仅是一个输出的过程，更是一个选择和接纳的过程。根据文化的相似相融原理，当异质文化间含有相同或相似的“文化基因”，或具有相似的文化语境、政治气候、心理预期、时代“谋和”等文化传播的“胚胎”和土壤时，尽管彼此不同，但跨文化传播一般都会得到双方的尊敬、理解和转化。韩国文化在我国的迅速传播就充分说明了这一点。因此，我们在进行对外文化交流过程中首先要选择与我们民族文化有相似性的国家优先进行文化交流，在交流中不断吸收有益成分为我所用，为进一步扩大交流范围奠定基础。

六、积极探索新的传播思路，扩大我国文化的对外传播量

1. 创新传播载体，实施分层传播

文化有不同的层次，表层文化优先传播，避免直接的价值观宣传，寓“道”于“器”，增强文化传播的效率。如前所述，我们认为广义文化可以分为生态文化、物质文化、制度文化和精神文化，生态文化中同时蕴涵有物质文化、制度文化和精神文化，因此，我们仍从物质层面、制度层面和精神层面来分析跨文化传播。

表层文化先行的方法表面看起来不是那么直接，但潜移默化的效果却是深远的，好莱坞大片是美国意识形态的典型宣传品，精美的制作使得观众在视觉刺激之余，在不知不觉中接受了美国的价值观。即使是以中国文化为元素的《功夫熊猫》这类美国制造的动漫作品，其内涵仍是美国的意识形态和价值观；迪斯尼公司推出的电影《花木兰》更是将诗歌《花木兰》进行了二次编码，剔除了原文中“忠”、“孝”等中国传统价值观，而将木兰出征的动机改变为建功立业的个人主义动机，木兰的能征善战也淋漓尽致地体现了女性主义，电影《花木兰》成功地运用中华民族文化元素，表达了个人主义、女性主义等西方价值观。电影《孔子》在展示中华文化情韵和文化的同时，将孔子塑造成一个不折不挠、追求理想的“凡人”形象，成功实现了民族特色与国际特色的有机结合。北京奥运会期间我们展出的一件件文化珍品，其精美的做工都令国际友人震惊，这无疑增强了世界对中国文化的兴趣。中国文化人应当研究并利

用这种表层文化先行的方式，寓“道”于“器”，增强文化传播的效率。

另外NBA篮球文化的广泛传播也说明了寓道于器对文化传播的重要性。篮球赛并没有有形的产品，其产品为文化符号，作为一项文化娱乐项目，NBA本身也是球员和球迷自我表现的场所，NBA众多球员在进球后的独特性动作和表情、每个球员独特的纹身和座右铭，以及每年的最有价值球员等评选项目等，都充分体现着美国的个人主义和个人英雄主义。由于NBA精神与美国文化趋同，有的学者将NBA市场的广泛拓展称为“文化殖民”。

2. 以对象国的思维模式和语境为基础，采取不同的信息表述方式

根据跨文化传播学的理论，不同的文化可以划分为复杂语境文化和简单语境文化①，复杂语境文化对应的思维模式是螺旋形的，在描述某种现象时，往往通过不同现象间的类比来表达，这种多对一的表达模式讲究心领神会，这也导致复杂语境文化传播过程中大部分信息依附于传播媒介，而不是通过编码符号清晰表达的。简单语境文化对应的思维模式是线性的，在描述某种对象时，通常通过定义的形式，一对一地对多某种现象进行描述，这导致简单语境文化在传播过程中大部分信息是通过编码符号直接传达的。东方人大多具有螺旋形思维模式，而西方人大多具有线性思维模式，中国要提升国际形象，加强对外宣传效能，关键之一在于正确把握复杂语境文化传播和简单语境文化传播方式之间的转换。②当受众是具有线性思维模式的群体时，尽可能将复杂语境文化采用简单语境文化的思维方式表达出来，提高文化被接受的概率。一个成功的范例就是北京申办2008年奥运会时的对外宣传。其口号“新北京，新奥运”，简单明了、一语中的。

七、积极创建海外文化传播机构，扩大学术交流

学术交流也是一个不可忽视的重要途径，总部位于德国慕尼黑的歌德学院，是一个在世界范围内从事文化活动的机构，它的工作是促进国外的德语语言教学并从事国际文化合作，通过介绍有关德国文化、社会及政治生活等方面

① 陈嫵如．2007．运用跨文化传播原理增强电视外宣效果．中国广播电视学刊，04：17-19.
② 陈嫵如．2007．跨文化传播原理在我国对外宣传中的运用．现代传播，01：141-142.

的信息，展现一个丰富多彩的德国，提高了德国的声望。[①]类似的还有西班牙的塞万提斯学院、法国的法语联盟等。截至2007年6月1日我国已经在54个国家建立了156所孔子学院，这是一项具有重要文化意义的重大事件。孔子学院最终的目的是提升国家文化软实力和塑造国家文化形象，目前孔子学院的开办还仅仅是一个开端。开办孔子学院的战略思想应该是综合性的、开放的，同时又有基本的主导方向贯穿其中，在整个过程中，要不断解决出现的问题，不断改善办学效果。要推动汉语文化的海外传播，就必须调动国内多方面的办学力量，这包括国家和社会力量，也包括事业单位和企业单位，既包括以孔子命名的，也包括其他的文化命名的。假如有李时珍学院在非洲开设中医药教学课程，培养扎根非洲的中医药人才，假如少林功夫学院在海外传授武术，对于推广中国文化没什么坏处。一句话，海外办学可以多元取向、多头并进、官(办)民(营)结合。孔子学院不能只定位于汉语教学，在条件成熟的情况下，尽可能将其培育成中国国学的国外研究机构，并进行人才培养。

八、提升中华民族文化的包容性，在对外文化交流与碰撞中丰富民族文化内涵

中华民族作为一个具有悠久历史的古老民族，要有一种良好的民族心态，要以一种正确的态度来看待本民族文化。中国有着引以为荣的积累了几千年的丰富的历史文化遗产，鉴真东渡日本、郑和下西洋和四大发明等都对传播和弘扬中华传统文化产生了积极作用。中华民族发展到今天，尽管经历了风风雨雨，却依然能够不断取得进步，最终应当归因于其深厚的文化底蕴。然而自近代以来，我们整个民族在世界上能够引以为荣的东西越来越少。民族文化要具有生命力，必须使其自身不断地吸收和借鉴新的形式和内容，必须与时俱进，必须在改革和发展中求生存。我们既应看到民族文化的历史价值，又应看到它在现实中的不足。本着实事求是的态度看待本民族文化的改革和发展，这是世界各民族所面临的共同任务，我们当然也不例外。

在人类文化演化的漫长历史过程中，由于各地区自然条件等环境因素及文

① 孙绍玲．2007．跨文化交流与文化影响力．青岛职业技术学院学报，06:44-46.

化演化的路径依赖性，每个民族都形成了独具特色的民族文化，从精神文化、制度文化到物质文化都形成了较强的民族性，进而也形成了人类文化系统的多样性。这既是人类文化系统持续不断演化的动力，同时也带来了不同民族间的文化冲突，这也就决定了人类文化系统演化过程是冲突与融合、多样性与趋同性并存。因此，应该正确对待各民族文化的差异性，充分认识到文化多样性存在的必然性和合理性，以宽容的心态对待文化多样性，抛弃本民族文化优越感的不良倾向，提高民族文化的包容性。中华文化也要以客观的态度来看待外国文化，西方文化作为文化系统区域的一个子系统，之所以能存在并对我国民族文化产生如此大的影响，必有其优越之处，但我们也应充分认识到中华文化的价值所在，在文化交流问题上，依然需要中学为体、西学为用。在与外来文化的交流与碰撞中丰富中华民族的文化内涵。

文化传播是一项系统工程，它需要全民的参与和社会整体的合力，虽然教育、传媒、旅游、体育赛事等交流平台起主要的推动作用，但它更需要全民的积极参与，努力唤醒全民的文化自觉才是实现文化有效传播的根本。

第八章

发展文化创意产业增强我国文化核心竞争力

实践创造能力是助推文化核心竞争力的又一重要因素。实践创造能力强弱的重要标志是文化创意产业的发达与否。因此，必须关注文化与科技融合的新特点，发展文化创意产业。

第一节　文化创意产业是21世纪国际竞争的主战场

随着我国社会经济、科技、文化和艺术事业的快速发展，特别是当社会的物质文化发展到一定的高度和层面时，人们的文化消费和精神消费需求悄然而至，并逐渐成为提升人们生活品质的主导因素。在世界范围内，大多数发达国家的经济结构也已经脱离了原有的经济发展模式，属于精神性、非物质性需求的文化创意产业迅速发展起来，与此相关的经济增长方式和产业结构也发生了根本性的转变。文化创意产业，已成为近年来各国经济中一个炙手可热的新概念。在法国，时装与音乐、绘画、雕塑、戏剧、舞蹈、电影、摄影统称为视觉艺术；在英国，建筑设计、时装设计、广告设计、动漫设计、影视艺术、摄影艺术、表演艺术、软件设计、音乐、出版、广播等13项文化、艺术类相关产业被确定为文化创意产业。据统计，目前全世界文化创意产业每天创造的产值高达220亿美元，并正以5%左右的速度递增。文化创意产业不仅成为各国经济发展的主导产业，而且产业本身所体现的国际竞争“软实力”关乎各国文化发展和文化安全，所以文化创意产业成为21世纪国际竞争特别是大国之间竞争的主战场。

越来越多的学者认为，在经历了以生产要素为动力和以投资为动力的经济发展阶段后，人类社会正在走向以创意为动力的经济发展新阶段。越来越多的国家依靠文化创意产业带动了本国的产业升级与经济进步。

1. 文化创意产业在国民经济中的地位日趋重要

文化创意产业在国民经济中的地位越来越重要，已经成为未来世界经济新的增长点，它是各国经济中的最重要的支柱产业之一。如今，文化创意产业同汽车工业、石油工业一样，成为当今世界的三大支柱性产业。世界500强企业中，越来越多的企业参与到文化创意产业中。从前些年风靡世界的《泰坦尼克号》、《哈利·波特》到现在的《功夫熊猫》、《阿凡达》、《泰坦尼克号》3D版，都创下了惊人的票房纪录，并且成为一种文化现象，掀起一场文化热潮。人们在掏腰包去观看影片的同时，更加关注文化创意产业的发展。

中国经济经过30多年的快速发展，老百姓的生活水平已经提高到一个很高的层次，对于文化的需求和对中国文化创意产业发展的关注程度也空前提高。人们在消费文化创意产品的同时，希望有更多、更好的产品被创造出来，同时对于一些文化创意产品，他们提出了自己的批评，甚至是谩骂。在加入世界贸易组织之后，中国的贸易问题被国人所关注，但相对于经济领域产品的关注，民众更加关注文化领域的贸易。《功夫熊猫》引发了这样的思考：为什么我国的传统文化资料被西方国家用来开发自己的文化创意，而我国的文化创意产业从业者守着金山，却找不到可以发掘和利用的资源，只好生搬硬套地模仿国外的创造路线，甚至起个外国名字以期吸引眼球，最终却被市场无情地抛弃。

在各个传统产业内部的创意活动是中国提升国际文化竞争力的另一着力点，只有加入文化创意才能提升产品的附加价值，提升产业的国际竞争力，进而增强我国的整体文化核心竞争力。

2. 文化创意产业在国际交流中扮演重要角色

美国最为重视文化外交。为了在国际上“推销”自己的形象，一直鼓励各种形式的接触，在他国培养“亲美派”和“知美派”。通过政府间的艺术表演和美术交流，树立美国的形象，寓宣传于艺术交流之中；通过图书出版和英语教学，扩大美国文化在国外的影响。

日本为了保住自己的经济文化强国地位，早已开始重点发展文化创意产业，因为文化创意产业可以向外国输出价值观和生活方式，某国的价值观或生活方式得到世界的认可，该国的文化就成为世人所仰慕的文化。日本政府不遗余力地推广日语，还采取文化艺术等多元方式向国外挺进。

英国文化输出的方式是在海外建立文化宣传基地，派出文化艺术团体，通过高层次的文化艺术活动来传播英国文化，如派出交响乐团、剧团，举办服装展览、画展、文化月等输出英国文化。不仅宣传英国的生活方式，更关键的是输出英国的价值观。

文化创意将成为21世纪竞争的主要方面，与经济竞争、军事竞争一起，成为综合国力竞争的重要阵地。对于各国来说，能否针对新的形势，及时调整策略，壮大发展本国文化创意产业，成为决定其在新一轮文化国力竞争中成败得失的重要战略命题。

第二节　发展文化创意产业与增强我国文化核心竞争力

一、文化创意重塑中华民族文化复兴

文化创意产品作为精神产品，不仅担负着文化成果的积累和传承的责任，更是潜移默化地影响着人们的世界观和人生观，任何文化创意产业的发展都不应该以丧失民族文化的固有血脉为代价。构建和谐社会，经济是基础，政治是保障，文化是灵魂。

《震撼世界的七日》就是在“5·12”地震发生之后，中国文艺工作者在余震不断的情况下，尽最大努力、以最快速度拍摄的纪实性电视剧。作为一部文化创意产品，再现整个中华民族在国难面前发自内心的一方有难、八方支援的爱国精神。那种全国上下同心、团结一致抗震的行动，必将得到重新的升华，进而成为中华民族弥足珍贵的精神财富。中华民族在大地震面前展示出足够的

勇气和信心，民众共同参与的社会捐赠，不断感动和震撼着每一个中国公民。

《立秋》、《乔家大院》等脍炙人口的文化创意产品，使中国民众在社会出现诚信缺失的背景下，重新获得了中华民族传统经商智慧和经营哲学，民众在接受诚信教育、感受传统文化的同时，也对中国的社会主义的建设事业和中华民族的伟大复兴更加充满信心。

奥运会会徽和“同一个世界，同一个梦想”的奥运口号，都是优秀的文化创意作品，使13亿中国人看到了中国传统文化的博大、厚重，看到了中华民族的胸襟和实现世界大同的美好愿望。

奥运会开幕式更是一个气势磅礴、贯穿古今中外的文化创意产品。源自西方的奥林匹克盛会第一次来到中国，在人类普世价值中融汇了和谐、团圆、吉祥、生生不息等中华文化元素，极大地丰富了奥林匹克精神。在长达一个多小时的表演中，众多光辉夺目、推动人类文明进程的中华文化元素，既融入中国五千年璀璨深邃的文化，又结合出神入化的现代科技，可谓中华文化与奥运精神的完美融合。开幕式所展现的东方神韵，见证了一个古老民族融入世界潮流的步伐。面对奥林匹克精神与中华文化的雄伟交汇，全球炎黄子孙为之欣慰自豪，五大洲不同种族、文化和宗教信仰的人们为之欢呼喝彩。收视率获得了巨大的成功，民众给予了前所未有的高度评价，更有很多人认为经过奥运会的洗礼，生气勃勃、充满激情、意志坚定、现代化与全球化的“中国形象”，一如“鸟巢”上空绚烂的烟火，冉冉升空。

二、文化创意推动中华民族文化的国际传播

中国的大门已经向世界打开，中国同世界的经济交往和文化交流日渐密切，世界人民对于中国的了解越来越多。中国拥有五千年的悠久历史，有56个民族多姿多彩的文化，有着奇丽的自然景观和深厚的文化底蕴，以及不断繁荣增长的国家经济实力，这些都是具有独特价值的内容资源。

在现代媒体日益发达的背景下，我们应该主动借助传媒的力量，借助优秀的文化创意产品来宣传中国、推广中国，使国际社会重新认识和重新定位历史悠久、文化厚重的中华民族，领略当代中国在中国共产党的领导下所创造的经济奇迹和焕发出的民族精神。

近年来，世界各国都加强了通过国际英文电视频道来提升本国文化影响力的力度，如阿拉伯一些国家纷纷增加面向全球观众的英文频道，来应对美国为首的欧美国家在世界新闻领域的垄断地位。中国中央电视台在保持原有中文国际频道和英文国际频道对全球传播优势的基础上，又增加了西班牙语和法语频道，为欧洲和南美洲的观众提供了一个了解中国的窗口。2004年“中国长城卫星电视平台”在美国正式开播，这个平台由中央电视台牵头，以直属中央电视台的中国国际电视总公司作为中国电视频道的代理商和集成商，一共集成了17个电视频道，其中包括中央电视台中、英文国际频道，全新的西班牙法语频道，戏曲频道，娱乐频道和电影频道，湖南卫视等7个省级地方频道，以及境外几家华语电视台，是众多中文电视媒体联手为北美奉献的一席丰盛的电视套餐，多角度演绎中华神韵，全方位展现当代中国。

2008年北京奥运会，“全球政要聚北京，八方宾客喜相会”，体现了世界对一个正在崛起的大国的赞赏和尊重，也是对一个爱好和平友好的大国的认可与回报。国人期待通过奥运会开幕式这样的巨无霸文化创意产品更好地宣传中国，提升中国的国际影响力，包括中国的奥运宣传歌曲《北京欢迎你》和奥运主题歌曲《我和你》。对开幕式上精彩的表演、独特的创意、恢弘的画面，海外媒体的记者们也给予了高度评价:“中国太伟大，开幕式精彩、震撼！”希望中国的文化相关产业能够吸取和借鉴奥运会开幕式的成功经验，顺势把中国的文化推广出去，把中国的形象树立起来，把中国人民的友好传播出去。

三、文化创意推动改革开放的深化

改革开放30多年来，伴随着经济、文化、政治等诸多领域进行的改革，中国的整体经济实力增长，社会进步，文化更加繁荣，政治更加活泼和民主。随着中国改革开放事业逐渐步入深水区，改革难度和复杂程度逐渐增加，所面临的问题难以预测。所以我们只有通过学习中国历史和世界各国的一些改革的实践，来为改革开放事业提供新的灵感和视角，助力当前的社会主义改革实践。例如，《走向共和》就是一部优秀的历史题材的文化创意作品，从大历史的角度审视了中国近代史上改革的终极目的、改革成败的评价标准等问题，给当前的相关改革开放事业提供政策灵感和更大的时空视角。《大国崛起》则是横向比较西方发达国家是如何走向富强民主道路的政论片，作品播出之后在整个社会引起了强烈的反响，使改革开放的决策部门可以参考更多的信息，兼顾更多的利益集团，思考更多更本质性的问题，拥有更多更广的视角，获得更多的社会民众参与和来自基层的相关建议。

四、文化创意提高全民的文化自觉和自信

人类进入21世纪后，文化创意产业开始在社会发展过程中扮演越来越重要角色。《百家讲坛》作为近几年红遍大江南北的讲坛类电视节目，一经推出马上在整个社会引起巨大反响。这些节目利用历史阐述人生百态，借助经典阐释人生真谛，化解转型期民众内心焦虑。同时，在全社会引发了学习中国传统文化的热潮，人人都在比照、静思、热议《论语》、《道德经》中的名言名句，民众开始更加深入地研究和思考中国文化的来历、形成过程、所具有的特色和发展的趋势。这种对于本民族文化的自觉必将提高中国文化转型的自主能力，提高全民的文化自信。

奥运会开幕式，中国站在世界的聚光灯下，演绎了一个伟大民族的百年梦想。在世界目光聚焦的鸟巢，一场惊艳绝伦的开幕式呈现在世人面前，这是中国交给世界的一张答卷，更是中国献给世界的一份礼物。我们看到一个伟大的民族和一个和平崛起的国家，通过这样一个充满创意的恢宏艺术巨制，搭建起东方文化与西方文化交融的平台，更是检验了国人多年来在人文价值观念上的进步。拿开幕式导演张艺谋来说，作为中国最早一批走向世界影坛的导演，他凭借真实反映中国人文的传统题材蜚声国际，在中国曾被指责为“出售中国丑陋而取悦洋人”；但在今天，同样是真实反映中国人文的题材，不乏原始和草根，却让他的开幕式获得“目瞪口呆”的如潮好评。这种反差代表着中国人观念上的巨大进步！反观从前，我们感受到了中国人民内心深处溢满的民族自信和整个社会在民主之路的前行路程。今天，国人更加珍惜文明，唯有文明进步才能获得尊严。分析国人内心深处这种人文价值观的变化，不难发现，除了经济发展增加了国人自信的底气外，最重要的根基还是文化自信的力量。

第三节　发展文化创意产业的保障措施

一、通过校企合作提升文化创意产业的人力资本水平

文化创意产业在不经意中已经与人们的衣、食、住、行密切联系起来。不可否认，我们的文化创意产业能否快速、健康、可持续地发展，成为重要的都市支柱型产业，从根本上取决于后续人才。文化创意产业是智慧产业，核心竞争力是创意人才。因此，尽快地培养一批与当代文化创意产业发展相适应的、素质高、业务强，既立足本土又着眼世界的创新型人才已成为当务之急。从文化创意产业教育来看，在全国范围内增设文化创意产业相关学科或相关研究机构的院校有80余所，而实质性地培养其本科生和研究生的院校则只有50余所，且都处于起步和探索阶段。①

文化创意产业是一种新兴的、交叉性的、边缘性的学科，从发达国家的相关学科建设和人才培养机制来看，文化创意产业的人才培养单纯地依靠高等院校是不够的，还必须同时依托相应的研究院、研究所、研究基地、研究中心及产业界知名企业的通力合作而共同推进。就目前有关文化创意产业的高等教育来讲，其学科建设和增设是在不同类型的院校中进行的。结合文化创意产业的发展规划和未来文化创意产业人才布局，我们需要通过加强教师团队建设、教学模式改革、开展第二课堂、建设人才培养基地等措施，来提升文化创意产业人才的培养质量和数量，以保证文化创意产业的人才供给。

1. 通过教师团队建设优化文化创意产业商业运作模式

要鼓励高等院校、研究机构和企业之间开展文化创意方面的人才交流，一方面选派教师进入文化创意企业实际参与企业的项目设计和实施，另一方面选聘企业内部经验丰富的实力派专家进入高校开设系列讲座，从而培养具有较强竞争能力的文化创意人才。同时应该放眼世界，加强企业、高校和研究机构同文化创意强国的交流，在员工海外培养、海外专家选聘等方面，采用积极的态度，特事特办，增加国际交流的深度、广度和频率。通过这些措

---

① 李一凡. 2008. 北京文化创意产业发展与人才培养模式研究. 北京印刷学院学报,（8）：2-5.

施，可以用最短的时间加强文化创意产业教师团队的建设，更好地服务文化创意产业的发展。

2. 实施产学研一体化的教育模式，推进产学研的合作教育

要鼓励企业、大专院校和研究机构在实践性教学环节和毕业设计环节的校企合作。例如，大专院校除了安排学生到相关企业实习外，还可以派出老师深入企业，以增加实践经验；企业可以派员工到大专院校接受理论培训，同时，把企业家请到相关大专院校与学生面对面交流。通过企业家与在校学生的交流，激活创意的火花。学生的毕业设计可以在企业的设计任务中选取，然后以招投标的方式向学生发布，整个设计的过程由学校和企业共同控制，双方共同制定评判标准和答辩流程，最终选出最优的设计方案作为企业的中标作品。这样不仅可以为企业节约大量的人力资源，转而使用廉价的学生资源；对于学生来说，也积累了难得的实践经验，学生的作品也创造了很好的社会价值，整个指导设计的过程也将实现理论和实践的完美结合。

3. 开展第二课堂活动

文化创意产业是一个门槛相对较低、具有广泛参与性的产业，非艺术类的学生只要自己对文化、艺术和创意感兴趣，都有可能在文化创意产业内部取得自己的成就。要加强学生的艺术实践环节，鼓励学生参与文化创意竞赛活动，如广告大赛、设计大赛或者广告语征集等活动。同时应该开设文化创意产业和创业相关的选修课程，并鼓励学生参与文化创意产业领域的创业活动。不断地提升学生的实践动手能力，使每一个创意都有可能成为一个创意产品，并最终实现商业化运作。

4. 建设创意人才培训基地，孵化创意团队

配合财政预算，制定相关政策，支持高等院校、职业院校与文化创意企业联合建设文化创意产业人才培养基地，加快培养、培训文化创意研发设计人才、经营管理人才、营销经纪人才。同时，充分利用高等院校数字媒体艺术和相关教育资源优势，借助国家的创业政策，支持创意团队，培养社会需要的高级应用型人才。政府应该设立文化创意奖，表彰和奖励那些对发展文化创意产业作出突出贡献的集体和个人。

二、创新文化创意产业的组织和产权形式，扩大文化创意产业的生存空间

文化创意产业中，创意个体、创意团队和创意组织共生，以及不同类型和不同规模的创意组织共存，决定了文化创意组织模式是多样化的。我们应该鼓励企事业单位及个体创意人员，利用一切符合文化创意产业生产规律的产权形式和组织形式，发展文化创意产业。

1. 组织形式

雇佣制存在于各类文化创意组织之内，还有两种市场化的组织模式——采购制和签约制。采购制是创意组织在创意已经基本完成或取得阶段性结果之时介入，收购后经过再次创意加工后进行销售，常见于出版一般书籍、唱片公司购买网络歌曲等过程。签约制（项目制），是指创意组织在创意活动开始前就介入，直接参与创意过程，签约双方共同承担创意风险的模式。电影投资人、电影制片商和导演，出版社和签约作家之间就是签约制。

文化创意产业的组织规模一般较小，大多为个人独资企业和合伙企业。以有限责任公司和股份有限公司两种形式设立的公司相对较少，所以我们应该结合文化创意产业内部的组织形式，尽可能地保障这些中小企业的正当利益，在政策上给予应有的照顾。

2. 产权形式

文化创意产业的投资主体多是民营资本，参与创意的组织更多是民营企业，其中电影产业中的大部分的资本来自民营资本。所以，应该针对这个新兴的朝阳产业，在法律框架内提供尽可能大的生存和发展空间，依法保护其知识产权，以激发和维持他们的投资热情，减少他们的政策顾虑。

三、重点建设一批文化创意产业基地使产业集群效应得到最大的发挥

文化创意产业的发展不仅是个人和单个企业的行为，更需要集体的互动和企业的地理集聚。从理论上说，文化创意产业集群和其他产业集群一样，需要

在城市的某些地方集聚形成规模，文化创意企业和个体艺术家集聚和互动，形成独特的集群发展环境。

1. 认定一批文化创意产业集聚区

在环境整治、基础设施和公共服务平台等公共设施工程建设方面给予一定的政策和资金支持；同时，还要认定一批重点文化创意企业和文化创意产业集聚区。鼓励重点文化创意企业承担本行业共性技术研发、市场推广等公共服务平台的建设。对经认定的涉及文化创意产业发展全局性、可持续性的重大项目，政府可在"财政专项资金"中安排资金予以支持。鼓励盘活工业厂房、仓储用房、传统商业街和历史文化保护街区等存量房地资源，建设文化创意产业园。设立文化创意企业总部，对于整个文化创意产业的升级和实力提升具有重要的战略意义，通过一定的优惠条件和政策扶持使文化创意企业总部集聚就显得尤为重要。

案例：镇平玉雕创意园区

玉雕大师创意园是镇平县玉文化产业示范园区确定的重点项目之一，由神鹰玉文化产业发展有限公司投资6亿元兴建，占地600亩，总体规划设计由江苏古建筑设计院按照江南园林的风格编制，共分为大师创意区、加工生产区、展示销售渠道、交流研讨区等。该项目按照全国4A级旅游景点的标准建设，突出小桥流水、绿荫环绕、清雅秀丽的整体风格，为入驻大师提供一个意境悠然、赏心悦目、激发灵感、功能完善的生活、创作环境。重点打造大师汇聚平台，把全国的玉文化大师聚集在一起，碰撞出思想火花，创作出传世的精品；把玉文化与园林文化、旅游文化融合，打造一个旅游发展的航母。项目建成后，将成为玉文化大师汇聚的高地，创意迸发的源泉，人才培育的摇篮，精品荟萃的舞台，以强大的人才队伍为玉文化创意产业发展提供强力支撑。

2. 鼓励对外合作

我国的文化创意产业发展迅速，但相对于国外发达地区来说还有一定的差距，所以应该加速国际合作的步伐和提高合作的层次。鼓励国际著名文化创意公司、制作公司、经纪公司、营销策划机构，利用其人才、技术、资金和营销渠道，与国内大型文化创意企业合作，开展深度文化创意合作，力争生产制作科技含量高的优秀文化产品，开拓国际市场。政府对于国际合作的项目应该给予一定的补助或者优惠，特别是科技含量高、对中国文化创意产业的产业升级有重要帮助的合作项目。

四、在税收、投融资政策方面对文化创意产业进行一定的倾斜

税收作为国家宏观调控的重要财政工具，对于产业的发展起着风向标的作用，对国家鼓励发展的产业应出台相关的税收优惠政策，对国家限制的产业应有惩罚性的税收政策。投融资作为宏观调控的重要货币工具，同税收的作用相同，可引导资金的产业流向，解决相关产业的资金短缺问题。文化创意产业的发达程度对于一个国家的未来竞争具有战略意义，所以应该从税收和投融资的角度去促进和鼓励文化创意产业的快速发展。

第一，争取安排专项资金对符合政府重点支持方向的文化创意产品、服务和项目予以扶持。在一定意义上，政府通过这种方式，不仅扶持了产业的发展，而且在产业内部也起到了结构引导的作用，使文化创意产业的内部生态在创立之初就达到相对的和谐状态。

第二，进一步完善中小企业融资担保机制。文化创意产业在中国刚刚起步，产业内的企业一般体量较小，在融资方面一般处于弱势地位，所以应该支持和引导担保机构为中小文化创意企业、中小高新技术企业的融资提供担保，并鼓励金融机构开展文化创意企业知识产权权利质押业务试点。

第三，为文化创意企业在国内外资本市场融资创造条件。深圳证券交易所的中小板块就是给国内外市场上具有较强竞争力和未来有发展潜力的中小企业提供的融资场所。积极支持符合条件的文化创意企业在国内中小板块和国外证券市场上市。

第四，参照国家企业所得税的税收优惠政策，对于新办文化创意企业，被认定为高新技术企业的，企业所得税可以采取自获利年度起2年内免征，2年后

按15%的税率征收的优惠政策。我国的税收减免政策在政策引导方面取得了良好的效果，相信在文化创意的产业引导方面也能效果显著。

五、实现文化创意产业向“经济搭台文化唱戏”转变

在发展经济的实践过程中，我们经常听见一个口号，叫“文化搭台，经济唱戏”。郊区要卖西瓜，搞一个西瓜文化节；要卖啤酒，搞一个啤酒文化节。文化显然扮演了促进经济发展的工具，帮助商品实现其经济价值。各种的文化概念、符号和标志纷纷被变成摇钱树，“利益至上”的原则逐渐渗透到文化“发展”的思路当中。

近年来，商业逻辑正在文化领域迅速和大规模地登堂入室，对文化进行过度开发，甚至肆意歪解的现象越来越多地出现了，且已经制造出不少以商业为内核的文化泡沫。这种文化泡沫，轻则稀释文化，重则形成污染，可以说有许多都是徒有其表的伪文化，已在相当程度上造成了文化标准的混乱，乃至毁坏了文化之名。从“西游记宫”、“封神榜宫”等附丽于文化的各种建筑物，到荧屏、出版界对古典名著名人的诸多曲解戏说，初闻可笑、细想可悲的伪文化，确实有泛滥成灾之势。许多珍贵的古城、古建筑正在迅速消失；许多名山古刹，变成经营场所；许多山水文化胜景因周围太多的高楼大厦，而丧失了光彩。

这些问题之所以不断发生，是因为人们在经济利益驱使下，把文化当做获得经济利益的手段所致，这是真正的本末倒置。文化是人类独有的一种生存方式，以化成天下；艺术乃人类以其独有的审美方式把握世界，文化化人，艺术养心，古往今来，此为正品。如果我们急功近利地让文化去化钱，让艺术止于养眼，那后果是不堪设想的。在前述中已知，未来世界的竞争就是文化的竞争，世界的和谐实际上就是文化的和谐，追求人类大同是文化和谐的应有之义，即所谓“不同的文化，同一个梦想”，大同的世界，创造文化的大不同。据此，当温饱问题基本解决以后，我们更应该自觉地让经济搭台，文化唱戏。

过去因追求经济的高增长而直接引发的灾难已不胜枚举，现在到了必须转变观念的时候。文化是目的，经济是手段，经济发展是可以调整、可以延缓，乃至是“千金散尽还复来”的；但文化一旦受到破坏，修复将会很难。例

如，一些具体的文物往往具有唯一性，不仅毁掉了就不会再有，包装、仿造或篡改也会使其贬值和变质；一些具有丰富内涵的文化符号，如果用一些粗劣的建筑等强作诠释，往往会形成肢解和扭曲，殃及文化本身。但在许多人眼里，当本地有某种文化资源时，如果不开发出来借以生经济之蛋，简直就是莫大的浪费。如此“共识”下，许多地方绞尽脑汁，也要寻找本地的标志性文化符号，做到极致者，连《金瓶梅》小说中的人物“西门庆”都成了“香饽饽”，其籍贯被一些县争来争去；至于包括孙悟空、牛郎、织女在内的许多真真假假、虚虚实实的人物有多个故乡，更是司空见惯的事。从种种迹象看，目前正被热议的“中华文化标志城”及仿造“圆明园”，实际上与当地的旅游经济密切相关，基本上可以断定也是“文化搭台，经济唱戏”逻辑极度膨胀的结果。由此，“文化搭台，经济唱戏”或许应该反思了。[①]在经济已经相当发达的今天，应该实施尽量不带经济功利算计的“经济搭台，文化唱戏”，建设一个强调发展质量、注重人文传承的社会。即便暂时还不能如此“奢侈”，还需要文化继续服务经济，但至少也亟须出台一些政策，建立一些机构，谨防文化发展被那些打着“文化”旗号的利益集团所肆意摆布，最终毁坏了文化。

事实上，经过改革开放以来30多年的发展，我国经济建设和社会发展已经发生了根本性的转变。随着人均GDP超过了2000美元，人们的闲暇时间增加，社会需求结构和社会消费结构也正在发生着深刻的变化。人们开始追求一种精神文化含量更高的生活和消费，社会经济开始向精神文化消费转型。人们的物质消费在收入中占的比重逐渐降低，精神的消费需求逐渐增大，就连对物质产品的需要也更加关注蕴涵于其中的文化内涵。这说明，人类社会走到今天，文化的经济价值是越来越高了，只有蕴涵于厚重文化的经济才具有持续的竞争力。正是在这种背景下，中国的电影、电视、出版、电子游戏、旅游产业才得到了蓬勃的发展。因此，需要经济来服务文化，让经济搭台，让文化唱戏。我们欣喜地看到，我国各地政府为了顺应这种消费升级的形势，已开始重点发展文化创意产业，西安就是一个典型的例子。西安市曲江文化创意国家示范区是中国文化创意产业发展的优秀代表，通过短短几年的市场开发，曲江从无人问

① 郭之纯. 2008. 何日迎来“经济搭台，文化唱戏”. 中青在线.http://zqb.cyol.com/content/2008-03-25/content-2115746.htm [2008-03-25].

津的地区迅速成为西安旅游的新亮点，来西安的游客必定要来曲江。大唐芙蓉园、大雁塔、寒窑遗址公园、大雁塔北广场音乐喷泉、大雁塔南广场、大唐不夜城、开元广场、曲江遗址公园、曲江海洋世界、陕西省历史博物馆、南湖公园等一系列主题公园成为西安旅游新热点。以前对西安的评价是“白天看庙，晚上睡觉”，现在西安的夜生活日趋丰富，并和京、沪、深等地的夜生活形成差异化，具有文化内涵，可供消费者免费消费。

沿海经济发达的城市，也充分利用自己的经济优势，在人才引进、投融资、税收、产业方面制定优惠政策，创建各种类型的文化创意产业基地。文化创意产业基地的集群效应在这些城市的产业园得到充分的发挥，本地文化创意产业使本地的文化竞争力得到较大的提升，市民也在无形中享受到文化的熏陶和浸染。

第四节　中国动漫产业发展及国外经验启发

从世界范围来看，动漫产业已成为21世纪知识经济的核心产业。世界发达国家一向重视动漫产业的发展，它已成为各国争夺的重要文化产业和国家支柱性产业。对于中国而言，动漫产业已不再是一个创新理念或者发明，而是一个可以创造巨大的经济价值和社会价值的现实领域。

一、中国动漫产业现状分析

（一）中国动漫产品分析

1. 中国动漫产品的内容主题

我国动漫产品的客户群为低幼儿童，长期以来动漫产品凸显的是教育功能，从而导致动漫创作类型单一，题材选择亦受限，成年人基本不看，孩子也不爱看。

具体地讲，中国的动漫制作传统上比较强调教育意义，习惯自己的教育说教功能和角色扮演，使得中国特色的动漫产品不接地气，语言平白，目的直接，缺乏艺术隐含的韵味。故事情节编排缺乏创意，显得比较直接且单薄。形象塑造过于脸谱化，善恶过于分明，人物形象不够生动。

2. 中国动漫产品的形象创意

与美国日本动漫产业相比，我国原创力量至今十分薄弱，很多产品依然是学习模仿国外的。近30年来，我国主要模仿美国和日本的动漫风格。模仿美国以《宝莲灯》和《魁拔》为代表，模仿日本以《我为歌狂》为代表，这些作品吸引了不少观众，获得了一定程度的赞誉，遗憾的是依然是仿制品的形态。《宝莲灯》代表我国动漫开始尝试借鉴迪斯尼动漫模式和特征，展现中国的文化元素，是动漫产业发展的有益尝试；《我为歌狂》仅仅是以风格模仿来获得市场，采用日式人物造型和以少量漫幅表现剧情的日本动漫制作模式，完全是日式动漫的翻版。

（二）中国动漫产业链分析

从产业的发展来看，无非是通过规模经济与范围经济来获得利润。一般来说，动漫产业的收入来自以下几个环节：一是通过播放这种动漫产业最原始的方式赢利，动漫电影主要看票房，动漫电视片主要源于和电视台进行合作，获得播出费、播出广告时间费；二是依赖动漫产业衍生品，其中包括开发相关音像制品、出版动漫书籍、开发动漫玩具服饰、动漫形象授权等；三是综合开发，将动漫资源进行全面整合开发，如动漫主题公园、度假村等。国内动漫综合开发尚属少见，不作详述

1. 播出环节

国内动漫制作企业由于资金技术多限制，很少制造动漫电影，只有少量如《喜洋洋与灰太狼之过蛇年》等，主要赢利模式是将自己制作的大量动漫电视片提供给电视台，获取低廉的播出费。电视台已经大量购入了国外的动漫，这些动漫产品物美价廉，它们的投入已经在海外收回，便宜卖就是为了打开我国市场，其实也就是用倾销来击垮中国的竞争对手。动漫产品能否带来利润是电视台是否愿意购买的原动力。只有品牌认知度高的公司生产的性价比高的产品才能带来稳定的收视率和受众群体。

2. 衍生品环节

按照美日动漫强国的经验，盈利最丰厚的环节是衍生产品开发。中国动漫产业发展依然处于初级阶段，衍生品开发市场不成熟，产业链也不完备。在播出环节被市场证明具有高关注度的动漫产品和形象，是成功进行大规模开发投放衍生产品的前提。最具盛名的迪斯尼公司也不是所有的动漫形象都可以开发衍生产品。中国企业尚未将动漫核心理解成内容产业，知识缺乏灵魂主导，各个领域之间的相互融合度不高。此外，中国知识产权保护不够，盗版极大地打击了原创国产动漫的积极性，使原创动漫企业的投入很难回收。

二、国外成功动漫产业发展的启示

世界动漫市场发展风生水起，以美国为代表的西方世界和以日本为代表的东方国家动漫竞争非常激烈。迪斯尼公司成立后一直处于稳步发展之中，日本则通过动漫、漫画和电子游戏三者进行融合发展，后来居上，成为全球产量最大的动漫大国。

（一）美国动漫产业的发展

美国是以动漫电影为基础带动整个动漫产业运营的典型国家。现在，美国采取的主要是高科技、高投入、高产出的动漫大片模式。美国依靠自身成熟的市场体制、先进的科学技术、发达的资本市场、强大的经济基础、庞大的市场需求和完善的法律环境，建立了立体多元化的动漫产业链。纵向延伸产业链上的各个环节，进而使单独的环节向相关领域横向扩展，最终实现整个产业链的价值最大化。影视娱乐、媒体网络、主题公园和消费产品是迪斯尼集团产业链的四个部分。产业链上游是影视娱乐，凭借品牌优势延伸到其他部分，其他延伸部分进行正向反馈，产业链实现了良性运转。

（二）日本动漫产业的发展

日本是近20年崛起来的动漫产业大国，日本动漫以其饱满的视觉感染力、鲜明的民族韵味与真实自然的艺术风格在世界动漫市场占据了重要地位。

日本的动漫产业链的基础是漫画，漫画与动漫互为衍生产品。作为产业链的始端的漫画，动漫产业与影视产品比较，具有风险小、投资周期短、受众广等特点，并且容易培养和聚集动漫制作者和原创者的工作，并且为动漫产品和衍生产品提供创作人才，不需要太多的资金来开发，成功后的衍生品利润可以循环投资到动漫开发中，随后新的动漫形象带动新一轮衍生产品开发，由此构成一个良性循环的产业结构。

日本的动漫产业是将一切与动漫相关的产业都并入了完整的产业链中，主体为电视、电影，除此之外还包括杂志、图书、音像制品等，并延伸到玩具、电子游戏、文具、食品、服装、广告、服务等，现在已经延伸到电脑和手机屏保及银行、证券、保险业的形象。

（三）发达国家动漫产业发展的启示

1. 增强动漫产业的原创力

动漫创作中应具有鲜明的个性风格和民族特点，拥有特性的大胆创新，它不仅是对一种形式和形象的开发，也是对一种精神内涵的发掘。

2. 打造成熟完善的动漫产业链

在产业链中可以纵向延伸也可以横向扩展，打造符合中国商业环境的动漫产业链，实现动漫产业发展进入良性轨道。

3. 选择合适环节启动产业链始端

依据时代的变化选择适合本国实际情况的环节启动动漫产业链，迅速把动漫产品形象呈现在尽可能广泛的受众面前，并借此推动产业链向前移动直至衍生产品的开发。不同时代的文化的传播途径不同，动漫产业也是如此，启动产业链始端的方式也各自具有时代的特色。

三、中国动漫产业发展的建议

中国动漫产业面临资金不足、技术相对落后、制播体系不完善等发展瓶颈。中国动漫产业要从内容出发，以原创为基础，打造更多像《喜洋洋与灰太狼》一样的本土的动漫品牌形象，通过资源的整合利用，以及与新媒体技术相结合的开发和传播实现中国动漫产业的市场滚动式开发，铸就一个成熟健康的中国动漫产业。

（一）提高产品核心竞争力

动漫产业已经进入“内容为王”的时代，创意是动漫的基础，是动漫产业的核心，是动漫产业发展的灵魂。只有基于中华民族五千年悠久深厚的文化历史积淀上的本土创意才是具有核心竞争力的创意。

1. 确立具有民族文化特色的艺术风格

动漫产品作为一种文化产品，本身渗透着本国的民族精神和民族性格。虽然我们已经进入经济文化全球化的时代，但是动漫产品更应该体现其民族性和地域性，展现民族文化元，这也日益成为动漫产业良性发展的生命力。每个国家的动漫产品都植根于本国民族的文化和传统之上，从而形成自己独特的风格与特色。美国的动漫产品《花木兰》和《功夫熊猫》，虽然展现了中国的大量文化元素，但是人物身上体现出的是美国的民族精神。日本动漫大师宫崎骏也借用外国的文化元素传递日本民族复杂的文化心理和文化精神。只有在民族文化的土壤上寻找个性，才能使中国动漫产业在世界的舞台上绽放出自己独特的色彩。我们需要在题材上对传统戏剧、文学作品，民俗文化等丰富文化资源加以开发利用。如何利用高科技手段将“传统”文化元素重新组合表现出来，如何将中国传统文化中大量具有鲜明个性特点的形象或艺术造型转化为动漫造型形象，如何将传统的本土文化符号转化为符合当代人审美需求的动漫语言，如何使之在具有传统文化品位的同时又不失时代气息，这些问题是摆在产业界面前的核心问题，发展中国动漫产业任重道远。

2. 打造本土动漫品牌及其衍生产品

形象化对于动漫来说非常重要，因此我们需要培育本土动漫的明星。消费者对动漫形象的喜欢会带来对其衍生产品的喜好，进一步延伸到对动漫企业系列产品的喜好，增强了企业的品牌认知度。经验证明消费者对知名动漫品牌的产品具有宽容的心态，迪斯尼乐园的成功就是很好的例证。由于消费者对米老鼠、唐老鸭等动漫明星及其故事情节耳熟能详，迪斯尼公司的相关衍生产品也因此获得了无与伦比的竞争力，甚至产生了较强的品牌忠诚度。

3. 利用多元题材拓展消费市场

近年来中国动漫市场的发展证明青少年特别是大学生是动漫产品消费的主力军。我国动漫产品消费群体的需求，由日美动漫填补了空白。而且青少年动漫消费市场对周边产品和衍生产品的认可度较高，消费能力较强。另外，成年人动漫产品，如好莱坞大片《怪物史莱克 2》、《鲨鱼黑帮》、《超人特工队》等获得了极大的商业成功。一些动漫产品能够刻画的情感和人性深度已经超越了真人实拍的影视作品，如迪斯尼的《狮子王》，梦工厂的《埃及王子》。我国动漫产品要增强核心竞争力，必须拓宽动漫的受众定位，针对不同的受众群体制作不同需求及观赏品位的动漫产品。

（二）培育中国动漫产业链

1. 整合动漫企业资源

我国动漫企业数量较多，尚未形成规模优势，资金技术实力也无法与国外同行相比，因此必须整合企业资源。在产业聚集过程中必须注重产业链之间的关系，形成合力，建立人员资金和信息的交流平台，将行政和研发总部尽量集中以进行协同创新。通过资源的整合首先实现资金的共享，其次可以获得规模经济，再次可以提高抗风险的能力，最后形成产业聚集区，培育动漫产业发展软环境。

2. 拓展传播新渠道

数字电视、网络、手机终端等成为动漫产业传播的新平台，它们给动漫产业链上的各个环节的多层次开发等又带来了新的发展机遇。由于我国动漫企业资金不足、经验有限、传播渠道受限、议价能力较低，我们应借助新媒体产生的机遇实现弯道超越，后来居上。新媒体、新技术不仅可以降低生产制作成本和缩短制作周期，还可以提高产品质量，突破了传统传播渠道的品牌垄断，实现了面对更广泛受众的高效传播。特别是智能手机终端的发展，为动漫产业传播提供了新的战略渠道，青少年可以更便捷高效地获取动漫资源。

中国有着深厚的传统文化底蕴和优秀的动漫传统，这些都是国产动漫能够与美日动漫分庭抗礼的优势资源，但是否能真正突破它们的包围圈，在国内动漫市场收复失地，还需要多方面的因素相互配合，共同发展。中国动漫产业的发展要打造具有中华民族特色的动漫品牌，通过对中华民族文化的深度挖掘，并通过与新媒体技术结合和对传播市场的滚动式开发，铸就一个成熟健康的动漫产业。

第五节　国外影视文化贸易的经验及其对我国的启示

一、发展影视文化贸易的意义

影视文化贸易产品作为最典型的文化产品，是文化贸易中最重要的形式，不仅具有商品属性同时也具有精神和意识形态属性。由于其属性特殊，它与其他贸易形式相比有着显著的特点，主要表现在其具有异质性、多样性、共融性、经营外部性、社会公益性、发展不平衡性等特点。①这些特点决定了影视文化贸易有别于普通的商品贸易，具有无可取代的重要作用。

1. 影视文化贸易渐渐成为衡量一个国家“软实力”的重要标准

影视文化不仅是综合国力的一部分，而且是国家软实力的核心要素，由于电影所具有的强大的跨文化传播和熏陶濡染受众的潜能，它对于提升我国文化“软实力”所能起到的作用是非常明显的。因此，开发利用电影的潜能来服务于我国文化“软实力”建设工作的大局，是一个紧迫而重要的工作。党的十七大报告指出：当今时代，文化越来越成为民族凝聚力和创造力的重要源泉、越来越成为综合国力竞争的重要因素。要兴起社会主义文化建设新高潮，激发全民族文化创造力，提高国家文化“软实力”，增强中华文化国际影响力，大力发展文化产业，推动文化大发展、大繁荣。②

2. 影视文化贸易有助于提高输出国文化的国际认可度

影视文化贸易的效应在于其有助于培养国内外消费者对输出国文化的认同度、促进世界对输出国的了解，同时，树立输出国的良好国际形象，增强其产业的国际竞争力和影响力，从而有助于其推动经济的发展、加快国民财富的积累。例如，美国大片在世界各地院线落地，使得美国影视业内涵的价值观和世界观迅速被其他国家所熟知和接受，影响着输入国的国民。近年来，韩国的电视剧也像潮水般涌入中国，中国韩剧迷的年龄段从十几岁到七八十岁，使得中

---

① 莫茜茜．2010．中国影视文化贸易的现状和对策分析．桂林师范高等专科学院学报，(9)：62-66.

② 刘婷．2009．我国对外文化贸易的现状、问题及对策研究．黑龙江对外经贸，(3)：45-47.

国民众更加熟知和接纳韩国的文化和风俗，提升了韩国影视产业在全球的竞争力和影响力。

3. 影视文化贸易能够产生巨大的经济效益且带动相关产业的发展

影视文化产品的输出不仅能够为输出国带来巨大的经济利益，而且以其形象生动的形式和内容传播着输出国的文化价值和生活方式，带动着相关产业的发展。影视文化产品的输出，还有助于开发相关产品的附加值、扩大外贸出口。一部电影后面有电影海报、音像制品、图书、文具、玩具、服装、邮票、纪念品、游戏、主题公园等一系列后续产品，连接着出版业、音像业、玩具业、服装业、旅游业、餐饮业等一系列产业链条，如韩国的“流氓兔”形象，英国的“哈里·波特”系列，美国的“芭比娃娃”系列、阿凡达等。

4. 有利于保障国家的文化安全

从政治效应上看，通过向他国输出自己的文化产品，传播自己的文化观念和意识形态，潜移默化地影响他国民众的世界观和价值观，一定程度地提升了本国的文化竞争力。只有尽快扶持本国的影视产业做大做强，在整个世界影视产业的平台上与其他国家进行竞争，才可以使本国的影视剧市场不会被别国的影视剧产品全部占领，只有与狼共舞才能将自己变成狼，才可能出现真正意义上的中国影视剧产业巨子，避免国外影视产品在国内市场上对民众的价值观和世界观的文化侵略性影响，避免对国际文化安全产生影响。

二、国内外影视文化贸易发展的现状

1. 国外影视文化贸易发展的现状

美国的视听文化产品出口规模已经超过航天工业出口规模，跃居其出口贸易的首位，好莱坞大片更是长期占有世界电影市场一半以上份额；而韩国的文化产品出口贸易额早在2004年就已与其汽车的出口额相当；日本的动漫及周边产品出口也已经突破100亿美元，日本漫画早已成为日本的一个重要文化品牌并占领绝大部分的世界动漫市场。[①]而发展中国家的影视文化贸易也在快速发展，印度的宝莱坞被视为东方的“好莱坞”，而尼日利亚的“瑙莱坞”则因年

① 李清亮. 2009. 我国文化产品出口现状分析及政策研究. 改革观察，(8)：75-77.

产数千部影视作品被视为非洲的“好莱坞”。可见，文化产品贸易正在成为国际贸易格局中的新贵，对于拉动一国经济增长、改善国际收支等经济目标，以及传播各国文化，促进国际文化交流等方面都发挥着越来越重要的作用。

随着经济全球化的发展，各国都很注重文化安全，而影视文化作为传播本国文化意识的重要形式，更加受到各发达国家的重视。像韩国通过立法，强制电影院播放本国电影等保护政策来保护本土影视文化的发展，韩国能在短短十年之内成长为位列世界文化产业前五名的国家，艺术产业功劳不小。以韩流为代表的影视剧在韩国艺术产业的成长中处于重要地位。而日本动漫产业更是发展到了拥有一套完整的产业链的地步，成为日本经济发展的一大支柱产业，全球播放的动漫产品六成出自日本。欧美作为影视文化的重头，凭借其千奇百怪的创意及震撼人心的特效等使好莱坞成为国际影视文化的重心。而印度作为和我国发展程度相似的发展中国家，其影视的发展也取得了惊人的成绩，其具有民族特色的歌舞通过电影红遍了全球。

2. 我国影视文化贸易发展的现状

我国的国情与发达国家不同。影视文化走出国门的背景非但不是基于国内资本过剩， 相反，恰恰是基于国内文化投资非常缺乏的背景; 不是基于本土文化企业非常强悍的背景，而是基于本土文化企业相对弱小的背景，所以我国作为一个有五千年历史文化底蕴的文化大国，其影视文化的对外输出并不乐观。

作为服务贸易的重要组成部分，作为最国际化的文化产业，影视文化贸易的发展在推动整个国家经济增长中扮演着十分重要的角色。总体来看，目前中国影视文化贸易的现状大体如下。

（1）影视文化产品贸易逆差较大。

在电影方面：2000~2004年, 我国进口影片4332部，而出口影片却屈指可数。2006年我国电影市场国产片票房14.4亿元人民币，进口片票房11.8亿元人民币。在电视节目和电视剧方面，2006年我国电视节目和电视剧出口总额为1.69亿元人民币，当年进口总额为3.37亿元人民币，逆差1.68亿元人民币；在动漫方面, 从供需角度看，2006年全国动画节目需求量达到100万分钟，而国产动画片产量仅为8.5万分钟，不足需求量的1/10，造成洋卡通称霸市场。[①]对发达

① 刘婷．2009．我国对外文化贸易的现状、问题及对策研究．黑龙江对外经贸，(3)：45-47.

国家文化上的依附，导致国家文化安全受到严重威胁。尽管我国影视文化产业蓬勃发展，但占世界影视文化出口贸易的市场份额不足1%。

（2）影视产品出口对象单一。

英国、美国、法国、日本、韩国、印度是我国影视文化产品的进口主要来源国，我国产品出口主要集中在我国港台地区、朝鲜、日本、韩国、菲律宾、新加坡、马来西亚、泰国等与中国有相似文化背景的亚洲国家和地区。出口类型为古装历史片（剧）、武打动作（剧），较为单一。

（3）影视产品市场经济不成熟。

加入WTO 后，引进的外来影视产品给我国本土的影视产业带来了极大的冲击。我国影视文化产业存在的主要问题是资本整合问题，缺乏把资本要素、经营要素和文化资源有效整合的市场，难以形成影视产业链条，造成资源对接不畅，资源浪费严重。我国具有深厚的文化底蕴，文化资源丰富，如果在文化资源基础上开发影视产品，如《闯关东》、《走西口》等挖掘中国历史文化资源的好作品，以及如《喜羊羊与灰太狼》等挖掘中国传统文化、借用现代的动漫手法来表现的作品，中国的文化竞争力将大大增强，在全球文化竞争中可占据一席之地。

三、我国影视文化贸易与发达国家相比差距巨大

广播电视节目、影视音像作品、多媒体、会展、咨询策划等以文化内容、文化服务为主的“软”文化贸易是产生文化贸易逆差的主要来源。虽然近几年我国的影视文化取得了长足的发展，像几年前的《英雄》，以及中国自制 3D 动画《秦时明月》及《喜羊羊与灰太狼》、《魁拔》、《赛尔号》等取得了不错的经济效益，但与国外动辄几亿美元的票房收入相比仍然存在着很大的差距，具体表现在以下方面。

1. 中国影视产品自身文化价值的缺失

在影视剧题材上我们很难看到反映中国民族文化和当代民族精神的优秀作品。近年来电视剧市场的繁荣大多集中在古装剧及家族剧中，即便是有反映当代青年人的少数作品（如《奋斗》、《北京青年》、《我的青春谁做主》青春三部曲这样的类似于青春偶像剧的作品），也还是脱离现实生活的梦幻作品，很难让

人感受到中国几千年来的文化精神应该赋予我们的感动。2009年的贺岁档千篇一律的古装题材，除《十月围城》可以看到国人的一丝爱国情怀外，其余的影片则很难引起观众的共鸣，更不用说体现中华民族的精神了。这一点好莱坞的电影就会非常注意，他们的电影之所以能够在全球受到追捧，就是抓住了人类的共同心理需求，如亲情、爱情、生命、个人奋斗等具有全人类共同情怀的元素，观众在不经意间会受到感染，于是在一种“润物细无声”式的浸染下认同了美国的价值观和美国人的生活方式，以及无处不在的美国精神。

2. 影视文化创新缺乏科技支撑,制作水平落后

用最新的科技水平包装文化艺术和不断对文化产业进行创新是文化产业取得成功的两大法宝。发达国家在文化产业发展过程中对科学技术的运用是主动的和积极的, 通过科技在文化产业的应用进一步推动文化产业并带动国民经济的发展, 如美国缺少悠久的历史和灿烂的文化, 但是美国从其他民族的历史和故事中取材, 同样生产了大量的文化产品。在我国热映的《功夫熊猫》, 题材取自我国的传统文化, 却让美国人在我国赚得盆满钵满。与美国相对照, 我国在高科技运用方面乏善可陈, 我国的电影业在制作、加工、欣赏等方面都还停留在传统技术的基础上, 与发达国家和地区存在着很大的技术水平的差距。

3. 政府对影视文化产业的扶持力度不够

美国政府对文化产业扶持不遗余力，不惜采取一切外交、政治及贸易手段来扩展美国电影的境外市场；法国政府对电影业采取“文化例外”的政策, 以保证法国电影在全球具有较强的竞争力；中国影视文化产业缺乏完善的融资机制，政府支持力度不够，法律等方面的政策也不完善。

4. 国际营销观念缺乏，文化产品与服务品牌缺失

由于多年市场经济制度的发展, 发达国家已经能够按照市场经济的规律进行文化产品的生产、销售。从前期的文化市场调研，到四通八达的销售渠道及多样的营销手法, 形成了一套与市场经济体制相适应的成熟的市场运作模式。好莱坞在世界范围内的成功, 归根到底是市场营销的成功。日本的动漫产业通过一条完整的产业链，使日本成为一个动漫大国，而相对于这些发达国家的营销策略，我国的影视产业宣传力度不够，销售渠道不够畅通，海外市场单一，没有形成规模经济，不能带动相关产业的发展推动经济的繁荣。

四、国外影视文化贸易的经验总结及我国的发展途径

（一）对国外影视文化贸易的经验总结

总结国外的成功经验，可以看出发达国家之所以能够取得喜人的结果，正是因为它们：第一，重视文化资源的利用与创新，像好莱坞的许多经典都是在原文化基础上的创新；第二，推进创意产业及相关产业的互动发展，像韩国凭借其影视业的发展带动其旅游业、服装业等的发展；第三，充分发挥市场的作用，成立专门的推进机构；第四，完善相应的支持政策体系，像美国、印度、法国、韩国等都对其影视业的发展专门立法来促进其发展传播。

（二）中国发展影视文化对外贸易的途径

很显然中国很需要借鉴更多成功模式，取其精华、去其糟粕，结合自身特点走出一条既有中国特色又能为广大观众所接受的影视产业道路。中国影视文化在当前形势下，必须采取“走出去”的发展策略，要利用好世界贸易组织提供的全球文化市场平台，推动中国影视文化的发展。

1. 提高中国影视作品的国际化程度

要使国际化内容与中国形式相结合；针对国外市场的接受程度，选择传统文化中的优秀元素，淡化和减少出口影视产品中过多的意识形态以提高中国影视作品的国际化程度。

2. 加大营销力度

要鼓励有条件的企业进行海外扩展，加大影视文化作品的宣传包装投入力度。伴随着近几年的汉语热，借助“汉语桥”、孔子学院等在世界遍地开花的势头，推动我国影视文化的对外输出，利用奥运会、世博会、国际交流会等国际性会议承载中国文化元素，传播中华文化，推动影视文化贸易的发展，同时借助影视文化贸易的发展来传播中国价值观，相辅相成，共同推进中国经济的繁荣。

3. 政府对影视文化贸易进行科学的引导和扶持

要通过制度的创新与法律、政策的制定和修订，通过财政上的扶持和发展方向上的引导等，引导影视业等艺术产业“走模仿的路线”，科学地进行结构

调整，平衡文化贸易内容，战略布局，扩大输出区域等。美国和韩国的文化之所以在中国有如此大的影响力，并受到了中国影迷们的追捧，不仅仅是其自身影视产品的魅力，其背后是国家政策的强大扶持。中国要提升产品竞争力，需要国家制定相关政策来大力扶持我国的文化产业。

4. 在影视文化贸易中开创自己的特色

印度宝莱坞出产的电影长达3小时，在讲述情节的过程中载歌载舞，很有民族特色。韩国的电视剧主要是通过人物之间的对白进行情节推进，投入较少，但是情节连贯，感情细腻，感染力较强，很容易黏住观众，形成忠实的观众群体。我国影视产业还没有形成自己的风格，必须采取适当的文化和美学策略对影视产业的内容进行丰富，以增加我国影视的核心竞争力。

5. 培养高素质的影视文化人才

人才就是竞争实力的保证，我国缺少大量的专门性人才，专门性人才不仅要精于影视文化内部的创作流程、洞悉产业发展趋势、熟谙商业运作模式，更需具有国际视野。我们应高起点、高标准从国家人才战略层面规划，利用全球人才培养资源，采取直接引进高端人才和派本土产业精英外出学习的双向措施，学习国外管理经验中的精华并利用吸收。同时，在有实力的知名高校开设影视文化贸易专业，培养相关人才，助力我国影视文化贸易的快速发展。

第六节　电视节目的发展现状及品牌化对策

电视节目是电视台各种播出内容的最终组织形式和播出形式，它是电视传播的基本单位，即指电视台或社会上制作电视节目的机构（如电视广告公司，电视文化传播公司，影视制作公司等）为播出、交换和销售而制作的表达某一完整内容的可供人们感知、理解和欣赏的视听作品。①

电视节目大致可分为新闻类节目（正规的）、财经类节目（相关咨讯及

① 刘景涛．2011．低碳主体电视节目研究．开封：河南大学硕士学位论文．

评述）、体育类节目（赛事转播及体育消息报道）、文化娱乐类节目（包括影视、综艺、娱乐咨讯等）、生活类节目（包括生活见闻，百姓平日关心的一些内容）、谈话类节目、军事类节目、教育类节目、科技类节目、少儿节目、老年节目、广告节目等。[①]由于电视节目的发展，许多节目的类型复杂多样，包含了多种类型。例如，凤凰卫视的《锵锵三人行》，就涉及多个节目类型，它报道的内容包括政治军事、文化教育、体育娱乐等。既有新闻节目的内容，又有轻松娱乐谈话型的主持方式，对这种多元素的节目我们就很难界定它的属性类型。

一、中国电视娱乐节目发展历程

中国的电视节目经过了多年的发展，取得不少成就。作为一大门类的娱乐节目经过了多个阶段的发展已经开始日趋成熟。其发展分为以下四个阶段。

第一阶段是20世纪90年代初兴起的以《正大综艺》、《综艺大观》为代表的综艺节目类型，它将歌舞、相声、小品等艺术形式有机结合起来，开创了我国综艺节目的先河。虽然相声、舞蹈、歌曲、杂技等所有的艺术形式都可以在这里看到，但是主持人与观众的互动却很少。节目主持人行为表情过于死板、语言过于正规化，基本都是停留在稿件基础上的二度创作，在发挥上有极大的局限性。对于观众来讲，这些节目仅仅是观赏节目，观众与节目之间有一道鸿沟——观众只能仰望着这些美轮美奂的“展品”，主持人成为舞台的“操控者”。

第二阶段是以《快乐大本营》、《欢乐总动员》为代表的游戏类娱乐节目，以明星的参与作为卖点，主持人和观众部分互动。舞台与观众之间的鸿沟已经开始退化，主持人也不再是绝对的中心。

第三阶段是以《幸运52》、《开心辞典》为代表的益智博彩类节目，观众被请上舞台，与主持人进行互动，成为节目的主体。

第四阶段是以《超级女声》、《我型我秀》、《中国达人秀》、《非诚勿扰》、《中国好声音》为代表的“真人秀”节目，平民走到了观众的面前，成为明星。像李宇春、周笔畅、张靓颖、何洁等众多明星都是被《超级女声》打造包装出来

① 张静，2010．对提高电视节目录制质量的思考．科技传播，（13）：7, 21.

的平民明星。

“我国现在的电视娱乐节目还没有完全从第三阶段和第四阶段分离开来，可以说两者都拥有一定的受众，齐头并进，但是可以肯定的是我国的电视娱乐节目已经进入了一个平民娱乐时代。”①这种形式的电视节目的口号是“平民参与、观众做主”，肯定了电视本身的平民性。

二、中国电视娱乐节目的现状分析

电视娱乐节目在大众生活中起到了举足轻重的作用，在竞争激烈的传媒阵营中，电视娱乐节目自身的发展也有了新的变化。毫无疑问，娱乐节目的好坏已直接影响或关系到一个电视台的生存状况。

（一）电视娱乐节目的优势

1. 重视节目的娱乐功能

1997年7月13日，《快乐大本营》在湖南卫视新鲜出炉，成为国内标志性的娱乐节目，随之而来的还有“明星+游戏”这一娱乐新概念，风行全国的电视娱乐热潮席卷而来。由于市场化、商品化与城市化潮流的冲击，人们旧有的生活方式和精神观念正在逐渐改变，轻松、简单、快乐、宣泄、减压成为社会上具有普遍意义的精神需求。

2. 重视与观众的互动

今天，电视节目的价值主要还是由收视率来决定的，收视率决定了广告费，而收视率又是由观众决定的，因此对于当今的电视传媒来说观众就是上帝。电视节目走入市场，电视再也不是高高在上的操控者，而是电视市场中参与竞争的普通一员。任何成功的娱乐节目，为了能让自己在众多的“商品”之中有立足之地，不做乌合之众，在节目推出之前都要进行科学研究和市场调查，研究受众的心理需求。它的市场目标、市场定位非常明确，它是为特定观众群的具体需要量身定做的，故拥有固定的受众群，为了不流失观众，节目就必须让观众参与进来。

---

① 邵培仁，潘祥辉．2005．论我国电视娱乐节目的困境与出路．嘉兴学报，（5）：5-10.

3．借鉴外国形式，融合多种元素

众所周知，西方媒介的传播经营理念对我国的传媒业有很大的影响。西方电视节目的节目形式、内容及运作方式都对我国电视节目的演变和发展起着巨大的推动作用，我国几乎每一种新推出的节目都有着西方同类节目的影子，在娱乐节目的发展中尤其如此。20世纪90年代初期的“明星+表演”模式的综艺节目形式、“观众+游戏+巨奖”的竞猜节目形式及现在收视率极高的“真人秀”节目形式都明显地有着西方节目的影子。从真人秀节目《超级女声》看到了《美国偶像》，从益智博彩类节目《开心辞典》看到了《谁想成为百万富翁》，现在的《中国达人秀》直接对接《美国达人秀》和《英国达人秀》。

（二）电视节目中存在的问题

1．缺乏创新，节目雷同

一个电视节目要想赢得观众的喜爱，最主要的是节目要有新意，要让观众有新鲜感，电视节目若是千篇一律，观众就会失去兴趣。就如最近两年兴起的相亲类节目，刚开始兴起时确实令观众耳目一新，但随着越来越多相似的相亲节目播出，观众渐渐产生了厌烦感。创新是电视节目成功的灵魂，而今天的电视编导们最大的问题就是找不出好的选题，想不出新的立意，挖不出独家新闻和线索。在没有新的新闻线索的情况下，如果编导们从角度上进行创新，同样可以使电视节目取得成功。“角度”一词源于电视采编，是指记者发掘事实和表现事实的着眼点和侧重点。

2．恶性竞争加剧

由于生产和播出的单位较多，对广告投放主体的争夺形成的恶性竞争表现得十分突出。广告客户对于一个区域的广告投放取决于产品销量，既不会因为电视台多而增加投放，也不会因为折扣高而减少投资。

针对电视节目中出现的一系列问题，我们不仅不能忽视，而且要积极采取有效的措施来解决。就目前看来，电视节目只具有借鉴性、参与性、平民性是不够的，它必须成为一个品牌才能长久立足下去。

三、电视娱乐节目必须走品牌化道路

“没有品质就没有明天”，优质化是品牌的一个标志。品牌栏目、精品节目因其自身具有较强吸引力和感染力，因而在观众和电视业中获得了极高的知名度、信誉度。一个好的品牌栏目可以带动一个频道的品牌意识，即电视节目的质量意识。一个优秀栏目的起步和发展过程，就是一个品牌的创造过程，不断提升品牌节目的内在品质，就是锻造其核心竞争力的过程。

要实现节目品牌化至少应该具备三个条件：第一，树立品牌意识，媒体的管理者和从业人员（包括制片人、主持人、编导、记者等）必须树立品牌意识。第二，节目必须准确定位，在竞争日趋白热化的今天，媒体早已丧失了当初那种说一不二的绝对话语权。对于电视媒体而言，频道落地并不表明已经产生实际价值，观众选择哪一个产品更主要取决于频道提供的是否是观众所需要的内容，拥有这些内容的频道是否在观众心中确立了自己的位置。为此，我们在节目制作之前就必须搞清楚这样一些问题：我们的节目是做给谁看的？我们的观众喜欢看什么样的节目？应该怎样使我们的节目得到受众的喜欢？纵观国内媒体，凤凰卫视的定位是大陆文化和港台文化的融合，安徽卫视定位剧行天下，湖南卫视的定位是以娱乐为主的个性化频道，四川卫视的定位是天下故事会，所有这些都从内容或观众角度为媒体找到了生存依据，同时确立了品牌节目的发展方向。[①]第三，积极实施走出去工程，谋求国际化发展适应扩大对外开放和国际化发展的趋势，积极走出去参与国际竞争。大力发展海外营销机构和网络，着力将我国具有竞争力的电视节目类产品推向国际市场，努力增加国际市场份额。其中最关键的要素是要实现经营模式转型，从频道经营到节目经营，最终达到品牌经营。

四、电视节目品牌化策略

电视节目营销时，一大批生产同类产品的电视台，争夺共同又有限的市场，只有在敏锐地洞察各种因素的基础上，才能审时度势，客观地把握各种因素，进而选择有效的应对措施。

---

① 杨志鹏．2008．论电视节目的品牌化经营．现代视听，(8)：77-79.

从营销学的角度分析，电视产品不同于一般产品，它是渠道性的产品，频道就是电视的渠道。电视产品离不开频道，但观众的注意力是有限的，在频道稀缺时拥有了频道就是拥有市场。因此，占有频道显得十分重要，要想让观众忠实于某一频道，好的节目就是留住观众的法宝，而品牌的打造会让好的节目锦上添花。

针对一系列电视节目营销中出现的问题，我们必须正视，并且要采取必要的措施来解决，那就是实现品牌化营销。从市场营销的角度看，电视品牌栏目是带动频道收视率和广告收入的主力军，而且品牌化生产有助于电视产品降低生产成本、减少风险、提高效益。

电视业一切改革的根本在于节目，要实现节目品牌化，首要的工作是必须创立几个具有较高知名度、较高收视率和较高广告回报率的名牌栏目。通过名牌栏目吸引观众对媒体的关注，提高媒体的知名度和影响力，最终拉动广告和节目创收。电视媒体只有拥有具备相当知名度和收视率的品牌节目，才能实现自身的可持续发展。

（一）电视品牌定位

1. 品牌定位

品牌的创立需要一个与市场建立起越来越紧密联系的专业化运作体系。这种运作体系首先要求栏目在媒介市场调查的前提下做更准确的收视定位，通过分析、研究、策划、提炼出品牌，使其根植于观众心中，在市场上为节目赢得一席之地。其实质就是对节目需求的受众，按照某种标准加以分类，使之具有特定需求特点。定位的基础是观众需求上的差异，从其差异产生的原因来看，定位主要考虑以下三大因素。

地域的定位。按照观众所在的地理位置对市场加以分析。例如，城市与农村、南方和北方等，处于不同地域的观众因其不同的收视需要而形成不同的细分市场。农民爱看致富信息性节目，城市居民则偏爱休闲娱乐型节目。

受众的定位。按照受众一系列性质因素来分析电视节目需求上的差异。所谓受众的性质因素，是指年龄、性别、职业、教育程度等。受众定位目前存在的最大问题是对目标受众的需要缺乏真正的了解，在前期调查不到位的前提下，编导凭想象制作节目，结果往往适得其反。

心理的定位。分析受众心理需求，按照其生活方式、个性特点来制作节目，有些人喜欢关注财经节目，有些人喜欢娱乐节目，有些人喜欢纪录片，有些人喜欢真人秀节目。

2. 品牌质量

电视节目质量是电视台的生命线，电视节目品牌形象需要高质量的节目内容来维持，如湖南卫视为了维护自己的娱乐定位的形象，不断推出相关高质量的娱乐节目，在竞争对手推出新型的节目进行消费者争夺时湖南卫视总能第一时间推出类似的节目强化其娱乐节目中的垄断地位。

电视节目稳定的标准和质量依赖于专业化的队伍。电视工作者，尤其是记者、编导，一定要知识面广、业务精熟、善于与人交往。主持人是品牌栏目的重要组成部分，从某种角度上说，主持人就是一个品牌的人格化身，品牌栏目主持人除应具备主持人的基本素质以外，最主要的是要与栏目的风格相适合。

（二）电视节目品牌化策略

对于品牌节目来说，品牌源于在同类节目中具有领先性或独创性，如江苏卫视的《非诚勿扰》、天津卫视的《非你莫属》、浙江卫视的《中国好声音》。要想长期保持优势，就要在同类节目中凝练自己的核心竞争力，凸现个性特色，不拘一格，常办常新。要根据社会的变化、受众的组成和观念的变化，不断调整，只有不断推陈出新，才能使品牌节目保持长久的生命力。

电视节目的品牌化时代已经到来。过去的以频道为主，封闭、落后、自我的频道经营方式已不再适合目前的潮流，电视节目的品牌化经营将影响整个电视传媒业。

第七节 中国戏剧市场的发展现状、问题及对策

一、戏剧的概念及分类

在世界各国，戏剧的历史都源远流长，戏剧的样式也多种多样。从戏剧所

赖以生存的文化土壤与文化生态而言，可以把戏剧分为话剧、舞剧、歌舞剧、戏曲、音乐剧等形态样式。在我国，戏剧主要以戏曲和话剧这两种形态为主。戏曲，即中国传统意义上的舞台剧，“以歌舞来演故事”。而话剧是一种以对话和动作为主要表现形式的舞台剧样式，来源于西方现实主义戏剧，并逐步创造出自己的民族形式。这两者构成了中国戏剧文化的传统与现代的鲜明二元性的存在。

二、中国戏剧的发展历程

作为传统舞台剧的中国戏曲绵延千年，它根植于中国古老的乐文化的传统之中。在乐文化的历史发展过程中，从汉代的百戏、散乐，六朝的伎艺，隋唐的歌舞大曲、参军戏到宋杂剧、金院本等，戏曲得以在中国乐文化中长期孕育生成，并在经历长期的艺术积累之后，最终形成了中国戏曲独特的艺术形态。至元明清，戏曲更是发展到了全盛期。地方戏的出现，使戏曲更广泛地深入到民间。然而，到19世纪末，随着近代中国资产阶级思想启蒙运动的开展，梁启超等先进的知识分子对当时舞台上以京剧为代表的传统戏剧严重不满，呼吁在社会改良的同时必须改革戏曲。虽然它符合时代的要求，但这场改良最终以辛亥革命的失败而夭折。在“五四”新文化运动时期，戏曲受到更严厉的批判，许多知识分子认为应当“全数扫除、尽情推翻”。随后，先进的知识界竭力宣扬中国戏剧要全面仿效欧洲写实戏剧，中国的“话剧时代”开始到来。

话剧在近百年的发展过程中涌现出了许多优秀的剧作家和好作品，但翻开一部中国话剧史，我们不难看到它的历史命运始终离不开民族民主革命的轨道，一定程度上它是配合政治宣传的有效武器，直到改革开放后话剧才更多地发挥出自己的生命意识。而戏曲虽然在“五四”运动时期受到了新文艺界的冷落和鄙夷，但由于它处处渗透着中国的传统和文化，故事通俗易懂，表演手段丰富多样，依旧为平民百姓所喜爱。一个体现现代意识，一个独具民族特色，它们作为中国戏剧的“两生花”并肩走进了21世纪。

三、当前戏剧市场现状分析

众所周知，当今时代戏剧受到多元文化方式和娱乐方式的冲击，确实不再有当年的辉煌。在20世纪五六十年代，戏剧特别受到老百姓的欢迎，若能得到一张戏票，进剧院看场话剧，是何等欢天喜地的事情。很显然，这样的黄金时代已经过去。

（一）当前戏曲演出的市场状况

以上海的各大戏曲院团和艺术团体为例，据调查，大多数的戏剧从业人员都认为，戏曲的市场在萎缩，观众在减少。相比全国来讲，上海的整体演出市场可以说是最好的市场之一，但戏曲仍然是其中薄弱的环节。在上海每年的上万场演出中，戏曲的比例相对较小，而且戏曲的出票最困难，因此许多演出公司往往不愿意接手戏曲剧目。

从全国的状况来看更是这样，全国的戏曲剧团萎缩情况严重。据2006年11月9日《中国文化报》报道："中国戏曲剧种20世纪50年代有368个，到80年代有317个，2005年是267个，基本上是每年消亡2个剧种。"2002年的《中国百姓白皮书》中提到："2002年共有345个剧团无演出，占剧团总数的13.2%。""据河南有关的单位统计，总人口和农业人口都居全国第一，曾经以剧团总量居全国第一的河南省，剧团由20世纪80年代初的219个下降到了现在的151个，而其中能够正常演出的仅78个。按照这个数字每年这些团体能够覆盖的观众人数为4700万左右，也就是说河南每年约有近3000万农村人口看不到一场由专业艺术团体演出的剧目。"①

由此，我们可以看出中国的戏曲演出总体上是不景气的。

（二）当前话剧演出的市场状况

以上海为例，上海市文化广播影视管理局对上海的话剧演出情况作过调查："上海话剧演出每年以20%左右的增幅呈现出活跃态势，成为本市演出最多、市场规模最大、创排速度最为快捷并最具赢利模式的剧种。2006年本市上

① 杨扬．2006．加强基层戏曲剧团建设刻不容缓——河南基层剧团忧思录．中国戏剧，（11）：4-6.

演话剧（不含非营利演出）60场左右；2007年为71场；至2008年，本市话剧演出达到87场。”在北京，话剧市场的状况与上海不相上下。从首都票务网、北京演出票务网的情况来看，许多话剧票均有提前售空的现象。

此外，在其他的一些城市，也出现了“话剧热”的现象。像成都、广州等地的话剧演出也呈现出欣欣向荣的局面。《东方今报》2008年11月发表过《多台先锋话剧杀入郑州 河南演出市场迎接文化风暴》一文，文中提到先锋话剧近年来在郑州上演时有近80%的上座率，其中还有一对新乡的夫妇专门开车到郑州观看演出。

对话剧市场的调查展现在我们眼前的是一翻繁荣景象，但由于时代的变化，当今的这种繁荣也只是相对意义上的。比戏曲的状况好一些，却终究无法同20世纪80年代的“舞台剧热潮”相比。话剧的这种热潮也还局限在大城市，很长一段时期内在中小城市无法打开市场。

四、当代戏剧市场总体不景气的原因

改革开放之后，文化解禁，戏剧的确取得了不小的成就。但这并不能阻止观众数量下滑的趋势，演出情况总体不容乐观，有以下方面的原因。

（一）外部因素

1. 文化及休闲生活方式的多元化

20世纪80年代后中国进入电视、电脑网络、手机网络媒体时代。当代人看电影大片不用再跑电影院，年轻人手持移动终端就可以听音乐、看电视、玩游戏，与身在全球任何角落的人畅聊。相比之下，“剧场艺术”本身在这个文化多元化的时代注定要萎缩、边缘化，变成“小众艺术”。

2. 戏剧消费群体本身具有局限性

（1）从受众的年龄来看，根据网上受众调查，戏曲观众的年龄相对比较老化。上海逸夫舞台也曾经进行过一次调查统计，结果显示：“在现有京剧观众群体中，70% 以上的观众是在 20 世纪 60 年代以前京剧鼎盛时期积累下来的老戏迷。另外有 15% 左右的观众是在 70 年代受 8 个样板戏的影响逐渐喜欢上京剧的一代人。而 25 岁以下的观众不到观众总数的 10%。”为何大多数年轻人不喜欢戏曲，主要原因有：①戏曲的节奏太慢，对于习惯快节奏生活方式的年轻人没有吸引力。②戏曲与当代现实生活脱节。当今时代是“快餐文化”、“读图时代”，年轻一代置身其中，从小养成的生活习惯必然使他们对脱离现代生活的戏曲难以接受。从戏曲外在形式来看，戏曲的语言多为古文诗词，而且不同剧种方言差别大，不易懂。相比之下，话剧更在年轻人中受欢迎，却无法受到年长观众的青睐。

（2）从地域来看，话剧的观众以大城市为主。而喜欢戏曲的观众在农村相对更多，他们有更多闲暇的时间，但却没有较多的娱乐休闲方式和群体活动，他们还有些人喜欢凑热闹、瞧新鲜。然而，就农村市场，也正如郭月亮在《对当代中国戏剧市场的思考》中提到的：“从我国戏剧市场的现状看，有需求无钱赚是其主要特点。”[①]总之，话剧的火爆也仅仅出现在少数大城市，而农村虽然有不少的戏迷，却因老百姓不想掏钱看，剧团也望而却步。因此，从全国的观众需求来看，戏剧市场总体不景气。

（二）内部因素

1. 一些戏剧人市场意识淡薄

戏剧市场是社会主义市场经济条件下的必然产物，它的构成离不开观众。戏剧观众是戏剧市场很重要的因素之一，然而面对急剧的市场化，一些艺术家往往也会采取一些过激的方式，缩回到自己的艺术自留地。其实远离市场的同时，也就远离了观众的视线，把艺术放置到了一个绝缘的地带。那么，这种太过“纯粹”的东西，又怎么能经得住考验。此外，一些剧团缺乏市场经验，不懂得如何运作，也是剧团不景气的原因之一。

2. 剧团体制存在缺陷

如今国家正在进行文化体制改革，剧团已经开始以企业化的模式经营。但在此之前，我国的剧团体制存在很大缺陷。过去的剧团状况可以说是：员工都拿死工资，有了宣传任务，大家才去排练、表演，只要过得去就行。而如今，这种国家养剧团、吃“大锅饭”的模式已经不复存在，改革有助于提高剧团竞争力，激发剧团活力。另外，一些地方的民营剧团，还存在诸多不稳定的

① 郭月亮．2007．对当代中国戏剧市场的思考．中国戏剧，（7）：4-6.

因素，如演出成员不稳定。演出收入全部分光，不留积累，影响剧团的基本建设，这必然影响到剧团的长远发展。

3. 戏剧产品老化，艺术质量低劣

戏剧演出的现状是：总演老戏，一出传统戏剧经过几代人的咀嚼，到今人嘴里已经是味同嚼蜡，艺术感染力大打折扣。许多创新剧目也缺少特色，能从中归纳出历史的共性、人类的共性的作品更是凤毛麟角。

4. 戏剧人才的断层现象

话剧启用的一般是影视演员，这种人才缺乏的现象在戏曲中的体现尤为明显。现代年轻人愿意学戏的少了，这一点从戏校的招生情况就可以明显看出。例如，濮存昕和李小冉都是知名的话剧演员，但是现在都成功转型为影视明星，虽然在重要的时间节点还有演出一些重要的话剧节目，但是话剧舞台显然已经不是其发展平台。

五、当前繁荣戏剧市场的对策

中国的崛起不只是物质力量的崛起，而且需要软实力的崛起特别是文化的崛起，因此作为文化创意产业中重要组成部分的戏剧需要在市场中立足并取得自身发展。

（一）剧团内部改革

在文化体制改革的作用下，剧团的体制已经逐步发生了变化，但其在改革之后的摸索前进中依旧难免出现问题。因此，剧团应注意以下几点。

1. 裁减冗员、精简队伍

可采取演员签约政策，鼓励竞争上岗，根据演员出演次数，角色分配等情况合理分配收入，充分调动演职人员的积极性。

2. 建立合理的人才培养体制

未来是新一代的，如果为了票房而让有经验的老演员霸占舞台，那么戏剧终有一天会因人才的缺乏而衰落。不能仅仅因为一时的利益而不去顾及一些年轻的新演员。只有新老演员都不忽视，才能稳固人心。对于一些有经验的老演员，剧团可以采取聘任制，给他们演员兼老师的双重身份，让他们更有效地引导青年演员进步。

3. 吸纳有才华的创作人员

中国历来就讲究“剧本，剧本，一剧之本”，可见剧本的重要性。剧目是戏剧的产品，产品要对路，要适应顾客的需要才能有销路；剧目也要对路，要适应观众的心理才会有市场。我们从来就反对政治教条，主张思想性与艺术性高度结合。而艺术性与观赏性、群众性高度不能完全画等号。因此，在剧目方面既要“阳春白雪”，又要“下里巴人”；既要精品，又要畅销；既要典雅，又要通俗；要在通俗的基础上典雅，雅俗共赏。既要提高，又要普及，要在普及的基础上提高，在提高的指导下再普及。一言以蔽之，要观众买账，上帝点头。因此，剧团需要有才华的创作人员，而且需要掌握观众心理，只有这样剧本才能贴近实际、贴近生活、贴近群众。

（二）学会营销

在如今这个市场化飞速发展的时代，有市场意识还不够，还要学会市场管理。因此，剧团需要策划营销人员来制定策略。

1. 营销定位

营销人员的首要职责，应该是将消费者进行群体划分，确定之后，剧场就可以更加明确消费者群体，明确自己的演出需要服务和满足的真正对象。例如，可以将受众群体分为农村和城市观众、年轻观众和年长观众等。像孟京辉的《琥珀》，将目标市场直指都市有几个闲钱的文艺青年或自诩为文艺青年的都市青年白领、小资，甚至连老外也不放过——演出时专门配了英文字幕即是明证。《琥珀》不自觉地将其主要目标市场锁定在了中国的所谓的波波族。[①]而昆曲青春版《牡丹亭》的演出首先将目标市场定位在高校老师和学生中间。

另外，由于一些地方戏曲具有地域性，且观众以老年人居多，只能在极小的范围内获得受众群体，上海沪剧团的方法可以借鉴。由于老年人一般生活在郊区或者郊县，大多不愿跑很远的路出门去看戏。该剧团为郊县观众提供大巴服务，来回接送，获得了双赢。

此外，不仅要对观众进行定位，对剧目也应进行定位。例如，对清流婉转

① 黄海．2005．孟氏品牌运作:“琥珀”样的营销．新营销，（7）：28-30.

的昆曲定位应放在知识分子、精英阶层。而对于自然奔放的地方戏来讲，观众的定位应放在大众百姓身上。

2. 品牌营销策略

先锋派话剧人物孟京辉创造出了中国话剧的孟氏品牌。用Google进行搜索，涉及孟京辉的网页有430 000篇；用百度进行搜索，涉及孟京辉的网页有1690 000篇。自从事“先锋话剧运动”以来，孟京辉导演了《思凡》、《等待戈多》、《爱情蚂蚁》、《臭虫》、《一个无政府主义者的意外死亡》、《恋爱的犀牛》等话剧，出版了图书《先锋话剧档案》，并拍摄了电影《像鸡毛一样飞》。多年来，孟京辉用自己的话剧作品表达出对于普通大众的审美趣味的态度，痛斥热衷于名利的芸芸众生。他的叛逆姿态，牢牢树立了其文化先锋和波西米亚艺术家的形象，让他爱艺术胜于金钱的美德到处传扬，打造出了“孟氏话剧”品牌。

人物营销也算得上是品牌策略的一种。依旧以孟京辉的作品为例，“在《琥珀》中，孟京辉除继续营造和利用自有品牌外，还巧妙地借用了其众多明星合作者的品牌（邀请当红演员、音乐舞蹈明星等），使产品具有共同品牌的性质。孟京辉自己也认为，未来其产品的突破会来自于合作者”[①]。此外，还有很多演出主要是利用名演员、名导演、著名制作人及其他名人，借他们的辐射效应来进行营销宣传。像青春版《牡丹亭》借助白先勇的人脉，《长生殿》还抓住著名科学家杨振宁前来看戏进行报道。

打造中国戏曲的品牌和打造话剧品牌方面有所不同。当今话剧在更大程度上是以导演制为中心，人们在提起话剧时首先提到的就是这部戏由谁导演。而戏曲更注重名角效应，如提起豫剧，观众会脱口而出“常香玉”；说起黄梅戏，大家会异口同声“严凤英”；而谈起评剧，谁都忘不了“新凤霞”，更别说京剧的“梅尚程荀”，他们都是中国各个剧种的标杆人物，是戏曲的程式化决定了他们在舞台上的地位，灯光骤亮，大幕拉开，所有的目光都集中到演员身上。演员成为舞台的中心，在他们身上，集中了所有幕后的努力，是编、导、舞美等的最终体现。所以打造中国戏曲品牌，让戏曲演员得到观众认可是关键。

① 黄海. 2005. 孟氏品牌运作:“琥珀”样的营销. 新营销，(7)：28-30.

3. 节庆营销策略

全世界有5000多个节日，中国每年有1000多个节日。因此，戏剧完全可以和节庆紧密结合，借节庆来进行营销。例如，戏剧导演孟京辉执导的话剧《恋爱的犀牛》自1999年夏横空出世，在掌声鲜花与摩肩接踵的观众中获得了巨大的成功，在当时被称为救市之作。一度情人节去剧场观看《恋爱的犀牛》成为情侣们庆祝甜蜜爱情的一种方式。在2011年情人节，孟京辉以在剧场赠送情侣们蛋糕的方式，为它赢来了第12个生日。

著名舞蹈家杨丽萍编导并领衔主演大型原生态歌舞集《云南映象》也取得了巨大成功，同样是节庆营销的案例。它以民族区域原生态艺术为核心卖点，复原了最古老的原始方式，直接将少数民族地域原生态的歌舞搬上舞台，再现云南浓郁的民族民风。《云南映象》巡演国内外，颇受欢迎，用民族文化创造出了世界品牌。

4. 借助传媒营销

大众传媒的到来迫使戏剧告别了它的黄金时代。但是，戏剧同样也可以借助电子科技的力量来为自己赢得生存的空间。2006年时值越剧百年华诞之际，由中央电视台戏曲频道、上海文广新闻传媒集团综艺部主办的“越女争锋——越剧青年演员电视擂台赛”，人称“越剧界的超级女声”，取得了不俗的成绩。《中国戏剧》登载文章称：“自开赛以来，掀起了新一轮的越剧热潮。在上海等地首播时，‘越女争锋’的收视率超过了‘超级女声’、‘我型我秀’等时尚类比赛节目；‘越女争锋’在上海连续16场的剧场演出，几乎场场爆满的票房表现，为越剧百年迎来了第一个开门红。”[①]此外，戏曲电视剧、戏曲电影等方式也是使戏曲融入当今大环境的一种表现形式。2011年3月14日，《大河报》刊登新闻《河南戏曲电影走进电影院线17日郑州首映》，虽然现在《清风亭》只是在北京、郑州等大城市小范围的试映，但确实是一种戏剧积极融入市场的表现。

大众传媒带来戏剧的荧屏化，较早成功的案例当属《梨园春》。“《梨园春》是河南电视台一个坚持了多年的老戏曲栏目，1998年年初进行改版，反响平平；约半年后，加入了擂台赛的方式和内容，一下子火爆起来，省内平均收视率达22%以上，最高收视率竟达29%，影响波及东北地区和新疆、四川等省(自治区)。

① 徐晶. 2006.“越女争锋——越剧青年演员电视挑战赛”综述. 中国戏剧,(12)：32.

有关部门为此召开了多次专家研讨会。不仅如此，在该栏目的带动下，河南的许多电视台都办起了与此类似的戏曲栏目，且大部分都有可观的收视率，形成所谓的'梨园春现象'。《梨园春》的走红，是因为它恰恰最集中地综合实现了戏曲（恰好也是电视）走向的全部特点。荧屏化自不必说，从栏目内容来看，《梨园春》有戏曲精品的高水平表演，有名家名段的荟萃，并以擂台赛、直播热线、专家评点、走出演播厅到观众中间去摄制等方式和手段，尽力扩大参与面，调动各观众群体的参与积极性，将大众消费文化功能、戏曲自娱功能发挥到最大限度。正是集中四方面特点于一身，《梨园春》这一地方台栏目才影响波及全国，成为整个电视界的一大名牌。至少在一定时期里，在河南改善了戏曲的生存状况。"①

5. 网络营销和票房策略

随着网络经济的发展，网络营销也随之诞生。如今戏剧的营销也开始与网络接轨。大多数剧院都建立了自己的网站，将自己剧社、剧团的介绍、近况及演出信息在网上进行发布，供观众查询，并进行戏剧产品的宣传推广。另外，也有一些剧团善于借助网络新闻媒体进行宣传，如豆瓣网、人人网等。在网络订票方面，可通过专门票务网站订票，也可以通过一些团购网等买到优惠的打折票。营销的最后一步也就是票房策略。要对演出剧目进行正确定价，有些产品不能定价过高，有的也可以合理利用观众的心理来进行特殊定价。针对经常去剧院的群体，可以推行会员卡制度或者推出套票。

（三）培养戏剧观众

培养戏剧观众也是培育戏剧市场的一个重要环节，是戏剧市场可持续发展的重要保障之一。"有人的地方就有市场"。例如，送戏到校园、大戏下乡等活动，都是目前培养戏剧观众的不错方法。不仅送戏到校园，而且学生们在这种氛围的熏陶下，"校园戏剧"也如火如荼地开展起来。不能否认，"中国戏剧需要大学生戏剧以一种纯粹真挚的表达方式，来抵制社会中的流行文化、快餐文化对戏剧的影响。也许真正的戏剧精神，是在这些大学生戏剧里面"②。

① 韩宇宏．2001-08-15.传统戏曲如何再风光．光明日报，第17版.

② 方益波，叶健，彭友．2005-08-27．校园话剧能否挽救戏剧市场．中国改革报，第3版.

从农村市场的角度来看，戏曲的大部分受众来自农村，可是农民自身的消费能力低下，再加上农村相对城市交通不便，演出条件简陋，因此导致剧团并不愿意去农村演出。戏剧的推广应该是一个经济效益和文化效益兼顾的过程。在农村，戏剧的推广需要国家政策的支持。虽然文化体制已经改革，但国家在推进剧团下乡方面依旧应给予剧团补助，只有为农民演好戏，戏剧市场才能取得长久发展。

总之，在这个大众传媒的时代，我们无法要求戏剧如同往日般辉煌灿烂，受众面上也无法与电影电视相提并论，但是戏剧依旧是有市场的。戏剧的市场需要我们不断地去分析和探索，找对出路。需要注意的是，戏剧的改革不能违背原有的文化底蕴，戏剧的质量不能忽视，允许戏剧的改革加入一些时代与潮流因素，但它终归不能成为一种流行时尚的“文化快餐”，否则戏剧终将被人们所唾弃。只有将戏剧传承下去，戏剧市场的前景才会更加广阔，戏剧的文化价值也将永存。

后 记

在经济文化全球化浪潮日渐汹涌的背景下，文化创意产业已经成为21世纪国家之间特别是大国之间竞争的重要载体，作为国家的战略产业，文化创意产业的竞争优势代表着国家的软实力。世界各国已经开始采用各种手段扶持和壮大本国软实力，通过文化创意产业推广本国民族文化，促进经济转型和经济增长，增加本国的从业人数。机遇和挑战面前，中国当然不能隔岸观火。

中华文化千姿百态，博大精深，具有无与伦比的传播优势和动人心魄的神奇魅力。我国不断壮大的经济实力、日益开放的营商环境和高度发达的现代科学技术，为中国的文化创意产业走向世界提供了难能可贵的条件。2008年在中国举办的奥运会，通过体育运动不但给各国经济和文化交流提供了机会，更为各国的文化创意产业的交流和展示搭建了一个良好的平台。各国的文化精品纷至沓来，中国各地的文化精品也汇聚北京，北京不仅成了国际体育的盛会，也成了世界文化精品的豪门盛宴，成为全球时尚的超级T型台。

中国作为世界上最大的发展中国家，正在承载着人类历史上最大规模的城市化。城市文化是千百年历史的沉淀，是一个城市的灵魂，是一种非物质的文化遗产，中国有责任为子孙万代保护好它们，绝不能以牺牲区域文化为代价而盲目追求城市功能，更不能任由全球的强势文化来支配地域文化。中国在城市化的进程中应当坚持文化多元，特别是像丽江、拉萨、大理、凤凰等具有浓郁地方特色的城市应当拟定不同的发展模式。我们希望中国出现更多具有个性化的、充满文化创意的城市建筑和城市品牌，而不是千篇一律的摩天大楼和广场喷泉。

国内外的实践提醒我们，无论城市和农村，要想更好地发掘和保护当

地文化传统，延续本地的文脉，达到现代精神和本地文化传统的和谐共生，就必须借用文化创意产业的思路来运作。特别是西部农村在人口迁移、经济发展困难的压力下，保护当地的区域文化更是当务之急。在人类文明演进的历史上，曾经出现很多人类的灿烂文明消失的现象，教训沉痛！我们一定要以大历史的视角来审视和对待可能消失的区域文化单元，它们是重要的人类精神文化遗产，不可再生，不可复得。

改革开放30多年的经济发展让中国成为名副其实的世界工厂，中国的产品遍及世界的每一个国家、每一个产业。但是由于中国的产品缺乏设计创意、品牌创意，在国际市场上只能作为大路货，严重影响我国的产业发展。中国的经济总量已经达到第二名，中国的贸易总量更是达到了第二名。当下中国在国际社会眼中尚且是一个经济大国形象，中国更需要自己的文化大国形象。在全球金融危机逐渐波及实体经济的背景下，发展中国的文化创意产业能够帮助中国的实体经济产业升级，满足消费者张扬个性、彰显文化的柔性需求，在拉动内需的同时，推动中国文化形象的确立，以养精蓄锐，在下一轮的经济起飞中抢占制高点。

综上所述，发展文化创意产业，展示和增强中华民族的个性特色，让文化中国引领经济中国，是增强中国文化核心竞争力关键。我们深信未来中国的文化创意产业将搭载着中国最具代表性的优秀传统文化，乘着世界经济全球化和文化全球化的东风，驶向蔚蓝色的海洋。